《中华人民共和国反不正当竞争法》修订解析及适用

辛杨 著

知识产权出版社
全国百佳图书出版单位
—北京—

图书在版编目（CIP）数据

《中华人民共和国反不正当竞争法》修订解析及适用/辛杨著 . —北京：知识产权出版社，2019.11
ISBN 978-7-5130-5500-0

Ⅰ.①中… Ⅱ.①辛… Ⅲ.①反不正当竞争—经济法—法律解释—中国 ②反不正当竞争—经济法—法律适用—中国 Ⅳ.①D922.294.5

中国版本图书馆 CIP 数据核字（2019）第 203991 号

内容提要

本书在对反不正当竞争法基本理论进行考察的基础上，针对我国《反不正当竞争法》修订前后内容逐条进行对比，明晰变化，并对其进行解释、分析和较为深入的研究。从法理学的角度诠释了反不正当竞争法制度的理念与宗旨，探讨了反不正当竞争法修订变化的立法意图与价值，分析了反不正当竞争法规定内容的功能及适用，探求司法案件与法条之间的契合与差距。本书的研究结合我国各领域市场竞争日趋激烈、消费者利益不断被侵害的实际情况，通过借鉴先进经济体在反不正当竞争法方面的经验，为更大限度地发挥反不正当竞争法的规范功能、完善我国反不正当竞争法律制度提出了见解与看法，具有较强的实用性。

责任编辑：张冠玉　　　　　　　　　　　　　　责任印制：孙婷婷

《中华人民共和国反不正当竞争法》修订解析及适用
辛　杨　著

出版发行：	知识产权出版社 有限责任公司	网　址：	http://www.ipph.cn
电　话：	010-82004826		http://www.laichushu.com
社　址：	北京市海淀区气象路 50 号院	邮　编：	100081
责编电话：	010-82000860 转 8699	责编邮箱：	laichushu@cnipr.com
发行电话：	010-82000860 转 8101	发行传真：	010-82000893
印　刷：	北京建宏印刷有限公司	经　销：	各大网上书店、新华书店及相关专业书店
开　本：	720mm×1000mm 1/16	印　张：	17.5
版　次：	2019 年 11 月第 1 版	印　次：	2019 年 11 月第 1 次印刷
字　数：	260 千字	定　价：	68.00 元
ISBN 978-7-5130-5500-0			

出版权专有　侵权必究
如有印装质量问题，本社负责调换。

法规简称对照表

法律全称	法律简称
《中华人民共和国反垄断法》	《反垄断法》
《中华人民共和国价格法》	《价格法》
《中华人民共和国广告法》	《广告法》
《中华人民共和国产品质量法》	《产品质量法》
《中华人民共和国招标投标法》	《招标投标法》
《中华人民共和国民法》	《民法总则》
《中华人民共和国刑法》	《刑法》
《中华人民共和国反不正当竞争法》	《反不正当竞争法》
《中华人民共和国民法总则》	《民法总则》
《中华人民共和国侵权责任法》	《侵权责任法》
《中华人民共和国消费者权益保护法》	《消费者权益保护法》
《中华人民共和国商标法》	《商标法》

前　言

《中华人民共和国反不正当竞争法》是第八届全国人民代表大会常务委员会第三次会议于 1993 年 9 月 2 日通过的，自 1993 年 12 月 1 日起施行。该法施行二十多年来，对于鼓励和保护公平竞争，制止不正当竞争行为，保护经营者和消费者的合法权益，保障社会主义市场经济健康发展，发挥了重要作用。随着我国市场经济的不断发展，我国经济市场化程度大幅提高，经济总量、市场规模、市场竞争程度和竞争状况都发生了极为广泛而深刻的变化。新的业态、商业模式不断出现，《反不正当竞争法》对实践中新出现的不正当竞争行为缺乏规范，对不正当竞争行为的规制责任体系不够完善，与后来制定的《反垄断法》《招标投标法》等其他相关法律存在交叉重叠甚至不一致的内容，显然已不能完全适应实践发展的需要。社会各界对修改完善《反不正当竞争法》，规制不正当竞争行为，为公平竞争创造良好的环境和条件的呼声十分强烈。党的十八届三中全会通过《中共中央关于全面深化改革若干重大问题的决定》，对全面深化改革作出了重大战略布署，其中明确提出了改革市场监管体系、反对不正当竞争，建立统一开放、竞争有序的市场体系的要求。党的十九大报告也提出，要加快完善社会主义市场经济体制，实现竞争公平有序。多位全国人大代表、全国政协委员提出了修改《反不正当竞争法》的建议和提案。为适应实践需要、回应社会期待，也为更好地落实党中央要求，中央全面深化改革领导小组将《反不正当竞争法》的修订作为全面深化改革的工作要点。《反不正当竞争法》修订先后被列为十二届全国人大常委会立法规划预备项目，国务院 2014 年立法工作计划研究项目、2015 年立法工作计划预备以及国务院 2016 年立法工作计划中全面深化改革急需的项目。2016 年 11 月 23 日国务院第 155 次常务会议讨论通过《反不正当竞争法》修订草案。2017年2月至11月，第十二届全国人大常委会经过三次审议，并于11月4日投票表决通过了修订后的《反不正当竞争法》，该法自2018年1月1日起施行。

此次修订是1993年《反不正当竞争法》实施后时隔24年的首次修订，而且不是部分修改，而是全面修订，变化较大。修订后的《反不正当竞争法》，适应经济社会发展的客观需要，立足于实际，坚持问题导向，针对当前市场竞争中出现的新情况、新问题，如经营者的界定、网络不正当竞争行为新现象及与《反垄断法》的关系等，对1993年《反不正当竞争法》的相关规定进行了修改完善，相关规定内容更加明确，有很强的可操作性，同时为今后的实践发展预留了法律适用的空间，有利于更好地落实党的十九大提出的实现"竞争公平有序""清理废除妨碍统一市场和公平竞争的各种规定和做法"的要求，有利于鼓励和保护公平竞争，保护经营者和消费者的合法权益。

2018年春，在经济法教学过程中，为了使学生们能够更好地理解新法内容，全面了解修订过程，准确把握条文修改意图，领会修订中所透露的法理内涵，提高学生自主学习能力，结合实践课教学要求，笔者给学生布置了一道实践作业，就是让学生对《反不正当竞争法》的新旧条文进行对比，找出变化的部分、从理论和实践角度分析如此修改的原因、意义以及还有哪些不足。结果发现学生们的作业虽有可取之处，如在条文变化方面陈述得比较全面，但也留有遗憾，也许由于他们查找和掌握的资料有限，在分析原因及不足方面做得不到位。于是笔者决定对此做一些弥补，这就是本书写作的初衷。在随后的写作中，笔者做了相当大的扩充和细化，如在法条的适用及与其他法律法规的融合、比较方面进行了谨慎的分析和说明。

总体而言，本书的内容和结构具有如下特色：一是旧法与新法相对比，以旧法为参照，把修订前后内容进行细致入微的对比分析，探求修订的立法原意、原因及意义；二是理论与法条相映衬，以理论为基础，对法条规定逐一进行详细分解和评析，揭示新法蕴含的法理精神；三是法条与实际相结合，以规范为目的，对法条的适用要件进行系统和完整构建；四

前言

是现状与发展相联系,以案例为对象,分析相关法条的实施及不足,希望为司法实践工作者提供一定的理论指导,也试图为今后的法律完善指明方向。

学生的作业为本书的写作做了很好的铺垫,谢谢学生们。虽然笔者为本书的研究与写作倾注了极大的努力,但毕竟水平有限,书中错误、疏漏与不当之处在所难免,敬请同仁与读者不吝赐教。

辛杨

2019 年 5 月

目 录

第一章 反不正当竞争法基本理论考察 ·················· 1
  第一节 反不正当竞争法的产生 ····················· 1
  第二节 反不正当竞争法的含义及立法目的 ············ 12
第二章 不正当竞争行为的界定及适用 ················· 20
  第一节 不正当竞争行为的原则规定及修订 ············ 20
  第二节 不正当竞争行为的界定 ···················· 25
第三章 典型不正当竞争行为的认定 ··················· 48
  第一节 市场混淆行为 ··························· 48
  第二节 商业贿赂行为 ··························· 68
  第三节 不当商业宣传行为 ······················· 85
  第四节 侵犯商业秘密行为 ······················ 103
  第五节 不当有奖销售行为 ······················ 127
  第六节 商业诋毁行为 ·························· 146
  第七节 网络不正当竞争行为 ···················· 162
第四章 对涉嫌不正当竞争行为的监督调查 ············ 178
第五章 法律责任 ································· 191

第一章 反不正当竞争法基本理论考察

第一节 反不正当竞争法的产生

一、市场经济与不正当竞争

当前，我国实行的是社会主义市场经济，正在建立和完善社会主义市场经济体制，这是具有中国特色的经济发展模式，是中国的首创。但现代市场经济并非源于中国，而是根源于西方，准确地说是根源于欧洲国家，如英国、德国、法国、意大利等。

市场经济作为一种经济发展形态起源于资本主义初期的自由经济，直接脱胎于自由竞争经济，其保留了"自由竞争"这个核心内核，使市场在配置资源方面起着基础性甚至决定性作用。到了19世纪末，随着工业化的大发展，新技术不断涌现，"竞争"成为市场上一颗耀眼的主流明星[1]，"竞争成为工业家、银行家、政府商业贸易与产业行政机构最重要的目标。工业家、政治家、经济学家、金融经理、技术人员、工会都把竞争作为他们的信条。竞争的无上命令是他们辩论与建议的焦点。在政治讲话、报纸、管理讨论与研讨会上，'竞争'这个词汇的使用频率超过了所有词汇"，[2] 市场一片欣欣向荣。然而，"哪里有竞争，哪里就有不正当竞争，"

---

[1] 弗诺克·亨宁·博德维希. 全球反不正当竞争法指引[M]. 黄武双，刘维，陈雅秋，译. 北京：法律出版社，2015：3.
[2] 欧洲委员会里斯本小组. 竞争的极限[M]. 张世鹏，译. 北京：中央编译出版社，1999：136.

不正当竞争与竞争总是如影随形。不正当竞争是指以不合理、不公平、违反公认的社会基本道德、欺骗社会公众等手段获取竞争优势。这样的竞争手段一旦大行其道，不仅侵害正当竞争者和消费者的合法权益，而且使竞争带来的繁荣隐含着混乱和无序的担忧。因为这种混乱无序容易使市场的参与者浑水摸鱼、免费搭便车，最终走向"劣币驱除良币"的境地，与自由竞争希望实现"优胜劣汰"的初心背道而驰，抑制了人们的创造性和创新精神，阻碍了整个社会向前发展。

制止不正当竞争行为已经成为欧洲国家的社会共识。如何制止不正当竞争行为，对此，欧洲国家也曾有过彷徨。传统的认知是国家不能过多地干预经济，自由竞争的经济决定了国家的角色只能是"守夜人"。国家的统治者或精英阶层还寄予自由竞争以厚望，期许竞争的自由最终能确保竞争的公平。然而，很快人们就发现这只是一厢情愿，只是不切实际的幻想。因为，在没有外力介入的情况下，竞争愈发残酷激烈，愈发混乱不堪，愈发背离道德。从逻辑上来看，不正当竞争是自由竞争的副产品或孪生体，所以仅靠市场本身的力量不可能解决不正当竞争问题。因此，当时的市场经济国家不得不另辟蹊径研究如何制约这些难以接受的新行为。最后找到的方法就是国家依法制止。由于当时工业化领先国家的法律制度多种多样，对这些不正当竞争新情况的反应也就各不相同，特别是民法法系国家与普通法系国家的反应差异显著。❶

二、两大法系主要国家对不正当竞争行为的法律应对

（一）法国

通常认为，法国立法传统遵循典型的"民法法系"或"制定法"（written law）模式。然而，法国仅有少数几条限制不正当竞争行为的制定法条款，包括1791年革命性法案（Revolutionary Law）确定的贸易和商业

---

❶ 弗诺克·亨宁·博德维希. 全球反不正当竞争法指引 [M]. 黄武双，刘维，陈雅秋，译. 北京：法律出版社，2015：3.

自由，以及《法国民法典》第 1382 条❶和第 1383 条❷规定的一般侵权责任条款。换言之，判例法才是法国反不正当竞争法的核心。❸ 也就是说，法国没有专门的一部成文的"反不正当竞争法"，法国的"反不正当竞争法"又被称为"不正当竞争之诉"。在法国，有三个用于调整不正当竞争行为的主要规制"阵地"：一般侵权责任法、消费者法典和商法典。另外，还有知识产权法典、刑法典和商业秘密法案等。

其实，"不正当竞争"一词最早出现在法国法院，于 1850 年依照《法国民法典》第 1382 条作出的一份判决中，即未侵犯工业产权，但在某些商业活动中导致欺诈、使人误解或对此负有责任的行为，构成不正当竞争行为。❹ 从世界范围来看，这也是最早的对不正当竞争进行表述的法律文件。然而，《法国民法典》并没有规定何谓"不正当"。不过，在法国的法官们看来，"不正当"和"不诚实""不诚信"是一致的，"不诚信是一种过错，产生填补损害的责任"。❺ 法官们从《法国民法典》一般侵权责任条款那几近严苛的戒律中发展出填补损害请求权，对那些实施了混淆可能行为、不实陈述行为、贬损其他竞争者以及对自身商品的欺诈行为并且有过错的竞争者，要求其依《法国民法典》一般侵权责任条款承担损害赔偿责任，这种法官造法机制就是不正当竞争之诉，或者不诚信竞争之诉，❻ 以此对市场上的正当竞争行为进行过度保护。可以说，不正当竞争之诉作为法国的"反不正当竞争法"是以侵权责任法的面目出现的，作为一般侵权责任法的一部分而存在。

---

❶ 第 1382 条规定：过错致使他人遭受损害的行为人，有义务对他人作出赔偿。

❷ 第 1383 条规定：损害赔偿责任之负担，乃不仅因为行为人自身的客观行为，而且基于其过失或轻率。

❸ 弗诺克·亨宁·博德维希. 全球反不正当竞争法指引 [M]. 黄武双, 刘维, 陈雅秋, 译. 北京：法律出版社, 2015：255.

❹ 漆多俊. 经济法学 [M]. 北京：高等教育出版社, 2010：153.

❺ 参见 Court de cassation, 18 April 1958, no. 58-04997。转自 [德] 弗诺克·亨宁·博德维希全球反不正当竞争法指引 [M]. 黄武双, 刘维, 陈雅秋, 译. 北京：法律出版社, 2015：256 注释③.

❻ 弗诺克·亨宁·博德维希. 全球反不正当竞争法指引 [M]. 黄武双, 刘维, 陈雅秋, 译. 北京：法律出版社, 2015：257.

吊诡的是，法国制定法中首次出现"不正当"或"不诚信"的词语不是一般侵权责任法所属的《法国民法典》。因为自1804年以来，第1382条和第1383条作为反不正当竞争法的核心条款就没有变动过。❶ 直到2008年，为了执行欧盟2005/29/EC指令（关于内部市场中针对消费者的不正当商业行为，亦叫"不正当商业指令"），法国才在修订1993年制定的《消费者法典》中引入对不正当商业行为的描述，使用"不正当"或"不诚信"词语，并在该法中把以往规定在不同法律中的不正当商业行为大部分吸收进来做统一规定。该法适用于消费者与经营者之间的关系，旨在建立消费者与经营者之间的利益平衡，且同时保护经营者和消费者的合法权益。不过，《消费者法典》的名称和翻译容易给人们造成误解，❷ 虽然冠之以"消费者法"之名，但并不意味着它就是消费者权益保护法。换句话说，消费者有时并不能依据该法向法庭提起诉讼要求实施不正当竞争的经营者进行民事赔偿，因为这部法律中所规制的不正当商业行为责任具有刑事色彩，❸ 任何人（包括受损害的经营者或消费者）都可向有管辖权的行政机构举报或控告，或者有管辖权的行政机构通过行使职权自行调查提起公诉。此外，由于这种类型的侵权行为被视为刑事犯罪，国家检察官可介入。❹ 所以私法主体要想维护自己的合法权益，还须通过"不正当竞争之诉"，依据第1382条和第1383条一般责任条款向民事法庭提起个体诉讼来实现。当然，私法主体也可以作为民事当事人参与到刑事程序中，一方面帮助确定相关的不正当竞争行为事实，另一方面亦可基于刑事法院的认定请求损害赔偿。

和《消费者法典》大致相同的是《商法典》，该法适用于经营者之间的关系，规定了经营者如何竞争的销售条款，但大多数条款也只是具有刑事制裁性质，所以，经营者依然需要借助于"不正当竞争之诉"向违法者索赔。

---

❶ 弗诺克·亨宁·博德维希. 全球反不正当竞争法指引 [M]. 黄武双, 刘维, 陈雅秋, 译. 北京：法律出版社, 2015：263.

❷ 同❶, 第256页.

❸ 同❶, 第279页.

❹ 同❶, 第258页.

不正当竞争之诉作为一般侵权法的一部分，自然还有一个重要的兜底功能，突出表现在与知识产权诉讼的关系上。知识产权诉讼在于捍卫法律认可的专有权利，如版权、专利或者商标权等。由于对这些专有权利法律一般都会明确规定相对比较具体的特别条件，当有一个条件不能满足时，知识产权诉讼的原告就会承担败诉的风险，或者法院根本不会受理。如今，法国最高法院明确指出，即使知识产权（此处指外观设计）的侵权之诉被驳回，但仍然允许提出不正当竞争之诉。❶ 不正当竞争之诉是从一般侵权法衍生出来的案例法，相应地，不正当竞争之诉是在不能满足制定法条件的案件的唯一选择。❷

由以上介绍可知，法国把不正当竞争当作特殊侵权行为予以规制，其他民法法系国家，如同样拥有已经生效民法典的国家，如荷兰、意大利，也都跟随法国的步伐，把特殊侵权行为的"桂冠"戴在了不正当竞争者的头上，依据现有的民法制度予以规范和制裁。

（二）德国

德国是另一民法法系的重量级国家，与法国不同，它是欧洲国家中长时间拥有独立反不正当竞争法的国家之一。但是，和其他国家一样，不正当竞争行为起初在德国也被认为是侵权的问题。然而，德国法院不太愿意效仿法国将一般侵权条款适用于这一新的经济现象。基于体制上的原因和理论上的主张，德国立法者被迫采取了单独立法方式。❸ 1886年7月1日其制定了世界上第一部反不正当竞争法，后被1909年反不正当竞争法取代。尽管极为简练，但该法在近一个世纪中成为德国反不正当竞争法的基石。为因应实践的变化，2004年德国对反不正当竞争法进行了全面修订，2006年为执行欧盟2005/29/EC指令又进一步做了修改完善。

---

❶ Cour de cassation, commercial section, 14 December 2010, no 10 – 10951, SARL Granimond and Mr. X. 转自弗诺克·亨宁·博德维希. 全球反不正当竞争法指引［M］. 黄武双, 刘维, 陈雅秋, 译. 北京: 法律出版社, 2015: 261.

❷ 弗诺克·亨宁·博德维希. 全球反不正当竞争法指引［M］. 黄武双, 刘维, 陈雅秋, 译. 北京: 法律出版社, 2015: 260.

❸ 同❷, 4, 284.

德国反不正当竞争法虽然表现为成文的制定法，但由于1909年《反不正当竞争法》条文模糊简单，在实践中，法官通过对大量的诉讼案件所作的判决，经过"体系化"和"整理"，形成了庞大的"判例群"或法官法，以此促成了法律的确定性。这也成为德国反不正当竞争法的一个亮点。尽管在后来的改革中对1909年《反不正当竞争法》所创设的最重要的案例群进行严格审查，一些被转化成立法条文，但许多的标杆性案件仍然作为评价商业行为的先例，只要它们完全符合变动之后的反不正当竞争法路径。❶

德国反不正当竞争法根源于侵权法，但是，经过长期的发展，它逐渐成为了一个具有自身规则和原则的独立法领域。在任何案件中，为制止不正当竞争行为所运用的法律思维与反垄断法、知识产权法之间的联系比与一般侵权法之间的联系更为紧密。比如，联合抵制、歧视、低于成本价销售或者价格战可能同时侵犯反垄断法和反不正当竞争法，这两部法律也都提供私法救济，通常认为它们可同时适用。再如，《商标法》规定商标保护要求侵权行为必须"用途商标"，因此，如果商标被用作其他用途，则可通过《反不正当竞争法》进行保护。此时，《反不正当竞争法》又对《商标法》起着兜底的作用。

总之，德国《反不正当竞争法》的独立性体现的比较明显，其他国家像瑞士、西班牙等国如同德国一样都制定了反不正当竞争法。

（三）英国

普通法系国家则选取了一种完全不同的路径加以应对。比如英国，它没有像法国一样在民事法的基础上作为特殊侵权来处理不正当竞争行为，也没有像德国那样制定单独的反不正当竞争法。因为在英国，司法界和学术界大都压根不承认"不正当竞争"。在英国人看来，大陆法系国家所说的"不正当竞争"通常是指"不当得利"，有时也称"盗用"。后者范围要比前者显然窄得多。当然，英国市场上也充斥着被认为是"不正当竞

---

❶ 弗诺克·亨宁·博德维希. 全球反不正当竞争法指引［M］. 黄武双，刘维，陈雅秋，译. 北京：法律出版社，2015：287页注释⑥.

争"的一些行为，他们主要通过制定法和普通法侵权规则进行制裁。制定法也大多是为执行欧盟指令而为，如《保护经营者免受误导营销行为规则》《使消费者免受不正当交易规则》及《消费合同中的不公平条款规则》，但大都认为这些与侵权没关系，尤其是不正当竞争造成的侵权没关系。因为英国司法和行政长期倾向支持经营者之间进行只要是有可能的无限制竞争，法院也不愿总是将造成他人损害的行为认定为非法，因为竞争不可避免地会带来损害。

但是英国也有假冒侵权规则，这种情况是和知识产权法密切联系在一起的。如《商标法》也保护未注册成功的商标标志及地理标志；还有一个致害诋毁规则。即这些行为属于大陆法系国家所说的"不正当竞争"，但英国却把它们作为侵犯知识产权的行为予以规制。

虽然对"不正当竞争行为"的观念认识不同，英国也没有反不正当竞争一般法律，也没有针对盗用（不当得利）的制定法救济，但从总体的规制范围和效力上，英国的反不正当竞争制度与欧洲大陆邻邦差异很小，[1]大概是共同为欧盟成员所致。随着英国脱欧的进程，英国是否会有变化，人们只能拭目以待。

（四）美国

同为英美法系国家，和英国有些类似，美国没有一部综合性的反不正当竞争法。但其也有规制不正当竞争的规则，这些规则起源于普通法，甚至包括英国普通法。同时也有制定法，但散见于完全独立的不同法律中，如《兰哈姆法》（商标法）、《联邦贸易委员会法》《电话营销与消费者诈骗及骚扰防治法》《诚实借贷法》《马格努森－莫斯质量保证法》及《香烟标签与广告法》等。然而，美国和英国也有不一样的地方，至少美国承认竞争中有不正当竞争手段，只是对何为不正当竞争认识不一致。法律中没有统一界定，法院的解释也不一样，有的解释为"反不正当竞争就是对正当竞争规则的重申"，有的观点认为"除非经过个案分析，否则不能决

---

[1] 弗诺克·亨宁·博德维希. 全球反不正当竞争法指引［M］. 黄武双，刘维，陈雅秋，译. 北京：法律出版社，2015：760.

定什么是市场道德",有的观点则认为"反不正当竞争就是判定人的特定行为是否属于贸易中的正当行为",还有一个法院将不正当竞争手段表述为"冲击司法情感（Judicial Sensibilities）的手段",具体而言,该法院法官认为"不正当竞争是指用冲击司法情感的方式销售商品"❶。

在美国,人们对商标法和反不正当竞争法的关系认识不一,有的人认为商标法构成了反不正当竞争法的核心部分,❷ 有的人认为商标法是反不正当竞争法的组成部分❸,还有的人又把商标法看作是广义反不正当竞争侵权法的分支❹。不过,反不正当竞争法的确借用了由商标法发展出来的一些法律规则,同时,反不正当竞争法自身也在不断发展变化。美国法律协会在1995年出版的《反不正当竞争法重述（第三次）》在美国享有巨大的影响力,它不仅包括商标法,还包括普通法中有关商业诽谤、虚假广告、盗用商业价值、商标、商业秘密及形象权的法律规则。❺

美国的消费者在受到经营者不正当竞争行为的侵害时,可以依据有关的合同法规则来维护自己的合法权益。有时也可以通过"集团诉讼"获得救济。

由上可知,针对竞争中的不正当竞争行为各国的法律应对并不相同,都是基于各自的立法传统、司法特点及现有法律制度作出的回应。当然,也有共同点,如都是为了保护正当竞争者的利益,大部分不正当竞争行为被视为侵权,同时保护消费者的利益。还有一点值得说明,不管西方国家在国内应对不正当竞争方面如何不同,但在国际贸易共同需求的背景下,西方主要国家都参加并签署了1883年的《保护工业产权巴黎公约》（以下

---

❶ Stevens – Davis Co. v. Mather&Co.，230 Ⅲ. App. 45，61（1 Dist. 1923），转自[德]弗诺克．亨宁．博德维希（Frauke Henning – Bodewig）. 全球反不正当竞争法指引 [M]. 黄武双,刘维,陈雅秋,译. 北京:法律出版社,2015:765.

❷ 弗诺克．亨宁．博德维希. 全球反不正当竞争法指引 [M]. 黄武双,刘维,陈雅秋,译. 北京:法律出版社,2015:767.

❸ Union Nat' I Bank of Tex. V. Union Nat 'I Bank of TEX/，909 F. 2. d 839，843 n. 10（5th Cir 1990）

❹ Nabisco Brands，Inc. v The Quaker Oats Co.，547 F. Supp. 692，697（D. N. J. 1992）

❺ Restatement（Third）of Unfair Competition xv – xvii（1995）.

简称"巴黎公约")。该公约是 19 世纪末知识产权法领域最重要的国际条约。后经数次修改,形成多个版本。它主要聚集于专利、实用新型、商标与外观设计,以及商号和原产地标记的国际保护,但其与不正当竞争密切相关。一是该公约的签定本身是对一些企业主和发明人因担心被拒绝参加 1873 年维也纳发明博览会的回应,二是 1900 年《巴黎公约》开始正式禁止不正当竞争,而且创建了制止不正当竞争行为(Unfair Trade Practice)的最低保护标准。世界贸易组织 1995 年《与贸易有关的知识产权协议》(以下简称 TRIPS 协议)总体上在制止不正当竞争方面参考了《巴黎公约》相关条款,主要是第 10 条。

三、我国反不正当竞争法的产生及发展

1978 年我国改革开放以后,尤其是在 1992 年实行经济体制改革以来,对市场经济的认识越来越深入。与此同时,国家在塑造独立的竞争主体、建设各类竞争场所的同时,逐步在各个经济领域承认和引入了竞争机制。在竞争机制发挥其积极作用的同时,各类不正当竞争行为也相伴而生。如某些商家制造的假冒伪劣产品在国内和国外造成了严重的不良影响。这些行为不仅严重损害了国内经营者和消费者的合法权益,破坏了国内正常的市场竞争秩序,阻碍了国内市场经济的发展,而且对我国扩大开放产生了消极影响,严重损害了我国的国家利益、国家声誉和国家形象。此类情况还影响到了外商对我国投资环境的信心。因此,制定相应的法律迫在眉睫。

(一) 20 世纪 80 年代初期的立法

20 世纪 80 年代初期,我国即有一些规范不正当竞争的法律文件,如 1980 年 10 月 17 日国务院发布了《关于开展和保护社会主义竞争的暂行规定》。该规定对不正当竞争行为和垄断行为一并进行了规定,且比较原则,缺乏切实操作性。如第 8 条规定,"竞争不准弄虚作假,行贿受贿,投机倒把,牟取暴利,损害国家和人民的利益。违法乱纪的,应当根据情节轻重依法予以处理。"对其中的"弄虚作假,行贿受贿,投机倒把"没有进一步的解释,实践中标准不一,直接造成适用上的不确定。还有一些规定

的适用范围比较窄，如 1982 年颁布的《广告管理条例》第 9 条第 2 款禁止广告的垄断和不正当竞争行为，这是我国经济立法中第一次对出现反不正当竞争的直接规定，但也只适用于广告业。1983 年颁布的《国营工业企业暂行条例》相关不正当竞争的内容则仅适用于国营企业。另外，一些地方政府在 80 年代中期也制定了反不正当竞争的地方性规范，如武汉、上海和江西等。

（二）1993 年《反不正当竞争法》的立法经过

尽管针对是否需要一部统一的反不正当竞争法存在分歧，但我国逐渐开放的经济态势清晰表明了反不正当竞争法维护市场秩序的必要性。同时，我国于 1980 年 6 月 4 日加入了世界产权组织，1985 年 3 月 19 日正式成为《巴黎公约》成员国，后者被法院在多个案件中直接援引。因此，为了履行国际义务，也为了国内执行国际条约的细化和便利，国家着手统一立法。

全国性的统一立法始于 1987 年。这一年，由国务院法制局牵头，国家体改委和原国家工商行政管理局等 7 个部门组成联合小组，开始起草反不正当竞争的法规。1987 年起草了《禁止垄断和不正当竞争条例（草稿）》，后四易其稿。1989 年起草出第五稿，取消了反垄断的内容，名称改为"制止不正当竞争条例"。那时，争议比较大的问题就是反不正当竞争法是否应与反垄断法规定在同一部法律中，还是应当单独规定。后来，单独立法的思路占了上风，原因是持这种观点的参与者认为控制市场的国有企业对市场不会造成什么威胁。后起草工作因其他原因中断了 3 年。

1992 年 1 月 17 日，中美两国政府签署了《关于保护知识产权的谅解备忘录》，其中第 4 条规定：（1）为确保根据《巴黎公约》第 2 条之 2 的规定有效地防止不正当竞争，中国政府将制止他人未经商业秘密所有人同意以违反诚实商业惯例的方式披露、获得或使用其商业秘密，包括第三方在知道或理应知道其获得这种信息的过程中有此行为的情况下获得、使用或披露商业秘密。（2）只要符合保护条件，商业秘密的保护应该持续下去。（3）中国政府的主管部门将于 1993 年 7 月 1 日前向立法机关提交提供本规定保护水平的议案，并将尽最大努力于 1994 年 1 月 1 日前使该议案通过并实施。可以说，

这个备忘录对我国竞争法的出台起到了一个"催化剂"的作用。❶

在内外因的共同作用下，反不正当竞争法的起草工作再次被提上日程。1992 年，根据全国人大常委会的立法计划，原国家工商行政管理局承担反不正当竞争法的起草工作，在参照德国、日本、匈牙利反不正当竞争法版本后，又结合各地方性规章的执行经验，于 1992 年 10 月起草了《反不正当竞争法（征求意见稿）》，中间曾更名为《公平交易法》，最终为《反不正当竞争法》。虽然名称上看是反不正当竞争法单独立法，但实际内容却是将不正当竞争和垄断一块儿禁止，根本上是折衷了大家的意见。1993 年 9 月 2 日，第八届全国人大常委会第三次会议通过了《中华人民共和国反不正当竞争法》，并从 1993 年 12 月 1 日起施行。

（三）2017 年《反不正当竞争法》的修订过程

《反不正当竞争法》制定以后，艰难前行了 24 年，其对社会主义市场经济竞争秩序的维护功不可没，但也受到责难。早在 2003 年，第十届全国人大常委会已把反不正当竞争法修订列入立法计划目录。2010 年，国务院法制办与原国家工商行政管理局联合组织专家对修法工作进行专题调研。2013 年十二届全国人大常委会将其列为立法规划预备项目。当年，党的十八届三中全会的召开对立法工作是一个推进。因为全会通过的《中共中央关于全面深化改革若干重大问题的决定》对全面深化改革作出了重大战略布署，其中明确提出了改革市场监管体系、反对不正当竞争，建立统一开放、竞争有序的市场体系的要求。2014 年，国务院又将其列入立法工作计划研究项目，原国家工商行政管理局组织高校专家、从事法律实务的律师和部分地方工商局组成 8 个课题组，对《反不正当竞争法》修订中的重要问题进行了深入研究，召开多次修订工作研讨会和座谈会。2015 年全国人大常委会将《反不正当竞争法》修订列为立法规划，同时国务院也把它列为立法工作计划预备，原工商总局❷召开多次修订工作研讨会和座谈会，

---

❶ 《中国法律年鉴》编辑委员会. 反不正当竞争法实用全书 [M]. 北京：中国法律年鉴社，1993：25.

❷ 现为国家市场监督局。

听取专家学者、地方工商和市场监管部门等各方面意见，书面征求了中华人民共和国国家发展和改革委员会（以下简称国家发展改革委）、中华人民共和国商务部（以下简称商务部）等38个国务院部委意见。2016年2月国务院法制办就最后形成的《反不正当竞争法（修订草案送审稿）》向社会公开征求意见。2016年11月23日国务院第155次常务会议讨论通过《反不正当竞争法》修订草案。2017年《反不正当竞争法》的修订被十二届全国人大常委会将其列为年度立法工作计划。2017年2月，第十二届全国人大常委会第二十六次会议对国务院提请审议的《反不正当竞争法（修订草案）》进行了初次审议；2017年8月，常委会第二十九次会议对修订草案进行了再次审议；2017年10月底至11月初，常委会第三十次会议对修订草案进行了第三次审议，并于11月4日以148票赞成、0票反对、1票弃权的表决结果通过了修订后的《反不正当竞争法》，由国家主席习近平签署第七十七号主席令，予以公布。这部法律自2018年1月1日起施行。该法虽然属于全面修订，但沿用了原法的结构。

第二节 反不正当竞争法的含义及立法目的

一、反不正当竞争法的含义

反不正当竞争法是发展市场经济的重要法律制度，是国家规范市场经济、完善市场经济体制、维护市场竞争公平有序的重要手段。然而对"反不正当竞争法"这一概念的认识，由于视角和出发点不同，学界的观点并不一致。

依据反不正当竞争法的调整对象，有学者认为反不正当竞争法是指调整竞争关系和竞争监管关系的法律规范的总称[1]；有人认为反不正当竞争法是在国家规制不正当竞争行为过程中发生的社会关系，即反不正当竞争

---

[1] 《经济法学》编写组. 经济法学[M]. 北京：高等教育出版社，2016：330.

体制关系和不正当竞争行为规制关系。❶ 依据反不正当竞争法调整的行为，有学者认为反不正当竞争法是指调整不正当竞争行为的法律规范的总称。❷ 依托我国《反不正当竞争法》对不正当竞争行为的相关规定，有观点认为反不正当竞争法是禁止以违反诚实信用或其他公认的商业道德的手段从事市场竞争行为，维护公平竞争秩序的一类法律的通称。❸

也有学者将反不正当竞争法作广义和狭义之分，广义的反不正当竞争法包括狭义的反不正当竞争法是学者们的共识。即便如此，对广义和狭义的理解也有区别。有学者认为，广义的反不正当竞争法相当于"竞争法"。根据这种理解，反不正当竞争法规范的"不正当竞争"包括三类行为：一是"垄断行为"，主要是指经营者自己或者通过企业兼并等方式，形成对一定市场的独占或控制；二是"限制竞争行为"，主要是指经营者滥用经济优势或者几个经营者通过协议等联合方式损害竞争对手的行为；三是"不正当竞争行为"，主要是指经营者采用欺骗、胁迫、利诱以及其他违背诚实信用和公平竞争商业惯例的手段从事市场交易。而狭义的反不正当竞争法仅仅规范狭义的不正当竞争行为，即广义的不正当竞争行为中的第三类"不正当竞争行为"，而不包括"垄断行为"和"限制竞争行为"。❹ 同样是作广义和狭义之分，有其他学者认为，狭义的反不正当竞争法是指我国现行的《反不正当竞争法》；广义的反不正当竞争法还包括反不正当竞争的行政法规、反不正当竞争的地方性法规、反不正当竞争的部门规章等。❺ 有意思的是，针对后一种观点，有学者将此种情形下的广义的反不正当竞争法称作实质意义上的反不正当竞争法，而把狭义的反不正当竞争法称作形式意义上的反不正当竞争法。❻

---

❶ 王继军，董玉明. 经济法 [M]. 北京：法律出版社，2006：152.
❷ 冯宪芬. 经济法 [M]. 北京：中国人民大学出版社，2011：171.
❸ 漆多俊. 经济法学 [M]. 北京：高等教育出版社，2010：151.
❹ 国家工商行政管理局条法司. 现代竞争法的理论与实践 [M]. 北京：法律出版社，1993：17.
❺ 王卫国，李东方. 经济法学 [M]. 北京：中国政法大学出版社，2013：328.
❻ 邵建东，方小敏，王炳，唐晋伟. 竞争法学 [M]. 北京：中国人民大学出版社，2009：56.《经济法学》编写组. 经济法学 [M]. 北京：高等教育出版社，2016：335.

由上可见，对反不正当竞争法的解释五花八门，但万变不离其宗，本书认为，反不正当竞争法就是国家对经营者的不正当竞争行为进行规制所依据的法律规范。这样的法律规范既包括以《反不正当竞争法》命名的专门法律，也包括散见于其他法律渊源中的所有规制不正当竞争的法律规范，如《价格法》《广告法》《产品质量法》《招标投标法》，以及《民法总则》《刑法》，还有行政规章、地方法规、司法解释等。当然本书的重点是对《反不正当竞争法》进行解释分析。

二、反不正当竞争法的立法目的

对于承认市场中存在不正当竞争并且有反不正当竞争法律规范的国家来说，撇开立法技术的差异，反不正当竞争法的初衷是保护诚实经营者的利益，防止他们受到不诚信的竞争对手的商业攻击。社会公众、消费者，在商业活动的评估中，仅被作为一个参考因素；消费者保护肯定是受欢迎的，但绝非必然要预期的效果，只是一个副产品。[1] 这从《巴黎公约》第10条之规定可见一斑。[2] 20世纪60~70年代，随着消费者运动的出现和消费者对"不知悉市场情况"[3] 越来越不满意，消费者利益也被纳入反不正当竞争的既有法律功能当中。除此之外，其他非直接竞争的经营者利益

---

[1] 弗诺克·亨宁·博德维希. 全球反不正当竞争法指引 [M]. 黄武双, 刘维, 陈雅秋, 译. 北京：法律出版社, 2015: 4.

[2] 《巴黎公约》第10条之二规定：

"（1）本联盟国家有义务对各该国国民保证给予制止不正当竞争有效保护。

（2）凡违反工商业领域诚实惯例的竞争行为构成不正当竞争行为。

（3）下列各项特别应予以禁止：

不择手段地对竞争者的营业所、商品或工商业活动制造混淆的一切行为；

在经营商业过程中，实施损害竞争者营业所、商品或工商业活动商誉性质的虚伪说法；

在经营商业中使用会使公众对商品的性质、制造方法、特点、用途或数量易于产生误解的表达或说法。"

[3] 1968年Warren Grantt and Carpet所撰写的一本书的名称。参见弗诺克·亨宁·博德维希. 全球反不正当竞争法指引 [M]. 黄武双, 刘维, 陈雅秋, 译. 北京：法律出版社, 2015: 5.

和社会整体利益，也处于反不正当竞争法的保护范围之内。❶ 这也是当今世界范围内反不正当竞争法出现的一些新发展和新动向。❷

（一）立法目的修订变化情况及分析

《反不正当竞争法》开宗明义第一条即规定了立法目的。

1993 年《反不正当竞争法》的规定："为保障社会主义市场经济健康发展，鼓励和保护公平竞争，制止不正当竞争行为，保护经营者和消费者的合法权益，制定本法。"

2017 年修订后的规定："为了促进社会主义市场经济健康发展，鼓励和保护公平竞争，制止不正当竞争行为，保护经营者和消费者的合法权益，制定本法。"

关于立法目的，修订前后改变并不大，只是将"保障"变成了"促进"，以至于全国人民代表大会法律委员会向全国人民代表大会常务委员会在做关于《反不正当竞争法（修订草案）》的前后三次报告中都没有提到此条的修改，把它笼统地归纳到了"个别文字修改"中，并没有做过多的说明。的确，这样简单的两个字的变动也不能看出有什么样深刻的含义，然而，也并不能说明没有一点儿意义。

首先，从字面上来看，"保障"是"保护（生命、财产、权利等），使不受侵犯和破坏"❸；"促进"是"促使前进，推动使发展"❹。前者说明受保障的对象还比较弱小，着重使其不受到外来力量的侵犯和破坏；后者则是受促进的对象已经有了一定的基础和力量，受外部的干扰比较少了或

---

❶ 世界知识产权组织于 1996 年公布的《反不正当竞争示范条款》（Model Provisions on Protection against Unfair Competition）第 1 条第（1）项规定："（a）除第 2 条至第 6 条指涉的行为和行径外，在工商业活动中违反诚实惯例的任何行为或行径，应构成不正当竞争行为；（b）受到不正当竞争行为损害或者可能受到损害的任何自然人或法人，应有权（从待续订条款的规定中）获得救济。"

❷ 孔祥俊. 论反不正当竞争法修订的若干问题——评《中华人民共和国反不正当竞争法（修订草案）》[J]. 东方法学, 2017 (3) 2 - 17.

❸ 中国社会科学院语言研究所词典编辑室. 现代汉语词典：第 3 版 [M]. 北京：商务印书馆出版, 1996：46.

❹ 同❸, 214.

不明显了。1993年的《反不正当竞争法》用"保障"一词是与当时的中国社会现实相契合的。1992年中共十二大明确提出要建立社会主义市场经济体制。1993年11月4日中国共产党第十四届中央委员会第三次会议通过《中共中央关于建立社会主义市场经济体制若干问题的决定》把十二大确立的目标和原则具体化。但是，无论是人们的思想观念还是行为实践，都还存在着一些障碍，如对实行社会主义市场经济是否违背马克思主义基本原理有些人依然存有疑惑；普通老百姓"等靠要"的计划经济下的思维惯性还有一定的市场等。因此，社会主义市场经济起步时还会受到这样或那样的干扰或影响。与此同时，竞争是市场经济最活跃、最核心的因素。竞争机制是市场经济最基本的运行机制。如果社会经济生活中竞争遭到排斥或者削弱，那么市场机制就会出现结构性的、全局性的障碍，市场经济秩序就将发生混乱，社会主义市场经济就不能顺利发展。因此，通过制定《反不正当竞争法》，维护和促进竞争，保障社会主义市场经济的健康发展是十分重要的。2007年，党的十七大报告明确指出中国已初步建立社会主义市场经济体制。故，现在的《反不正当竞争法》由"保障"更换为"促进"顺理成章。

其次，从体系解释的角度来看，这样的修改也是为了同为市场规制的其他法律立法目的用语保持一致。如《反垄断法》的立法目的规定是："为了预防和制止垄断行为，保护市场公平竞争，提高经济运行效率，维护消费者利益和社会公共利益，促进社会主义市场经济健康发展，制定本法。"《消费者权益保护法》的立法目的是："为保护消费者的合法权益，维护社会经济秩序，促进社会主义市场经济健康发展，制定本法。"❶

（二）立法目的解释论

从《反不正当竞争法》第一条关于立法目的的内容可看出，和其他法

---

❶ 《消费者权益保护法》和《反不正当竞争法》同在1993年制定，最初的用语即为"促进社会主义市场经济健康发展"，而没有用"保障"，原因在于其根本目的是保障消费者权益。反不正当竞争法与社会主义市场经济息息相关，其根本作用就是通过保护公平竞争来保障社会主义市场经济健康发展。

律一样，都不是规定了单一的立法宗旨，而是多重目的。下面从语言表述结构对几重目的之间的关系进行分析。

1. "促进社会主义市场经济健康发展"是首要目的或根本目的

可以说，凡是和经济有关的法律都在或多或少地促进社会主义市场经济发展，如前面述及的《反垄断法》和《消费者权益保护法》的立法目的业已表明，在此不再赘述。另外，《民法总则》❶也调整平等主体之间的人身关系和财产关系，在第一条规定："为了保护民事主体的合法权益，调整民事关系，维护社会和经济秩序，适应中国特色社会主义发展要求，弘扬社会主义核心价值观，根据宪法，制定本法。"《商标法》第一条规定："为了加强商标管理，保护商标专用权，促使生产、经营者保证商品和服务质量，维护商标信誉，以保障消费者和生产、经营者的利益，促进社会主义市场经济的发展，特制定本法。"不管用语是否相同，这些法律毫无疑问都对社会主义市场经济的发展有促进作用，然而，从该项内容在立法目的条文中的位置可以看出，唯有《反不正当竞争法》将其放在首位，足见其在社会主义市场经济发展中的法律地位。因此，"促进社会主义市场经济健康发展"自然也就是本法立法的首要目的或根本目的，其他均是用来服务于此。

社会主义市场经济健康发展的指标有很多，但最重要、最核心的一个就是"公平竞争"。换言之，竞争是否公平最根本的衡量标准应该是能否促进社会主义市场经济健康发展。

2. "鼓励和保护公平竞争，制止不正当竞争行为"是直接目的或核心目的

市场竞争表现为对交易机会的争夺。市场主体只有增加交易机会，才能生存和取胜，才能长久地发展下去。采取什么样的竞争方式和手段，现实中真是八仙过海各显神通。然而，唯有公平竞争，才能实现真正的优胜劣汰，发挥市场有效配置资源的决定性作用，有利于整个社会的发展。有些经营者担心被淘汰，往往绞尽脑汁、想方设法、不择手段，容易导致不正当竞争行为的出现。所以，制止不正当竞争行为恰恰是为了使竞争回归理性，使竞

---

❶ 全称为《中华人民共和国民法总则》，于2017年3月15日第十二届全国人民代表大会第五次会议通过。

机制的功能得以有效充分的发挥，为竞争者创造公平竞争的环境，维护竞争的正常秩序。本法通过使不正当竞争者承担相应的法律责任以期达到制止的目的，保证社会主义市场经济在公平竞争的轨道上运行。

需要特别注意的是，此处还有一个关键的词，那就是"鼓励"。其实，"制止不正当竞争，保护公平竞争"已然说明问题，之所以加上"鼓励"，实质是"鼓励公平竞争"，是因为我国改革开放前不承认竞争，实行的是高度集权的计划经济体制，因而实行市场经济之后，有关竞争的社会条件显得很不充分，市场主体的竞争意识也不是特别强烈和饱满，需要"鼓励"。即使现在，竞争条件相对充分和竞争意识相对较强的情况下，有的行业、部门依然存在着一些垄断或竞争障碍，有的打着保护国家利益或者社会公共利益的旗号保护着地区或部门、行业利益而对竞争加以排斥，所以"鼓励"二字还是有存在的必要的。

3. "保护经营者和消费者的合法权益"是微观目的或附属目的

反不正当竞争法在欧洲国家产生之初就是为了专门保护诚实经营者的利益，在我国，保护诚实经营者的利益也是本法应有之意。保护的方式就是赋予自认为利益受到不正当竞争行为侵害的经营者司法救济权或行政上的举报权，使得不法侵害者受到处罚或制裁。因此，这样的保护是着眼于微观个体利益考虑的。这一点在学界或司法界是没有疑义和歧见的。

反不正当竞争法除了保护经营者的合法权益外，显而易见还保护消费者的合法权益。但是问题在于，我国《反不正当竞争法》是否直接保护消费者的合法权益，又或者说，在消费者的权利和利益受到经营者实施的不正当竞争行为侵犯时，消费者能否根据《反不正当竞争法》的规定，直接向该经营者主张包括损害赔偿在内的民事权利呢？一般认为，根据现行《反不正当竞争法》的相关规定，只有受到不正当竞争行为直接损害的经营者才有权提起民事诉讼。因此，包括消费者在内的其他受害者是不能根据该法主张权利的，消费者不能成为不正当竞争行为诉讼的原告。[1] 当然，

---

[1] 邵建东，方小敏，王炳. 竞争法学 [M]. 北京：中国人民大学出版社，2009：60.

在此情形下，消费者可以依据《消费者权益保护法》提起民事诉讼来维护自己的权益。与此同时，消费者与经营者一样享有《反不正当竞争法》规定的举报权。由此，《反不正当竞争法》对消费者合权益的保护只是具有宣示意义和附属地位。也正如参与立法者所说："关于保护消费者的合法权益，只是现代反不正当竞争法的问题。早期的反不正当竞争法只调整经营者之间的竞争关系，着眼于公平竞争秩序。在处理不正当竞争案件时，也可能涉及消费者权益的问题，但只是作为附带的问题加以处理的。但随着以后的发展，各国反不正当竞争法便逐步增加了保护消费者的规定。特别是在消费者保护运动在世界范围内兴起并迅速发展之后，更形成一个趋势。的确，不正当竞争行为所侵犯的客体往往包括消费者。从反不正当竞争立法总的目的上看，维持了公平竞争的秩序也就保护了消费者的利益。"❶ 因此，从根本上说，保护公平竞争秩序、保护经营者合法权益和保护消费者合法权益三者是一致的。制止了不正当竞争行为，确立了公平竞争的秩序，不但诚实经营者的合法权益能够得到充分保护，而且在竞争机制的作用下，经营者都能在增加供应品种、提高产品质量、降低商品或服务价格、改善售后服务等方面不断改进并取信于消费者，这样，消费者的自由选择权和公平交易权才能得到真正的保障，消费者的福利才能实现最大化。有学者认为，"将消费者纳入保护对象和以特殊的方式保护消费者，乃是反不正当竞争法现代化的标志"❷，依此观点，早在1993年我国《反不正当竞争法》就已经实现了"现代化"。但依笔者之见，其只能说实现了"半个现代化"，没有实现"完全的现代化"。原因是对不正当竞争行为的法律界定中没有把消费者的合法权益同时作为构成要素纳入其中，关于这一点，本书会在下文谈及。

---

❶ 孙琬钟．反不正当竞争法实用全书．北京：中国法律年鉴社，1993：26.
❷ 孔祥俊．论反不正当竞争法修订的若干问题——评《中华人民共和国反不正当竞争法（修订草案）》[J]．东方法学，2017（3）2–17.

第二章 不正当竞争行为的界定及适用

反不正当竞争法，顾名思义就是反对不正当竞争行为的法律，实施不正当竞争行为就是违法行为，就要承担一定的法律责任，这种责任对行为主体来说是不利的。所以，认清哪些是不正当竞争行为、哪些是正当竞争行为、二者的界限是什么就显得十分重要和必要。那么何谓不正当竞争行为？我国《反不正当竞争法》对此采取了原则规定和典型列举的方式进行界定。本章将对其中的原则规定及其与典型列举不正当竞争行为之间的关系进行分析。

第一节 不正当竞争行为的原则规定及修订

我国《反不正当竞争法》第二条对不正当竞争行为作出了定义式规定，除此之外，该条还规定了与此相关的其他事项，即竞争原则和竞争行为主体。这条也是这次修订的重点，其中的过程耐人寻味。

一、第二条修订前后内容

1. 2017 年修订前的规定

第二条 经营者在市场交易中，应当遵循自愿、平等、公平、诚实信用的原则，遵守公认的商业道德。

本法所称的不正当竞争，是指经营者违反本法规定，损害其他经营者的合法权益，扰乱社会经济秩序的行为。

本法所称经营者，是指从事商品经营或者营利性服务（以下所称商品包括服务）的法人、其他经济组织和个人。

2. 2017年修订后的规定

第二条　经营者在生产经营活动中，应当遵循自愿、平等、公平、诚信的原则，遵守法律和商业道德。

本法所称的不正当竞争行为，是指经营者在生产经营活动中，违反本法规定，扰乱市场竞争秩序，损害其他经营者或者消费者的合法权益的行为。

本法所称的经营者，是指从事商品生产、经营或者提供服务（以下所称商品包括服务）的自然人、法人和非法人组织。

3. 改变部分及解析

第一，在第一款关于经营者的竞争原则中有两处变化[1]：

一是经营者的活动范围用语，即由原来的"市场交易"变为"生产经营活动"。市场交易通常是指有明确相对方的经营活动，因此，市场交易容易让人产生歧义。一方面，某种程度上说这是经营者经营活动希望达到的一种市场结果，交易双方的行为方向正好是相反的，如上下游经营者签定合同、经营者和消费者完成买卖等。这是相对具体的一种狭义的理解。另一方面，也可以作广义的理解，就是与市场交易存在联系的一些活动都可以包括在内，如商业诋毁行为，目的虽然不是想要与被诋毁方达成某种交易，但却是为了打压被诋毁方，争取与被诋毁方的交易对手即潜在的客户达成交易，抢夺交易机会。显而易见，后者对市场交易的理解有点牵强。改为"生产经营活动"就解决了这个问题，该词既可以指具有纵向特征的市场交易活动，也可以指具有横向特征的市场竞争活动。更何况，本款关注的主要是经营者的行为，至于是否达成最后的交易，不在考量范围

---

[1] 严格说来，本款还有两处变化，一是原来的"诚实信用"变成了"诚信"，这样的表述更为精炼，不难理解；二是去掉了"商业道德"前面的修饰定语"公认"，道德是社会意识形态之一，是人们共同生活及其行为的准则和规范（参见中国社会科学院语言研究所词典编辑室. 现代汉语词典 [M]. 3版. 北京：商务印书馆出版，1996：258.），内含公认和共同遵守之意，商业道德亦如此。故不作赘述。

内。鉴此,"生产经营活动"所指更为广泛,含义也更为准确。

二是在经营者应当遵守的原则方面在原来"商业道德"的基础上增加了"法律"。守法是民法对民事主体作出的基本要求,也是作为民事基本主体的经营者在生产经营活动中应当遵守的原则应有之意。这次明确提出经营者应"遵守法律",修订草案并没有做过多的说明。依笔者之见,除了重复强调守法的重要性之外,还可能希望处理法律和商业道德的关系。"法律是成文的道德,道德是内心的法律,法律和道德都具有规范社会行为、维护社会秩序的作用。"❶ 道德是在不断发展变化的,法律总是将长期不变的一些基本道德发展为文化,成为人们的行为规范。但是由于社会和技术的突飞猛进,尤其是在商业领域,商业模式和商业形态的更新换代,总会形成新的行为规范,只要这些行为规范没有违反法律规定的最低道德标准,就应该被遵守,否则就不能认为是合理的。即使法律没有具体的规定,也应该依据一些基本原则进行评判。而不应该将新的行为方式置于法外之地,任由其像野草一样自由散漫地生长泛滥。

第二,第二款是本法对关键的词语"不正当竞争"作出的界定,变化相对较多。

一是增加了"在生产经营活动中"的用语,显然是为了和第一款保持一致。

二是在不正当竞争行为侵害的法益中增加了"消费者"的合法权益,并以"或者"与"经营者"的合法权益相并列。这一点与立法目的遥相呼应,解决了前边所述及的"半个现代化"的问题。

三是把"秩序"前边定语部分由原来的"社会经济"变为了"市场竞争",这样用语更准确。原因是社会经济秩序除了竞争秩序以外,还包括其他方面,如国家的宏观调控秩序、行政执法秩序、企业的用工秩序、社会保障秩序等。缩小了调整的秩序范围,反而突出和强调了反不正当竞争法的针对性。

四是把不正当竞争行为造成的两个后果顺序进行了调整,"扰乱市场

---

❶ 习近平在中共十八届四中全会第二次全体会议上的讲话。

竞争秩序"置于"损害其他经营者或者消费者的合法权益"之前。这一变化彰显了对两种法益的重视程度有所不同,前者代表的是社会公共利益,后者代表的是个体利益,或者又如前所述,本法主要维护社会公共利益,个体利益只是一种副产品。所以,这次修订作出这样的调换也使得反不正当竞争法名副其实地落入了公法的范畴。

第三,在第三款中对经营者的界定共有三处变化。

一是在"经营"前加"生产"二字,如上款一样,是为了在整个条款中保持竞争范围和适用上的统一。况且,"经营"和"生产"也的确不同,"经营"是指"筹划和管理"❶,"生产"是指人们使用工具来创造各种生产资料和生活资料。❷"生产"是经营者经济活动的逻辑起点,是不可忽视的一部分。

二是把"服务"前的"营利性"改为了"提供",意义大不一样。其实质是去掉了"营利性"的限制,扩大了对经营者的界定范围,即对提供服务者,不管目的是否在追求营利亦或最终是否获得了利润或利益的结果,一律为经营者。这一点与《反垄断法》对经营者的定义相一致。❸

三是对各类经营者的表述换了一种说法,即由原来的"法人、其他经济组织和个人"改为"自然人、法人和非法人组织"。其目的在于,一方面,与新颁布的《民法总则》对民事主体的表述❹保持一致;另一方面,扩大了除自然人和法人之外社会组织的范畴,对经营者不再局限于"其他经济组织",而是所有"非法人组织"。如此,也避免了重复定义用语的啰嗦,因为"从事生产、经营或提供服务"就是"经济",同时,使得经营者的判定不再依据其组织性质,而是直接依据其行为特点。

---

❶ 中国社会科学院语言研究所词典编辑室. 现代汉语词典第3版 [M]. 北京: 商务印书馆出版,1996:665.

❷ 同❶,1127.

❸ 《反垄断法》第十二条规定:"本法所称经营者,是指从事商品生产、经营或者提供服务的自然人、法人和其他组织。"

❹ 《民法总则》第二条规定:"民法调整平等主体的自然人、法人和非法人组织之间的人身关系和财产关系。"

二、第二条的修订变化过程

1993 年《反不正当竞争法》在实施二十多年的时间当中，歧义最多的当属第二条。因此，该条也成为这次修订备受关注的条款之一，前后几次反复也可见一斑。

最初，国家工交商事法制司于 2016 年 2 月 25 日发布征求社会公众意见的《反不正当竞争法》（修订草案送审稿），其中第二条规定：

经营者在经济活动中，应当遵循自愿、平等、公平、诚信的原则，遵守公认的商业道德。

本法所称的不正当竞争，是指经营者违反本法规定，损害其他经营者或者消费者的合法权益，扰乱市场秩序的行为。

本法所称的经营者，是指从事或者参与商品生产、经营或者提供服务（以下所称商品包括服务）的自然人、法人和其他组织。

后来，中国人大网公布的征求社会意见的《中华人民共和国反不正当竞争法（修订草案）》中的第二条进行了修改：

经营者在市场交易中，应当遵循自愿、平等、公平、诚实信用的原则，遵守公认的商业道德。

本法所称不正当竞争行为，是指经营者违反前款规定，以不正当手段从事市场交易，损害其他经营者的合法权益，扰乱竞争秩序的行为。

本法所称经营者，是指从事商品经营或者营利性服务（以下所称商品包括服务）的自然人、法人和其他组织。

且同时增加了一个配套的第十五条规定：

对经营者违反本法第二条规定，且本法第二章第六条至第十四条和有关法律、行政法规未作明确规定，严重破坏竞争秩序、确需查处的市场交易行为，由国务院工商行政管理部门或者国务院工商行政管理部门会同国务院有关部门研究提出应当认定为不正当竞争行为的意见，报国务院决定。

最终，经过全国人民代表大会常务委员会三次审议之后，就形成了现行的第二条，去掉了修订草案中的第十五条。

由以上过程可知，对第二条的修改重点集中在第二款，即如何确定不正当竞争行为上，核心直指其内涵和认定问题。关于该问题，本书下文会详细解析。

第二节 不正当竞争行为的界定

一、不正当竞争行为界定的依据

不正当竞争行为界定的依据是《反不正当竞争法》。由于该法第二章的标题即为"不正当竞争行为"，是对现实中典型不正当竞争行为的列举，所以，遇到符合这些典型不正当竞争行为构成要件的行为，自当依据这些条款进行界定和规制。那么第二章没有规定的其他不正当竞争行为该如何界定呢？亦或不属于第二章列举的不正当竞争行为归于合法？对后一个问题司法实践已经作出了否定的回答，在《反不正当竞争法》修订前，法院依据第二条的原则规定对涉诉的各种竞争行为进行了不正当的认定。❶ 当然，从体系解释的角度来看，第二章的不正当竞争行为与第二条的原则规定并不矛盾，相反，二者存在着内在的一致性，即第二章的不正当竞争行为理应符合第二条原则规定的精神实质。

囿于本书后几章都是围绕第二章列举的每一种不正当竞争行为展开论述，本节只对第二条的原则规定进行分析。

二、不正当竞争行为的构成要件

（一）不正当竞争行为的定义和一般条款

翻阅涉及竞争法或反不正当竞争法的著作或教材，都会见到对不正当

---

❶ 这方面的案例较多，如"枫叶"牌西裤案、福建天龙公司与宁波华能公司关于侵犯条形码专用权不正当竞争纠纷案、马克·布雷克展示公司与上海喜马拉雅广告公司不正当竞争纠纷案、《股神》原创者北京金洪恩电脑有限公司诉"《股神》2000"推出者北京惠斯特科技开发中心案、上海晨铉科贸有限公司将宝洁公司的"safeguard"商标抢注为自己的域名等案。

竞争行为一般条款的论述，较少述及其定义。即使谈到一般条款，也不明说何谓一般条款，它与定义的关系如何，这是笔者长期以来的一个困惑，最近看到孔祥俊教授对此有明确的阐释："一般条款是认定法律未列举行为的开放性依据。它能够确保法律对于新发展和新需求的适应性，确保法律调整的灵活和及时。法律实施时间越长和社会经济情势变化越大，一般条款的适用空间越大。一般条款不是纯粹空洞抽象的行使裁量权的名目，而具有指引和约束裁量权行使的实质性内涵和要素。一般条款的适用模式是判断竞争行为正当性的最基本范式，承载、体现和贯彻着反不正当竞争和认定不正当竞争行为的基本理念、思维方式和构成要素。"同时指出，《反不正当竞争法》第二条第二款规定"不仅是一种定义性规范，同时是可以援引的一般条款，即法院可据以开放性认定未列举不正当竞争行为的条款"。❶ 在此，笔者认为孔祥俊教授对一般条款的功能性认识是可取的，即"一般条款是认定法律未列举行为的开放性依据"；但对一般条款和定义等同视之还有值得商榷之处。依笔者之见，关于不正当竞争行为的定义是指《反不正当竞争法》第二条第二款，一般条款是指全部第二条三个条款的内容。理由是第二条第二款名义上是定义，这其实是不全面的，要借助于其他两款才能确定没有列举的不正当竞争行为。

（二）不正当竞争行为的构成要件

关于不正当竞争行为的构成要件从主体、行为及后果三个方面加以讨论。

1. 主体：经营者

不正当竞争行为的主体指的是实施不正当竞争行为的经营者，即参与市场竞争者。《反不正当竞争法》第二条第三款对此作出了界定：本法所称的经营者，是指从事商品生产、经营或者提供服务（以下所称商品包括服务）的自然人、法人和非法人组织。

---

❶ 孔祥俊. 新修订反不正当竞争法释评［EB/OL］.（2017-11-06）［2017-12-01］. http://law.sjtu.edu.cn/.

从法律的组织形式来看，包括自然人、法人和非法人组织，这种用语与民法主体保持了一致。其中的自然人，主要是指个体工商户、农村承包经营户和其他领有营业执照的个人，包括提供知识商品的个人。❶ 其中的法人，是指具有民事权利能力和民事行为能力，独立享有民事权利和承担民事义务的社会组织。法人既包括营利性法人，也包括非营利性法人。在我国，营利性法人主要是指各类企业法人，包括全民所有制企业、集体所有制企业、联营企业、中外合资经营企业、中外合作经营企业、外商独资企业、私营企业等企业法人；非营利性法人是指实行企业化经营，依法具有从事经营活动资格的事业单位法人和社会团体，如医疗机构法人等。其中，非法人组织是指不具备法人资格，但依法可以从事经营活动的社会组织。根据有关司法解释，这些组织有：依法登记领取营业执照的私营企业、合伙企业；依法登记领取营业执照的合伙型联营企业；依法登记领取中国营业执照的中外合作经营企业、外资企业；企业法人依法设立并领取营业执照的分支机构；中国人民银行、各专业银行设在各地的分支机构；中国人民保险公司设在各地的分支机构；经核准领取营业执照的乡镇、街道和村办企业。❷ 另外，个人独资企业也属于非法人组织的范畴。

　　判断一个主体是否属于本法规定的经营者，关键在于其是否作为法律上和经济上独立的行为主体参与市场活动，❸ 即其是否从事商品生产、经营或提供服务的行为，只有行为才能决定其主体的适格性问题，和其他的要素关系不大。如上所述，不管经营者是法人还是非法人，是自然人还是组织，都不影响其主体资格的认定。主体资格的认定与组织形式无关，重要的是行为，只要一个市场主体从事商品生产经营活动，向他人提供服务，那他就是经营者。下面重点说明可能影响主体认定的其他要素。

　　经营者的认定与是否营利无关。经营者都有趋利性，获利或以营利为

---

❶ 《中国法律年鉴》编辑委员会. 反不正当竞争法实用全书 [M]. 北京：中国法律年鉴社，1993：28.

❷ 同❶，27.

❸ 王瑞贺. 中华人民共和国反不正当竞争法释义 [M]. 北京：法律出版社，2018：7.

目的是经营者进入市场竞争的初衷和目的。然而，并非所有进入市场的竞争者都能如愿以偿，获得丰厚可观的利润，优胜劣汰的机制使得一些经营者颗粒无收，最后只得怅然退出市场。有的则是有时营利，有时亏本。这都是市场经济的常态。因此，市场主体不能因为自身没有营利而否认其经营者资格，一旦实施不正当竞争行为就应该受到处罚，不能以亏损作为挡箭牌。

经营者的认定与其是否具有合法经营资格无关。如果经营者不具有合法资格，如不具有施工资质、没有得到矿业开采许可证等，在此情况下又进行不正当竞争行为，则构成双重违法，应该受到双重处罚。假如以不具有合法经营资格、不符合不正当竞争行为的主体要件为由，认定其不构成不正当竞争行为，也没有使其得到相应的处罚，那就贻笑大方了。显然，这是一种实实在在的狡辩，不符合法理，也不符合逻辑。所以，实施不正当竞争行为的经营者并没有把不合法的经营者排除在外。

经营者的认定与受到不正当竞争行为侵害者是否竞争对手无关。传统上，一般仅将生产、销售相同或相似商品或服务的经营者认定为竞争对手。[1]他们之间的关系被称为直接的竞争关系。2017年修订前的《反不正当竞争法》第五条和第十四条规定要求适用时必须具有直接的竞争关系。[2]修订后的《反不正当竞争法》只有第十一条出现了"不得……损害竞争对手的……"的用语，除了这一条，其他不正当竞争行为均不要求不正当竞争的实施者和受害者具有直接的竞争关系。其实，对竞争关系的理解现在

---

[1] 王瑞贺.中华人民共和国反不正当竞争法释义[M].北京：法律出版社，2018：39.

[2] 修订前的《反不正当竞争法》第五条规定："经营者不得采用下列不正当手段从事市场交易，损害竞争对手：（一）假冒他人的注册商标；（二）擅自使用知名商品特有的名称、包装、装潢，或者使用与知名商品近似的名称、包装、装潢，造成和他人的知名商品相混淆，使购买者误认为是该知名商品；（三）擅自使用他人的企业名称或者姓名，引人误认为是他人的商品；（四）在商品上伪造或者冒用认证标志、名优标志等质量标志，伪造产地，对商品质量作引人误解的虚假表示。"其中学者们对"竞争对手"的理解一般认为就是要求不正当竞争行为的实施者与受到侵害者具有直接的竞争关系。

比原来要宽泛得多,不再局限于直接的竞争关系,间接的竞争关系对其他经营者和整个市场竞争环境的影响也比较大。换句话说,即使经营者生产、销售的商品或服务不相同、不相似,但具备相似功能、可以相互替代,也可能成为竞争对手,如录音机、CD机、MP3播放器生产者和音乐手机生产者可能成为音乐播放工具的竞争对手。有些商品或服务的功能也不相同、也不具有替代性,但是当他们面对同一群客户时,也可能成为竞争对手。如网络游戏提供者、社交软件提供者、视频网站可能因争夺消费者的上网流量、广告机会而成为竞争对手;房地产企业和金融企业可能因争夺社会资金流向而成为竞争对手;❶ 烟草商和家具商可能为争取与同一个客户的交易机会而成为竞争对手。所以,对竞争对手应作更加广义的理解,相应地,对竞争关系也应作广义的理解。

经营者的认定与经营的期限和次数无关。有人认为偶尔进入市场经营的经营者,不能认定为经营者,如在网上销售自己用过的旧书、出售自己保存的古董等。笔者对此有不同看法,假如就在这唯一的一次销售中,该卖家采取了不正当竞争手段,是否可以以此为由不认定为经营者而毋须承担责任呢?当然不能,否则,其他经营者的利益和竞争秩序将如何维护。

综上所述,一个主体是否为《反不正当竞争法》中的经营者,根本上是指其是否参与了市场竞争活动,是否有争取市场交易机会的情况。当然,前提是以其生产、销售的商品或提供的服务来参与市场竞争。随着社会的发展,此处的商品和市场不仅仅指有形的、传统上的商品和流通市场,还应包括众多新兴市场及其商品。在这个意义上来讲,只要形成一定的市场并参与市场竞争,对其提供的商品或市场就应作尽可能广义的理解。正如法官在"湖南王跃文诉河北王跃文等侵犯著作权、不正当竞争纠纷案"中所指出的那样:"现阶段,我国除了传统的商品流通市场外,还形成了文化市场、技术市场等新兴市场。在这些新兴市场中,竞争仍是市

---

❶ 王瑞贺. 中华人民共和国反不正当竞争法释义 [M]. 北京:法律出版社,2018:39-40.

场主体调整关系的基本方式，因此这些新兴市场中的竞争秩序，应当适用反不正当竞争法去规范。作者通过出售作品的出版发行权，从文化市场中换取等价物，这时的作品即成为作者经营的商品。"❶ 毋庸置疑，作家是经营者。因此，主体提供了商品并参与市场竞争，通过这样的行为即可认定其为反不正当竞争法中的经营者。

2. 行为：在生产经营活动中，违反本法规定

该行为要件又被称为客观要件或表现形式。《反不正当竞争法》第二条第二款规定："本法所称的不正当竞争行为，是指经营者在生产经营活动中，违反本法规定，扰乱市场竞争秩序，损害其他经营者或者消费者的合法权益的行为。"据此，经营者若实施了不正当竞争行为必定是"在生产经营活动中，违反本法规定"，这是本法对不正当竞争行为的表现形式的描述，也是认定不正当竞争行为的依据之一。通常对"生产经营活动"较易认定，问题就是"违反本法规定"该作何理解？本来学界和司法界在修订前就对此有不同的看法，由于这种表述延续了修订前的本款用语，可知这次修订并无意解决这种分歧。歧见主要有三种。第一种观点为法定主义说，该观点认为："违反本法规定"是指违反本法第二章规定的典型不正当竞争行为，这符合立法者的意图。行政机关在法律明文规定的不正当竞争行为之外无权认定其他不正当竞争行为。第二种观点为有限的一般条款说，该观点认为："违反本法规定"的内涵应该根据不同的主体来定。对行政机关而言，"违反本法规定"是指违反本法第二章规定的典型不正当竞争行为，因为对于《反不正当竞争法》没有列举的不正当竞争行为，即使赋予行政机关认定权也毫无意义，毕竟缺乏进行行政处罚的法律依据。这一点与上述第一种观点无异。但对司法机关而言，"违反本法规定"既指违反本法第二章的规定内容，也指违反本法第二条第一款关于经营者的竞争原则的规定。也即，对于受害人请求损害赔偿而《反不正当竞

---

❶ 原告王跃文因与被告叶国军、王跃文（原名王立山）、北京中元瑞太国际文化传播有限公司、华龄出版社著作权侵权、不正当竞争纠纷一案，湖南省长沙市中级人民法院（2004）长中民三初字第221号。

法》未列举的不正当竞争行为，法院可以根据个案将其确认为不正当竞争行为，判令行为人承担民事责任。所以，第二条第二款的规定充其量只能是一项有限的一般条款，对司法机关来说是一般条款，对行政机关来说则不是一般条款。❶ 第三种观点为一般条款说，该观点认为：从文意解释和客观解释的角度出发，对"违反本法规定"中的"本法"二字，并不必然解释为《反不正当竞争法》第二章第五条至第十五条的规定，而应解释为整部《反不正当竞争法》。因此，违反"本法"规定，不仅指经营者违反第二章各项禁止性规定的不正当竞争行为，而且还应包括经营者违反《反不正当竞争法》的其他规定，特别是自愿平等、公平竞争、诚实信用的原则以及公认的商业道德而实施不正当竞争行为。❷ 因而，对行政机关和司法机关没有区别，他们都可以据此就《反不正当竞争法》未列举的不正当竞争行为进行认定。行政机关虽然不能给予行政处罚，但也不影响其认定某项行为是不正当竞争。换言之，认定某项行为属于不正当竞争，与对此项行为予以处罚，并不是一回事。在许多情况下，在经营者从事的竞争行为有违自愿、平等、诚实信用或公认的商业道德时，由监督检查部门出面予以指出、认定、劝告乃至制止，对经营者及时纠正其不当行为或"擦边球行为"，具有重要而积极的意义。❸

在上述三种观点中，有限的一般条款比较符合实际，我国反不正当竞争法司法实践对一般条款说的普遍接受和实际适用已是不争的事实。对《反不正当竞争法》没有明文禁止的竞争行为，司法机关可以适用第二条的规定判定其是否构成不正当竞争行为，并对不正当竞争行为人追究法律责任。

本书将对不正当竞争行为从三个方面进行法理分析。

第一，由该条变化过程透视立法者的意图。

先来看参与立法者对1993年《反不正当竞争法》第二条规定的解读，

---

❶ 孔祥俊. 反不正当竞争法新论 [M]. 北京：人民法院出版社，2001：183.

❷ 邵建东，方小敏，王炳，等. 竞争法学 [M]. 北京：中国人民大学出版社，2009：69.

❸ 同❷，69.

对于该条解读的关键是对"违反本法规定"的理解。1993年《反不正当竞争法》通过前，国务院提交全国人大常委会审议的《反不正当竞争法（草案）》中没有"违反本法规定"这几个字，其第三条规定："本法所称不正当竞争，是指经营者在经营活动中，违背诚实信用的原则和公认的商业道德，损害或者可能损害其他经营者合法权益的行为。"据参与立法的人士介绍："草案的规定和外国有关不正当竞争行为的规定大体一致，这一规定的好处是弹性大，除法律明确规定的几种不正当竞争行为外，随着市场经济的发展新出现的不正当竞争行为，可以依据这一规定的精神加以认定，进行处理。缺点是给执法部门的授权太大，对同一行为可能处理不一。根据我国的实际情况，特别是眼前和近期的状况，在全国人大常委会审议《反不正当竞争法（修订草案）》过程中修改了草案的规定。修改的核心是增加了'违反本法规定'几个字。这样，就使反不正当竞争法第二条对不正当竞争行为的定义和第二章规定的不正当竞争行为一致。因此，依照反不正当竞争法的规定，市场竞争中的不正当竞争行为就是第二章规定的11种行为。"❶ 同时对相反的观点进行了驳斥："由于不正当竞争行为的具体表现形式是极其复杂多样的，我国《反不正当竞争法》不可能将所有的不正当竞争行为——详细列举。因此，在执法中遇到分则中没有规定的不正当竞争行为，需要根据总则的规定去认定。这种讲法与立法的本意不一致。在反不正当竞争法中，总则与分则的关系不是这样的一个关系。反不正当竞争法第二章所列明的各项不正当竞争行为就是本法所承认的不正当竞争行为。也就是说，不正当竞争行为须依法制裁的只限于第二章列明的各项，除非另有法律规定，是不允许执法机关随意认定的。"❷ 是故，"所谓违反本法规定，是指经营者有反不正当竞争法第二章规定的不正当竞争行为"。❸

---

❶ 《中国法律年鉴》编辑委员. 反不正当竞争法实用全书［M］. 北京：中国法律年鉴社，1993：29.

❷ 孙琬钟. 反不正当竞争法实用全书［M］. 北京：中国法律年鉴社，1993：26.

❸ 全国人大常委会法制工作委员会民法室，胡康胜.《中华人民共和国反不正当竞争法》释义［M］. 北京：法律出版社，1994：4.

2017年《反不正当竞争法》第二条第二款的修订过程与前如出一辙。2016年11月23日国务院第155次常务会议讨论通过并提交全国人大常委会审议的《中华人民共和国反不正当竞争法（修订草案）》第二条第二款规定："本法所称不正当竞争行为，是指经营者违反前款规定，以不正当手段从事市场交易，损害其他经营者的合法权益，扰乱竞争秩序的行为。"尽管本草案增加第十五条作为兜底认定条款或限定性质的程序条款，但全国人民代表大会宪法与法律委员会于2017年10月17日第二次审议的结果还是将其修改为："本法所称的不正当竞争行为，是指经营者在生产经营活动中，违反本法规定，扰乱市场竞争秩序，损害其他经营者或者消费者的合法权益的行为。"由此可见，行政部门意欲做出调整，使其成为能够认定没有列举的不正当竞争行为的一般条款，❶目的是为查处未来可能出现的不正当竞争行为提供法律依据，并将修订草案第二条规定的所有不正当竞争行为都纳入本法规制范围。❷然而，立法机关仍然想要维持现状，不想给执法部门过多的授权。这样刻意回归传统规定固然限制了行政机关的执法权限，但是是否意味着除了第二章规定的不正当竞争行为，本法对其他不正当竞争行为不能进行规制呢？换句话说，司法机关和其他主体能否在不能违背立法者本意的情况下对经营者的市场竞争行为进行正当与否的判断呢。从以下的分析综合来看，答案应该是肯定的。

第二，对"违反本法规定"的理解。

立法者的意图是人们理解法律条文的重要途径和参考，但立法原意毕竟没有直接表达成法律条文，因此，对"违反本法规定"的理解需要从法律规定本身出发进行体系分析。

从字面上来看，"违反本法规定"是指违反《反不正当竞争法》的全

---

❶ 孔祥俊. 论反不正当竞争法修订的若干问题——评《中华人民共和国反不正当竞争法（修订草案）》[J]. 东方法学（沪），2017（3）2-17.

❷ 张茅. 关于《中华人民共和国反不正当竞争法（修订草案）》的说明——2017年2月22日在第十二届全国人民代表大会常务委员会第二十六次会议上[R/OL]. (2017-11-07) [2018-5-05-06]. http：//www.npc.gov.cn/npc/xinwen/2017-11/07/content_2031329.htm.

部32条规定，但究其实质，并非如此。因为此处所指向的是经营者的行为，而且是竞争行为，如果一个行为不属于竞争行为，更谈不上不正当竞争行为，如《反不正当竞争法》第三十条规定："监督检查部门的工作人员滥用职权、玩忽职守、徇私舞弊或者泄露调查过程中知悉的商业秘密的，依法给予处分。"这一条既不是关于经营者的规定，更非关于其竞争行为的规定，类似的条文不在少数，这些条文理应被排除在"违反本法规定"之外。因此，第二条第二款的"违反本法规定"并非指全部法律条文，只是指对经营者的竞争行为作出要求的那些规定。综观整部法律，"违反本法规定"应当包括两部分，一是第二章关于不正当竞争行为的各项具体规定，即本法列举的典型不正当竞争行为；二是第二条第一款关于竞争原则的规定。前者是禁止性义务规定，即不得为而为之，是违反；后者是肯定性义务规定，即当为而不为，亦是违反。依笔者之见，"违反本法规定"更多地是指违反竞争原则，即第二条第一款。因为第二章的名称为"不正当竞争行为"，且每一条的用语都使用了"不得"字眼，所以显然属于明确无误的禁止性义务条款。即使没有第二条第二款的定义，该章亦可独立发挥其禁止性功能。况且，第二章的具体不正当竞争行为和第二条第二款的定义在内涵实质上应该是一致的。因此，不正当竞争行为定义中的"违反本法规定"应指该条第一款关于竞争原则的规定内容，否则其没有存在的必要和意义，这样的理解应符合条文之间的逻辑。

其实，对"违反本法规定"的理解，立法者的意图不应如一些参与立法的人士所说只是指第二章的规定，而应综合来看。由上分析可知，立法者的真正意图是限制行政机关的权力，对"违反本法规定"的理解采取的是"双重标准"：对行政机关而言，其指第二章的规定；对其他主体而言，是指第二章的规定和竞争原则规定。如最高人民法院裁判的奇虎公司与腾讯公司不正当竞争案（最高人民法院（2013）民三终字第5号民事判决书）、山东食品公司与马某某不正当竞争案件（最高人民法院（2009）民申字第1065号民事裁定书）就是直接依据第二条第一款认定了第二章没有规定的不正当竞争行为。当然，其他主体除了司法机关外，还包括普通的民众和经营者，假如没有他们依据第二条第一款对其他经营者不正当竞争行为的判断，就不会向法院提起诉讼，司法机关也就没有相应的认定机会。故而，在不正当竞争行为的认定中，竞争原则很重要。

第三，经营者的市场竞争原则。

经营者在生产经营活动中应当遵循的竞争原则，根据第二条第一款的规定包括自愿、平等、公平、诚信，遵守法律和商业道德。这六项原则是民法对民事主体作出的基本要求，适用于一切市场中的竞争行为，适用于一切市场经济主体，既是衡量市场经济主体竞争行为善恶、是非、美丑的道德标准，也带有法律强制性的法律准则。唯有遵循这些基本原则的市场竞争行为，才是合法的、正当的竞争行为，凡是违背这些基本原则的竞争行为，当属不合法的不正当竞争行为。

《民法总则》第五条规定："民事主体从事民事活动，应当遵循自愿原则，按照自己的意思设立、变更、终止民事法律关系。"在传统民法中自愿原则被称为"意思自治"，其核心是充分尊重当事人在民事活动中对外表达的、合法的内心真实意思。在市场竞争中，自愿原则是指经营者有权依自己的意愿进行市场交易和竞争，不受一切非法的干预，同时要求经营者尊重交易相对方按照自己的意思行事的权利，不得以欺诈、胁迫或者利用对方处于危困状态等手段迫使交易相对方接受违背自身意愿的交易。自愿原则是经营者在市场交易活动中的自主权的体现，它表现为交易主体在法定范围内自主地进行交易活动，如自愿地进入、退出竞争市场、自主地选择交易对象、自主地确定和变更交易内容及形式等。因此，本质上，自愿原则是一项市场交易原则，主要保护在市场交易中处于劣势一方的利益和权利，如消费者、小企业的权益。它也是平等原则的一种体现。

《民法总则》第四条规定："民事主体在民事活动中的法律地位一律平等。"在市场竞争中，平等原则是指经营者在市场竞争关系中所处的法律地位平等，其所为的相同的竞争行为会受到法律一视同仁的对待。不会因为经营者相互之间所有制、大小、强弱、所处区域、存在时间长短等不同而有所区别。表面上看，平等原则处理的是法律和经营者的关系，其实质还是强调经营者之间的彼此独立性，即经营者都享有意志上的独立，不受他方意志的支配。其中的他方，既可能是其他经营者，也可能是政府及其人员。平等原则要求经营者在市场竞争中要尊重交易相对方的平等地位，在平等协商的基础上达成交易条款，不得利用自己的优势地位向对方施加不当压力。当然，平等原则只能保证形式上的平等、机会上的平等、起点的平等，不能保证结果的平等。竞争结果由市场机制自身决定，否则就会与人们期望的优胜劣汰的初衷背道而驰，它也是公平原则的内在要求。

《民法总则》第六条规定："民事主体从事民事活动，应当遵循公平原则，合理确定各方的权利和义务。""公平"与公正、合理、正义的概念相近，是人们崇高的理念，也是基本的法律价值理念。在市场竞争中，公平原则是指在平等良好的市场环境中，依据平等适用每一个市场主体的共同规则进行市场交易活动。❶ 公平原则要求经营者公正、平允地确定自身及交易相对方的权利、义务、责任，各自对等，不能相差悬殊。❷ 如果说平等原则强调的是形式上的平等，那么，公平原则注重的则是结果上的具体化的平等。

《民法总则》第七条规定："民事主体从事民事活动，应当遵循诚信原则，秉持诚实，恪守承诺。"关于诚信原则的含义，学界说法不一。❸ 在市场竞争中，诚信原则是指经营者应诚实守信，以善意的方式正当地行使权利和履行义务，维持当事人之间及当事人与社会之间的利益平衡，如不得滥用权利及规避法律或合同规定的义务、不故意曲解合同条款、不为欺诈行为、尊重交易习惯、尊重社会利益和他人利益等。诚信原则作为一项重要的民法原则，常常被称为"帝王规则"❹ 或"帝王条款，君临全法域之基本原则"❺。在反不正当竞争法规定的各项基本原则中占有特殊的地位。

---

❶ 黄赤东，孔祥俊．反不正当竞争法及配套规定新释新解［M］．北京：人民法院出版社，1999：26.

❷ 王瑞贺．中华人民共和国反不正当竞争法释义［M］．北京：法律出版社，2018：5.

❸ 魏振瀛．民法［M］．北京：北京大学出版社、高等教育出版社，2000：5. 王利明．合同法新问题研究［M］．中国社会科学出版社，2003：52-56.

❹ 森田三男．债权法总论［M］．学阳书房，1978：28. 转引自王利明．合同法新问题研究［M］．中国社会科学出版社，2003：52.

❺ 史尚宽．民法总论［M］．台北：正大印书馆，1980：300.

其他原则基本上都是约束和规范经营者外部表现形式的市场行为的，而这项原则却是约束经营者主观心理状态的，如果经营者不遵循诚信原则，尔虞我诈，那么就谈不上自愿、平等和公平。由于内在的心理状态是隐蔽的，行为人的表示并非其真实意思，所以，衡量经营者是否遵守诚信原则，不应简单地从他的口头或书面作出的表示来判定，而主要从他的一系列行为来判断。不仅要听其言，还要观其行，察其所由，还要用恰当的形式适时地揭发那些以伪善面目出现在市场上的形形色色的欺诈行为。

《民法总则》第八条规定："民事主体从事民事活动，不得违反法律，不得违背公序良俗。"在市场竞争中，经营者应当遵守法律和商业道德的基本原则要求与民法是一致的。遵守法律，即是依照法律行使权利、履行义务，以法律为自己的行为准则，不得违反法律的规定，不做法律所禁止的事情或做法律所要求做的事情。法律不仅仅指反不正当竞争法，还包括其他与竞争行为密切联系的相关法律规范。经营者的竞争行为必须限定在法律的框架内，不能超越法律。

在上述所说竞争原则中间，唯有商业道德与民法上的"公序良俗"表述不同。"公序良俗"包括公共秩序和善良风俗两个方面，善良风俗是指国家社会的存在及其发展所必需的一般道德。❶ 看来，商业道德与善良风俗相对应，范围应小于公序良俗。那么何谓"商业道德"？自愿、平等、公平、诚信等原则即为公认的商业道德，但均由法律所认可，上升为法律规范，具有了国家强制性。此处的商业道德应指除了上述原则之外，其他的还没有由法律认可，但在长期的市场交易活动中形成的、为社会所普遍承认和遵守的商事行为规范，是以公平、诚信为基础所形成的各种具体的商业惯例。法律是最低的道德，商业道德是在市场竞争领域的社会公德，不是法律，但却被公认为是约束经营者竞争行为的一种不成文的调整规则。当然，确定商业道德应该依据具体情形而定，要考虑地域、时间、民族等有关因素具体问题具体分析。如适用于某特定区域的商业道德也许在其他地方不合适。

---

❶ 同❶.

上述各项基本原则当中，只要经营者违反了其中的一项，就可能构成不正当竞争，但以对诚信、公平原则违反的居多。

3. 后果：扰乱市场竞争秩序，损害其他经营者或消费者的合法权益

后果作为不正当竞争行为的构成要件又被称为客体要件或后果要件。根据第二条第二款的规定，不正当竞争行为的后果是扰乱市场竞争秩序，损害其他经营者或消费者的合法权益。那么，是否所有的不正当竞争行为同时具备以上后果要件？也即，既扰乱市场竞争秩序，又损害其他经营者或消费者的合法权益？依笔者之见，扰乱市场竞争秩序是后果要件中的必备要件，损害其他经营者或消费者的合法权益是或然性选择要件。换句话说，只要实施了违反竞争原则的行为，通常造成的后果至少是扰乱了市场竞争秩序，只不过严重程度不同而已。这类似于在高速路上的逆行或倒车，逆行或倒车的行为也许不会造成交通事故，不会损害其他车主的合法权益。但是，这种行为的确影响了其他车主在高速路上的行车速度、高速体验，存在极高的安全隐患，实实在在扰乱了交通正常秩序。如果高速路上车多拥堵，稍有不慎就可能造成追尾，更严重的可能车毁人亡。因此，由于不正当竞争行为违反了经营者应该遵守的基本的竞争原则，毫无疑问扰乱了市场竞争的基本秩序，这是不正当竞争行为必然导致的后果。同时，也有可能损害其他经营者或消费者的合法权益。这种可能性包括三种情形：其一可能只损害其他经营者的合法权益，如侵害同业竞争者的商业秘密行为；其二可能只损害消费者的合法权益，如不当有奖销售行为；其三也可能同时损害其他经营者和消费者的合法权益，如商业诋毁行为、虚假宣传行为。当然，严格意义上来讲，损害消费者合法权益的不正当竞争行为一般会间接影响到其他经营者的合法权益，这是因为假如消费者购买的是刚需商品，实施不正当竞争行为的经营者掠夺了其他经营者的交易机会。因此，此处的"合法权益"是指直接的、显性的、不能容忍且可量化的"合法权益"。

值得说明的是，经营者损害消费者合法权益的行为并不一定是不正当竞争行为，唯有当此行为涉及竞争关系、竞争秩序时，才可能构成不正当

竞争行为。以有奖销售行为举例说明，同样的产品，不同的经营者出售时，有的采取有奖销售方式，有的没有设奖品。如果由于该产品的缺陷损害了消费者利益，则有奖销售的商家除了赔偿消费者损失外，还涉嫌不正当竞争。因为有奖销售就是凭借提供的奖品获得更多消费者的青睐和光顾，增加交易机会，获得了竞争优势。这种损害消费者合法权益的行为就构成不正当竞争行为，还应受到相应的行政处罚。而没有进行有奖销售的商家只是损害了消费者的合法权益，只须给予合理的损害赔偿，不会因不正当竞争行为受到行政处罚。还须注意的一点就是，虽然不正当竞争行为将损害消费者合法权益作为一项构成要件，《反不正当竞争法》的立法目的也保护消费者利益，但消费者只能依据《消费者权益保护法》维护自己的合法权益，《反不正当竞争法》没有赋予消费者以诉权。

另外，也有人认为不正当竞争行为的构成要件还包括主观要件，即行为人主观上有过错，并以排挤竞争对手为目的。笔者认为，这两个条件是不正当竞争行为的应有之义，"不正当"是对经营者表现出来的行为隐含的主观心理、认识的否定，"不正当"本身就含有主观恶意在内；竞争的目的就是排斥竞争对手，获得更多的交易机会，所以大可不必将二者作为构成必备要件。否则，实践中经营者会以此来为自己的行为辩解从而逃避法律的制裁，徒增法律适用的烦恼。

三、关于不正当竞争行为认定权的问题

（一）关于不正当竞争行为认定权的含义

不正当竞争行为认定权是指国家有关机关对经营者的竞争行为依据《反不正当竞争法》的相关规定给予违法与否的判断和决定权。国家有关机关是指人民法院和行政执法机关，认定的依据具体是指《反不正当竞争法》的第二章和第一章第二条规定。如果依据第二章，就是针对列举的典型不正当竞争行为进行认定；如果依据第一章第二条，则是针对未列举的不正当竞争行为进行认定。对于经营者的某种竞争行为是否不正当竞争行为，作为法律适用的主要机关，人民法院毫无疑问具有认定权。人民法院

在处理涉案纠纷时,根据案件的实际情况,既可以适用《反不正当竞争法》第二章关于典型不正当竞争行为的规定,也可以适用本法第二条关于不正当竞争行为的定义来认定未列举的不正当竞争行为。而行政执法机关仅可根据第二章对列举的不正当竞争行为享有认定权,下面对此进行专门分析。

(二)行政机关没有对未列举的不正当竞争行为的认定权

因为《反不正当竞争法》对第二章列举的不正当竞争行为规定了相应的行政处罚责任,并把这种处罚权赋予行政执法机关。所以,行政执法机关享有此种不正当竞争行为的认定权。但对未列举的不正当竞争行为,笔者同意学界普遍的观点,即行政机关没有认定权。由于本法没有针对违反"一般条款"设定相应处罚,按照《行政处罚法》第三条中"没有法定依据或者不遵守法定程序的,行政处罚无效"的规定,行政机关不能适用"一般条款"查处不正当竞争行为。即使认定,也没有实际意义。

之所以不赋予行政机关未列举不正当竞争行为的认定权,原因是想避免行政机关执法的随意性,保护法律的稳定性,以使市场主体对自己行为是否违法有一个确定的预期。否则,经营者每一步竞争行为的创新都会担心是否可能不符合行政执法人员心中的公平正当性标准,畏首畏尾,不利于市场竞争,不利于经济发展。但另一方面,在对市场主体不正当竞争行为列举以后,等于明确划出来一块禁区,如此会促使经营者实施许多竞争行为打法律的擦边球,明明不正当,执法机关却奈何不得,苦于没有执法依据;而法律亦不能随时修改更新。这的确是一个矛盾。如何解决?只能借助于法院及私人救济层面。当更多的私主体向法院起诉同一种不正当竞争行为时,经过时间的积累,这种行为已然成为市场经济健康发展的障碍,影响到了市场竞争秩序,则此时才会考虑修法,或作为一类新型的不正当竞争行为加以列举,从而授予行政机关认定权,就像2017年《反不正当竞争法》增加互联网不正当竞争行为一样。

虽然行政执法机关不能依据第二条一般条款认定不正当竞争行为类型,在这方面限制了其自由裁量的机会,但对已经列举的一些不正当竞争行为类型中的具体行为进行认定时还是有自由裁量权的，如第六条中的"（四）其他足以引人误认为是他人商品或者与他人存在特定联系的混淆行为"，以及第十二条中的"（四）其他妨碍、破坏其他经营者合法提供的网络产品或者服务正常运行的行为"，只不过行政执法机构的自由裁量权相对有限，只能在这两种特定不正当竞争行为中行使。

四、案例分析

（一）案情

北京百度网讯科技有限公司、百度在线网络技术（北京）有限公司（以下简称百度公司）诉北京奇虎科技有限公司（以下简称奇虎公司）案。

该案件始于2012年8月奇虎公司推出了搜索引擎服务。百度公司"robots协议"不允许360爬虫抓取百度网页内容，百度公司发现奇虎公司未遵守其Robots协议，抓取了百度网站内容并作为搜索结果提供给用户。2012年11月在互联网协会的牵头下，双方作为共同发起人之一，签署《互联网搜索引擎服务自律公约》（以下简称《自律公约》）。2013年10月16日，此案在北京市第一中级人民法院公开开庭审理。百度公司当庭表示，奇虎公司在经营360搜索引擎的过程中存在对百度的不正当竞争行为，具体行为包括："一、违反搜索引擎的机器人协议（robots协议），擅自抓取、复制原告网站并生成快照向用户提供；二、在原告明确函告被告后，仍擅自抓取、复制原告网站并生成快照向用户提供；三、绕过原告网站，在用户点击搜索原告的网站地址后，直接向用户提供快照服务。"为此，百度公司请求法院判令被告立即停止对原告的不正当竞争行为，在www.360.cn等网站首页及《法制日报》等媒体显著位置连续30天刊登道歉声明，消除影响，赔偿经济损失1亿元以及为制止侵权的合理支出20万元。

被告奇虎公司当庭辩称："一、百度滥用"robots协议"，以设置robots.txt文件为手段排斥同业竞争者，以达到限制同业竞争者正当竞争的目的；二、百度滥用"robots协议"的行为如果被司法判决确认保护，将给中国互联网搜索引擎服务行业的发展带来极为不利的影响,并将严重损害互联网用户利益;三、360搜索以网页快照而非原始网页链接方式显示百度内容网站的内容是由于百度恶意技术干扰所致,且360搜索早已不再通过网页快照方式显示百度内容网站搜索结果,百度在本案中控诉的所谓相关不正当竞争行为已不存在;四、百度在本案中控诉的360搜索违反百度设置的robots.txt文件、抓取百度网站内容的行为不属于不正当竞争行为。综上,请求法院驳回原告北京百度公司和原告百度在线公司的诉讼请求。"

(二)判决及法院观点

1."robots协议"是为搜索引擎行业内公认的、应当被遵守的商业道德

北京第一中级人民法院综合考虑该案件当事人提交的证据和参考资料、专家证人的证言,并结合互联网行业和搜索引擎行业的发展历史与现状,对"robots协议"作出如下评述:

(1)技术规范。"robots协议"虽然名为"协议",但仅是一种网站程序编写的技术规范,旨在通过程序代码标示是否准许搜索引擎爬虫机器人访问、准许哪些搜索引擎爬虫机器人访问,其并非法律意义上的协议或者合同。

(2)单方宣示。"robots协议"是由网站服务商或所有者在编写网站程序时自行编写,并不事先征求搜索引擎服务商或网络用户的意见,其具体内容并非网站服务商或所有者与搜索引擎服务商达成的一致。

(3)非技术措施。"robots协议"作为一种技术规范,其作用只在于标示该网站是否准许搜索引擎爬虫机器人访问、准许哪些搜索引擎爬虫机器人访问,但爬虫机器人识别该"robots协议"的内容后,无论爬虫机器人是否遵守,"robots协议"都不会起到强制禁止访问这一技术措施的作用。

(4)普遍遵守。在"robots协议"出现的20世纪九十年代,由于互联网刚刚出现,只有较少的技术人员掌握互联网技术,所以当上述技术人员提出和发起了"robots协议"的时候,相当于形成了本领域内的行业共识。时值今日,虽然互联网技术已经极为普及,但作为一种对本领域技术人员

通俗易懂、操作简便的技术规范，"robots 协议"已经成为一种国内外互联网行业内普遍通行、普遍遵守的技术规范，国内外由于搜索引擎拒绝遵守"robots 协议"而引起的纠纷甚为少见。

2. 被告奇虎公司推出搜索引擎初始阶段未遵守"robots 协议"的行为不当，判决被告赔偿损失

在被告奇虎公司推出搜索引擎伊始，其网站亦刊载了"robots 协议"的内容和设置方法，说明包括被告在内的整个互联网行业对于"robots 协议"都是认可和遵守的。其应当被认定为行业内的通行规则，应当被认定为搜索引擎行业内公认的、应当被遵守的商业道德。被告网站在推出搜索引擎服务之初，包括在其搜索引擎服务上线之前的准备阶段，为了对原告网站进行抓取以便向网络用户提供最全面的搜索结果，没有遵守行业内公认的、应当被遵守的商业道德，即在被告推出搜索引擎的伊始阶段没有遵守原告网站的 Robots 协议，其行为明显不当，应当承担相应的不利后果。

3. 被告奇虎公司将原告百度网站的搜索结果直接以网页快照的方式向网络用户提供的行为不当，判决被告赔偿损失

网页快照是为了防止个别网页在短时间内因访问量过高、服务器故障等原因而无法访问，为方便网络用户急需访问此搜索结果而提供的一项便利的网络服务功能。由于其需要将原网页中的文字内容存储于搜索引擎服务器中，其使用范围必须以解决相关网页在短时间无法访问的目的为限，以防止搜索引擎以为网络用户提供便利为名，实为达到侵犯相关网站权利、搭相关网站便车的目的。

被告奇虎公司搜索引擎服务中在每一处搜索结果中设置了网页快照选项的行为并无不当，但网络用户在使用被告搜索引擎时，点击搜索结果中原告网站的链接时，在原告网站并不存在因其自身原因或客观原因造成网络用户无法访问的情形下，被告搜索引擎服务的内容应当限定于向网络用户提供相关网页的网络地址以便网络用户点击后直接访问以便获取相关信息。但是，被告搜索引擎却直接将相关网页的链接更换为该网页的网页快照的链接，其行为明显已经超出网页快照的合理范围。因

此被告将原告网站的搜索结果直接以网页快照的方式向网络用户提供的行为不当。

4. 互联网企业在产生纠纷时，应遵循"协商－通知"程序

鉴于互联网行业，尤其是搜索引擎行业的现状，并考虑到互联网行业内已经建立了互联网协会这一成熟的行业自律组织，以及在行业内已经形成《互联网搜索引擎服务自律公约》（以下简称《自律公约》）这样专门解决该类纠纷的自律性公约的事实，搜索引擎服务商与网站服务商或所有者关于"robots协议"产生纠纷时，应当遵循如下"协商－通知"程序处理：即在搜索引擎服务商认为网站"robots协议"设置不合理时，应当先向网站服务商或所有者提出书面修改"robots协议"的请求，网站服务商或所有者不同意修改"robots协议"的，应当在合理的期限内，书面、明确的提出其拒绝修改的合理理由，如搜索引擎服务商认为网站服务商或所有者提出的合理理由不成立的，双方可以由相关行业协会调解和裁决，紧急情况下可以采取诸如诉讼、申请行为保全等法律措施予以解决。

在该案中，原告网站在不知晓被告提供搜索引擎服务的前提下，没有将被告搜索引擎加入其"robots协议"的白名单内并无不当。但是在被告推出搜索引擎之后，尤其是在双方争议短时间内快速升级，行政机关和行业协会已经积极介入协调，被告也明确表示希望抓取原告网站内容的前提下，原告既没有充分阐明如此设置"robots协议"的理由，又拒绝修改其"robots协议"，故而其请求法院判令禁止被告抓取原告网站的主张不应得到支持。

最终，北京市一中院一审判决认定，被告北京奇虎公司的行为违反了《反不正当竞争法》第二条的规定，应当承担相应的民事责任。被告自其搜索引擎推出伊始至《自律公约》签订之日期间的行为已经构成不正当竞争，应对原告予以赔偿。由于两原告并未指出被告的不当行为给两原告造成了何种商业信誉上的损失，故而两原告要求被告消除影响的诉讼请求缺乏事实和法律依据，法院也不予支持。

据此，法院一审判决奇虎公司赔偿百度公司经济损失及合理支出共计

人民币 70 万元，驳回百度公司的其他诉讼请求。❶

（三）评析

1. 何为 robots 协议

"robots 协议"全称 Robots Exclusion Protocol，也称为爬虫协议、机器人协议。"robots 协议"诞生于 1994 年 2 月，由荷兰软件工程师 Martijn Koster 创建，据称起因是 Koster 的服务器遭受不良爬虫的爬取而使服务堵塞。不久该协议即成为了现存及未来的网络爬虫都被期望遵守的行业惯例。根据中国互联网协会《自律公约》第七条的定义，机器人协议（"robots 协议"）是指互联网站所有者使用 robots.txt 文件，向网络机器人（Web robots）给出网站指令的协议。具体而言，"robots 协议"是网站所有者通过位于置于网站根目录下（例如：www.AAA.com/robots.txt）的文本文件 robots.txt，提示网络机器人哪些网页不应被抓取，哪些网页可以抓取。

然而"robots 协议"虽广受遵守，但其未经任何标准组织备案、也不属于任何商业组织。因此，"robots 协议"是非强制性的，并非所有爬虫均会遵守该标准。早期"robots 协议"是主要网站运营者及搜索引擎公司的技术人员之间达成共识的一个机制，用于平衡搜索引擎与网站之间的关系。❷

2. "robots 协议"的法律属性

关于"robots 协议"的法律属性，我国目前法律并没有明确规定，但中国互联网协会《自律公约》第七条规定，"遵循国际通行的行业惯例与商业规则，遵守机器人协议（'robots 协议'）"。第八条则规定"互联网站所有者设置机器人协议应遵循公平、开放和促进信息自由流动的原则，限制搜索引擎抓取应有行业公认合理的正当理由，不利用机器人协议进行不

---

❶ 常鸣. 百度诉奇虎 360 违反 Robots 协议案一审宣判 360 赔偿百度 70 万元 [EB/OL]. (2014-09-18) [2019-03-29]. http://bj1zy.chinacourt.gov.cn/article/detail/2014/09/id/1446252.shtml.

❷ 瞿淼，杜承彦，谭晓明. 网络爬虫涉及的法律问题（二）[EB/OL]. (2018-12-05) [2019-04-01]. http://dy.163.com/v2/article/detail/E47HM7QR051187VR.html.

正当竞争行为，积极营造鼓励创新、公平公正的良性竞争环境。"虽然《自律公约》仅适用于中国互联网协会会员单位，但在司法实践中，"robots协议"已经被认定构成互联网行业搜索领域内公认的商业道德。正如该案中法院就"robots协议"的属性作出的认定："robots协议"是技术规范，并非法律意义上的协议；"robots协议"系网站服务商或所有者在自行编写，属于单方宣示；无论他人爬虫是否遵守，"robots协议"不是强制禁止访问的技术措施；"robots协议"已经成为了一种国内外互联网行业内普遍通行、普遍遵守的技术规范；《自律公约》并非法院可以直接参照适用的法律法规或规章，但其反映和体现了行业内的公认商业道德和行为标准，法院对于《自律公约》所体现出的精神予以充分考虑。换言之，从形式上"robots协议"被法院认定为公认的互联网领域内的商业道德，网络经营者应该自觉予以遵守。

《反不正当竞争法》修订前后的第二条第一款都规定了经营者应该在生产经营性的活动中，要遵守商业道德，所以该案中被告奇虎公司无视原告设置的"robots协议"径直抓取原告网站上的信息显属违法，属于不正当竞争行为。

值得注意的是，虽然从形式上法院认定"robots协议"是公认的商业道德，违反它属于不正当竞争行为，然而因为此类协议是网站所有者单方宣示或声明，如果包含有霸王条款或不公平、不合理成分，则有涉嫌滥用市场支配地位或市场优势地位之嫌疑，以此为挡箭牌排除、限制竞争或不正当竞争，这也是法律不允许的。该案中，百度公司就设置"robots协议"没有给出合理的正当理由，也就说明这份协议本身是存在问题的或具有某些违法的难言之隐。这从百度主张的1亿元的赔偿额和法院最终判决的70万元赔偿额的差距或可管中窥豹。

3. 违反"robots协议"是否需要承担行政责任

由上可知，奇虎公司违背商业道德实施不正当竞争行为承担了民事赔偿责任，是否还需要承担行政责任呢？答案是当然不需要，因为没有法律依据。该案中，法院可以根据《反不正当竞争法》第二条规定认定该法第二章没有列举的一些不正当竞争行为，从而作出判决，解决民事纠纷。但是，行政执法机构对第二章没有列举的一些不正当竞争行为是没有认定权的，自然也就不能作出行政处罚。这一点与《反垄断法》的规定有所不同。比如《反垄断法》第十三条❶、第十四条❷及第十七条❸均赋予了国务院反垄断执法机构对一些没有列举的垄断协议和滥用市场支配地位行为的认定权，据此也有相应的处罚权。

---

❶ 《反垄断法》第十三条："禁止具有竞争关系的经营者达成下列垄断协议：（一）固定或者变更商品价格；（二）限制商品的生产数量或者销售数量；（三）分割销售市场或者原材料采购市场；（四）限制购买新技术、新设备或者限制开发新技术、新产品；（五）联合抵制交易；（六）国务院反垄断执法机构认定的其他垄断协议。本法所称垄断协议，是指排除、限制竞争的协议、决定或者其他协同行为。"

❷ 《反垄断法》第十四条："禁止经营者与交易相对人达成下列垄断协议：（一）固定向第三人转售商品的价格；（二）限定向第三人转售商品的最低价格；（三）国务院反垄断执法机构认定的其他垄断协议。"

❸ 《反垄断法》第十七条："禁止具有市场支配地位的经营者从事下列滥用市场支配地位的行为：（一）以不公平的高价销售商品或者以不公平的低价购买商品；（二）没有正当理由，以低于成本的价格销售商品；（三）没有正当理由，拒绝与交易相对人进行交易；（四）没有正当理由，限定交易相对人只能与其进行交易或者只能与其指定的经营者进行交易；（五）没有正当理由搭售商品，或者在交易时附加其他不合理的交易条件；（六）没有正当理由，对条件相同的交易相对人在交易价格等交易条件上实行差别待遇（七）国务院反垄断执法机构认定的其他滥用市场支配地位的行为。本法所称市场支配地位，是指经营者在相关市场内具有能够控制商品价格、数量或者其他交易条件，或者能够阻碍、影响其他经营者进入相关市场能力的市场地位。"

第三章　典型不正当竞争行为的认定

典型不正当竞争行为是指《反不正当竞争法》第二章第六条至第十二条所规定的七种具体不正当竞争行为。

第一节　市场混淆行为

一、《反不正当竞争法》关于市场混淆行为的规定及修订

（一）修订前的规定

1993年《反不正当竞争法》第五条对此行为进行了规定：

第五条　经营者不得采用下列不正当手段从事市场交易，损害竞争对手：

（一）假冒他人的注册商标；

（二）擅自使用知名商品特有的名称、包装、装潢，或者使用与知名商品近似的名称、包装、装潢，造成和他人的知名商品相混淆，使购买者误认为是该知名商品；

（三）擅自使用他人的企业名称或者姓名，引人误认为是他人的商品；

（四）在商品上伪造或者冒用认证标志、名优标志等质量标志，伪造产地，对商品质量作引人误解的虚假表示。

（二）修订后即现行法的规定

2017年《反不正当竞争法》第六条规定如下：

经营者不得实施下列混淆行为，引人误认为是他人商品或者与他人存在特定联系：

（一）擅自使用与他人有一定影响的商品名称、包装、装潢等相同或

者近似的标识；

（二）擅自使用他人有一定影响的企业名称（包括简称、字号等）、社会组织名称（包括简称等）、姓名（包括笔名、艺名、译名等）；

（三）擅自使用他人有一定影响的域名主体部分、网站名称、网页等；

（四）其他足以引人误认为是他人商品或者与他人存在特定联系的混淆行为。

（三）改变部分及解析

关于市场混淆行为的条款是此次修订的重点内容之一。本次修改主要包括以下几个方面：

第一，明确称呼这种不正当竞争行为为"混淆行为"，并且进一步澄清了"混淆"的内涵或判断标准，即"引人误认为是他人商品或者与他人存在特定联系"。称呼的明确化是对多年来学术界和实务界对这类行为不同表述[1]的回应，从此结束这种混乱局面，给予这种行为统一的、法定的名称。这样的称呼与《巴黎公约》和《反不正当竞争示范法》的用语保持了一致，与国际接轨。本书采用"市场混淆行为"，是学界普遍的观点，也使其与其他普通的日常混淆行为相区别，更加专业化，指向更加明确的专业内涵。"混淆"内涵的确定则是对司法实践的总结。2007年1月12日，《最高人民法院关于审理不正当竞争民事案件应用法律若干问题的解释》第四条规定："足以使相关公众对商品的来源产生误认，包括误认为与知名商品的经营者具有许可使用、关联企业关系等特定联系的，应当认定为反不正当竞争法第五条第（二）项规定的'造成和他人的知名商品相混淆，使购买者误认为是该知名商品'。"这次修改等于是将司法解释提高到法律的层次。

第二，关于被侵权者的被侵权对象的规定有两点变化，一是进行了统一的限制，二是细化和扩大了保护范围。无论是商品名称、包装、装潢等

---

[1] 对混淆行为的不同称呼分别有：假冒行为、仿冒行为、欺骗行为、虚假标示行为、欺骗性交易行为、欺诈性交易、模仿行为、市场混淆行为、市场混同行为、商业混同行为、擅自使用他人商业标记行为、化装行为和寄生行为等。

相同或者近似的标识，还是企业名称（包括简称、字号等）、社会组织名称（包括简称等）、姓名（包括笔名、艺名、译名等），亦或是域名主体部分、网站名称、网页等网络标识，统一要求有"一定影响"。而在旧法中，只对商品名称、包装、装潢等相同或者近似的标识要求"知名"和"特有"，对企业名称和姓名则没有要求。此次修改在对被侵权者的被侵权对象进行限制的同时，还细化或扩大了保护范围。细化突出表现在第二种情形的括号注释中，即企业名称，不仅包括其全称，还包括其简称、字号，社会组织名称还包括其全称和简称，姓名除了法定的身份证上的真名，还包括笔名、译名和艺名等。扩大保护范围有两点体现，一是增加了网络标识和社会组织名称为被侵权标识；二是增加了一个兜底条款。前者是一种静态的确定的扩大，后者则是一种动态的不确定的扩大，以适应实践发展的需要，防止挂一漏万。对网络标识的竞争法保护也是吸收了最高人民法院部分司法解释内容，❶是对司法实践的回应。

第三，删除了原来规定中的两款内容。原因是其他法律法规、本法其他条款已有明确规定。"假冒他人的注册商标"已由《商标法》第五十七条❷

---

❶ 2001年7月24日施行的《最高人民法院关于审理涉及计算机网络域名民事纠纷案件适用法律若干问题的解释》第四条规定："人民法院审理域名纠纷案件，对符合以下各项条件的，应当认定被告注册、使用域名等行为构成侵权或者不正当竞争：（一）原告请求保护的民事权益合法有效；（二）被告域名或其主要部分构成对原告驰名商标的复制、模仿、翻译或音译；或者与原告的注册商标、域名等相同或近似，足以造成相关公众的误认；（三）被告对该域名或其主要部分不享有权益，也无注册、使用该域名的正当理由；（四）被告对该域名的注册、使用具有恶意。"

❷ 《商标法》第五十七条规定："有下列行为之一的，均属侵犯注册商标专用权：
（一）未经商标注册人的许可，在同一种商品上使用与其注册商标相同的商标的；
（二）未经商标注册人的许可，在同一种商品上使用与其注册商标近似的商标，或者在类似商品上使用与其注册商标相同或者近似的商标，容易导致混淆的；
（三）销售侵犯注册商标专用权的商品的；
（四）伪造、擅自制造他人注册商标标识或者销售伪造、擅自制造的注册商标标识的；
（五）未经商标注册人同意，更换其注册商标并将更换商标的商品又投入市场的；
（六）故意为侵犯他人商标专用权行为提供便利条件，帮助他人实施侵犯商标专用权行为的；
（七）给他人的注册商标专用权造成其他损害的。"

予以了规制;"在商品上伪造或者冒用认证标志、名优标志等质量标志,伪造产地,对商品质量作引人误解的虚假表示。"已由《产品质量法》❶和《消费者权益保护法》❷作出相应的规定,且"对商品质量作引人误解的虚假表示"与本法关于禁止虚假宣传的规定存在一定的重叠,故将上述内容予以删除。

二、市场混淆行为的内涵及性质

(一)内涵

对市场混淆行为概念的内涵法律并没有给予明确的界定,学者们的理解也不一样。根据现行法律规定内容,本书认为:市场混淆行为是经营者在生产经营活动中擅自使用他人有一定影响的标识,引人误认为是他人商品或者与他人存在特定联系或其他足以引人误认为是他人商品或者与他人存在特定联系的不正当竞争行为。

(二)性质

经营者在激烈的市场竞争中如何提高自己产品的竞争力?正当的做法是在生产经营活动中,通过不断努力,提高自己商品或服务的质量,增加影响力和美誉度,赢得消费者的信赖,从而提高市场竞争力。然而在现实中,有的经营者却不愿意下功夫通过自身努力来提高市场竞争力,反而动起了歪脑筋,试图通过"搭便车""傍名牌"的方式不劳而获,即通过仿冒他人主体标识、他人商品标识等,引人将自己的商品误认为是他人商品

---

❶ 《产品质量法》第三十条规定:"生产者不得伪造产地,不得伪造或者冒用他人的厂名、厂址。"第三十一条规定:"生产者不得伪造或者冒用认证标志等质量标志。"第三十七条规定:"销售者不得伪造产地,不得伪造或者冒用他人的厂名、厂址。"第三十八条规定:"销售者不得伪造或者冒用认证标志等质量标志。"

❷ 《消费者权益保护法》第二十条规定:"经营者向消费者提供有关商品或者服务的质量、性能、用途、有效期限等信息,应当真实、全面,不得作虚假或者引人误解的宣传。经营者对消费者就其提供的商品或者服务的质量和使用方法等问题提出的询问,应当作出真实、明确的答复。经营者提供商品或者服务应当明码标价。"第二十一条规定:"经营者应当标明其真实名称和标记。租赁他人柜台或者场地的经营者,应当标明其真实名称和标记。"

或者与他人存在特定联系,以借用他人、他人商品的影响力、美誉度提高自己或自己商品的市场竞争力。由于这种行为不仅损害了被混淆对象的合法权益,欺骗、误导了消费者,而且扰乱了正常的市场竞争秩序,即靠自身的诚实劳动和智慧、能力来竞争的市场秩序,使得老老实实依靠自身努力进行竞争并赢得市场的经营者背负了过多的社会负担,从整体上不利于社会的进步,这是一种典型的不正当竞争行为,是相关国际公约和各国竞争法律所重点规制的内容。

《巴黎公约》第十条之二(3)规定:"下列各项特别应予以禁止:不择手段地对竞争者的营业所、商品或工商业活动制造混淆的一切行为。"

德国2004年《反不正当竞争法》第四条第九项禁止模仿经营者商品或服务的行为,最为常见的三种不正当模仿行为是指:本可避免的来源欺诈、利用或损害他人商誉以及不诚信地获取知识技能。[1]

美国没有成文的反不正当竞争法,混淆行为被称为假冒行为或仿冒行为。关于这些行为的法律规则源自普通法中的诈骗侵权及欺诈侵权,特别是商标侵权。美国商标法和反不正当竞争法权威著作的作者,J. Thomas McCarthy教授,划分了四类不同的"假冒"行为:(1)明示假冒;(2)暗示假冒;(3)反向明示假冒;(4)反向暗示假冒。[2] 美国法学会编撰的《不正当竞争法重述(第三版)》第四条规定:如果行为人做了可能欺骗或者误导消费者的行为,使消费者产生如下误信:(1)行为人的营业是他人的营业;(2)行为人是他人的代理商、分支机构或合伙人;(3)行为人销售的产品或提供的服务是由他人制造、赞助或批准,那么该行为人对该他人负有责任。

三、市场混淆行为的类型

根据现行《反不正当竞争法》第六条的规定,按照不同的标准分类会

---

[1] 弗诺克·亨宁·博德维希. 全球反不正当竞争法指引[M]. 黄武双,刘维,陈雅秋,译. 北京:法律出版社,2015:307.

[2] *McCarthy* on Trademarks and Unfair Competition §§25:4-25:8 (2011). 转自弗诺克·亨宁·博德维希. 全球反不正当竞争法指引[M]. 黄武双,刘维,陈雅秋,译. 北京:法律出版社,2015:788.

有不同的类型。

按照经营者擅自使用他人标识及造成混淆对象的不同，可以将市场混淆行为分为四类：商品混淆行为、主体混淆行为、网络混淆行为和其他混淆行为。

如果按照造成消费者混淆的结果不同，市场混淆行为可分为两类：引人误认为是他人商品的混淆行为和引人误认为与他人存在特定联系的混淆行为。

不管是哪种分类，他们都属于市场混淆行为，被认定应该遵循统一的模式。

四、市场混淆行为的认定及适用问题

市场混淆行为作为一种市场上常见的、普遍的不正当竞争行为，其认定与在前面所述的不正当竞争行为一般条款一样，从主体、行为及后果三个方面去论述。

（一）主体

实施市场混淆行为的主体是经营者，即总则第二条第三款规定的经营者。由于前面已经做了大量的分析，在此不再赘述。

（二）行为

市场混淆行为的特点或方式是擅自使用与他人有一定影响的相同或近似的标识。认定时需要注意的有以下几点：

第一，标识的认定。

首先，第六条中规定了三类标识，这些标识都应作广义的理解。

第一类是商品标识，即商品名称、包装、装潢等标识。既可能是商品标识，也可能是服务标识；经营者使用标识不仅指与他人标识完全相同，也包括与他人标识近似的标识；既包括列举的商品名称、包装、装潢，也包括"等"字包含的未明确列举的商标、商品形状、款式等。其中，商品名称应指商品的特有名称，不是商品的通用名称，否则与其他经营者的同

类商品无法区别,且该名称没有被注册为商标;❶商品包装是指为识别商品以及方便携带储运而使用在商品上的辅助物和容器。❷竞争法意义上的包装,应仅指那些作为商品标记能够为购买人所识别的外包装。❸所谓"装潢",是指为识别与美化商品而在商品或者商品包装上附加的文字、图案、色彩及其排列组合。❹装潢往往以商品或商品包装的组成部分出现。特殊的情况是,经营者营业场所的装饰、营业用具的式样、营业人员的服饰等显示出某种整体营业形象,只要这种整体营业形象已经具备独特的风格,那么就可以认定为"装潢"。❺比如,肯德基的门面装潢、服务人员的独特服饰及餐具构成其整体营业形象,可认定为"装潢"。

  第二类是主体标识,包括企业名称及其简称、字号等,社会组织名称及其简称等,自然人姓名、笔名、艺名或译名等。其中,企业名称相当于普通自然人的姓名,是一个企业区别于其他企业的标志之一。根据《中华人民共和国企业法人登记管理条例》(以下简称《企业法人登记管理条例》)和《企业名称登记管理规定》❻等法规的规定,企业名称应由字号或商号、行业或者经营特点、组织形式三部分组成。除了历史悠久、字号

---

❶ 《国家工商行政管理局关于禁止仿冒知名商品特有的名称、包装、装潢的不正当竞争行为的若干规定》(1995年7月6日国家工商行政管理局令第33号)第三条第三款规定:"本规定所称知名商品特有的名称,是指知名商品独有的与通用名称有显著区别的商品名称。但该名称已经作为商标注册的除外。"

❷ 《国家工商行政管理局关于禁止仿冒知名商品特有的名称、包装、装潢的不正当竞争行为的若干规定》(1995年7月6日国家工商行政管理局令第33号)第三条第四款规定。

❸ 邵建东,方小敏,王炳.竞争法学[M].北京:中国人民大学出版社,2009:101.

❹ 《国家工商行政管理局关于禁止仿冒知名商品特有的名称、包装、装潢的不正当竞争行为的若干规定》(1995年7月6日国家工商行政管理局令第33号)第三条第五款规定。

❺ 最高人民法院《关于审理不正当竞争民事案件应用法律若干问题的解释》第三条。

❻ 《企业名称登记管理规定》于1991年5月6日经国务院批准,1991年7月22日国家工商行政管理局令第7号公布,根据2012年11月9日中华人民共和国国务院令第628号《国务院关于修改和废止部分行政法规的决定》修订。

驰名的企业、外商投资企业、全国性公司、国务院或其授权的机关批准的大型进出口企业、国务院或其授权的机关批准的大型企业集团、原国家工商行政管理局规定的其他企业之外,企业名称应当冠以企业所在地省(包括自治区、直辖市)、市(包括州)或县(包括市辖区)行政区划名称。❶反不正当竞争法意义上的企业名称不仅包括在企业登记主管机关依法登记注册的企业全称,也包括普通消费者认同的简称、字号或商号。社会组织❷是指非营利性组织,依据《社会团体登记管理条例》❸在民政部门登记的社会组织全称及约定俗成的简称受到本法保护。实际上,非营利性组织范围很广,一些在中国没有登记的、有一定影响的社会组织如联合国、世界卫生组织等也会受到保护,他们的名称也不可以被经营者随意擅自使用。自然人的姓名以户籍和身份证上的姓名为准,未经本人或监护人同意,经营者不可擅自用于商业领域。除本名外,自然人亦可以其笔名、译名和艺名等特定名称来主张姓名权,当然应当符合一定的条件,即下面将要述及的"一定影响"。

　　第三类是网络经营活动中的一些特殊标识,如域名主体部分、网站名称、网页等。域名是指互联网上识别和定位计算机的层次结构式的字符标识,与该计算机的 IP 地址相对应。❹通俗地讲,域名是互联网上的门牌号码,相当于自然人的姓名或企业的名称。域名是由一串用点分隔的名字组成的 Internet 上某一台计算机或计算机组的名称,用于在数据传输时标识计算机的电子方位。域名可以分为顶级域名、二级域名等。其中,顶级域名又可以分为三类,一是国家和地区顶级域名,如中国是".cn"、日本是".jp"等;二是国际顶级域名,如表示商业机构的".com",表示非营利

---

❶ 《企业名称登记管理规定》第七条和第十三条规定。
❷ 社会组织本应该包括营利组织和非营利组织,但此条中的企业名称和营利组织名称已然重复,故从体系解释的角度出发,社会组织仅指非营利组织。
❸ 《社会团体登记管理条例》是 1998 年 9 月 25 日国务院第 8 次常务会议通过,由国务院发布施行的条例。2016 年 2 月 6 日修订。
❹ 2017 年 8 月 16 日工业和信息化部第 32 次部务会议审议通过并公布,自 2017 年 11 月 1 日起施行的《互联网域名管理办法》第五十五条(一)的规定。

组织的.org，以及最初用于网络组织表示网络提供商的".net"等；三是新顶级域名，如通用的".xyz"、代表"人"的".men"等。二级域名是指顶级域名之下的域名，在国际顶级域名下，它是指域名注册人的网上名称，例如，新浪公司的"sina"，搜狐公司的"sohu"，均属于二级域名。顶级域名可理解为某一区域范围的集体域名，本身并不具有作为商业标识的显著识别性，而二级域名作为域名注册人的网上名称，属于域名主体部分，有着较强的搜索、访问网站的指引功能，具有商业标识意义上的识别性，其民事权益应当受到法律保护。域名的使用是全球范围的，没有传统的严格地域性的限制；从时间性的角度看，域名一经获得即可永久使用，并且无须定期续展；域名在网络上是绝对唯一的，一旦取得注册，其他任何人不得注册、使用相同的域名，因此其专有性也是绝对的；另外，域名非经法定机构注册不得使用，这与传统的专利、商标等客体不同。随着互联网行业的快速发展，在新的经济环境下，域名所具有的商业意义已远远大于其技术意义，而成为企业在新的科学技术条件下参与国际市场竞争的重要手段，它不仅代表了企业在网络上的独有的位置，也是企业的产品、服务范围、形象、商誉等的综合体现，是企业无形资产的一部分。同时，域名也是一种智力成果，它是有文字含义的商业性标记，与商标、商号类似，体现了相当的创造性。在域名的构思选择过程中，需要一定的创造性劳动，使代表自己公司的域名简洁并具有吸引力，以便使公众熟知并对其访问，从而达到扩大企业知名度、促进经营发展，赢得市场份额的目的。可以说，域名是企业商誉的凝结和知名度的表彰，域名的使用对企业来说具有丰富的内涵，是重要的标识性符号。因此，在网络上，域名是一种相对有限的资源，它的价值将随着注册企业的增多而逐步为人们所重视。随着互联网行业的发展，网络企业的一些特殊标识，如域名主体部分、网站名称和网页界面特殊设计等也成为区别企业的重要标志。

其次，标识应是他人的标识，即指他人首先使用。"他人"何指？是否指经营者？若是，他人作为经营者是否必须和该经营者是同业竞争关系？对此，该条并未作明确要求。通过修订前后对比可以推断出，"他人"并不一定是经营者，如一家企业擅自使用一位电视明星的姓名作广告，或是利用世界卫生组织专家的名号作宣传，无论是电视明星还是世界卫生组织都不是经营者，但该企业都涉嫌实施市场混淆行为，企图利用名人效应和世界卫生组织的权威来为自己谋取利益，骗取消费者的信赖，获得竞争优势和竞争机会。退一步讲，即使他人为经营者，也未必与实施混淆行为的经营者是同业竞争者关系，也可能是跨行业者，也可能是行业组织等。因此，经营者借来一用的标识并非一定是商业标识，但可以肯定的是，经营者用于实施混淆行为的标识应当是用于生产经营活动的商业标识，如公益网站名称被用来做自己公司的名称。当然，他人的标识必须有"一定影响"。何为"一定影响"？虽然现在还没有出台相应的司法解释，但截至目前，普遍认为其与1993年《反不正当竞争法》第五条个别列举项中的"知名"同义，该法本身没有对何为知名商品作出规定，但1995年原国家工商行政管理局发布了《关于禁止仿冒知名商品特有的名称、包装、装潢的不正当竞争行为的若干规定》第3条第1款规定："本规定所称知名商品，是指在市场上具有一定的知名度，为相关公众所知悉的商品。"最高人民法院《关于审理不正当竞争民事案件应用法律若干问题的解释》第1条也作了类似的规定："在中国境内具有一定的市场知名度，为相关公众所知悉的商品，应认定为反不正当竞争法第五条第（二）项规定的'知名商品'。"行政法规和司法解释的区别就在于后者限定了"中国境内"，因为中国的行政执法机关不可能到中国境外去执法，因此实质是一样的。假如"一定影响"与"知名"同义，则可以据此将"一定影响"解释为"在中国境内有一定市场知名度，为相关公众所知悉"。至于笔名、译名和艺名等也是如此，《最高人民法院关于审理商标授权确权行政案件若干问题的规定》第二十条第二款规定："当事人以其笔名、艺名、译名等特定名称主张姓名权，该特定名称具有一定的知名度，与该自然人建立了稳定的对应关系，相关公众以其指代该自然人的，人民法院予以支持。"那么，其中的"相关公众"又该如何界定？在笔者看来，"相关公众"主要指"消费者"，而且是"普通消费者"，不同于有专业知识做支撑的人士，如行政机关的专门执法人员及掌握一定领域的专业技能人员等，针对该领域而言就不能算作普通的消费者。三类标识必须达到"一定影响"的程度，才可能使消费者落入混淆的境地。另外，名称、包装、装潢等商品标识是否还必须达到"特有"的标准？笔者认为没有必要，因为"不特有"就根本不可能有"一定影响"。

再次，"擅自使用"是未经标识权利人同意的使用。若经权利人同意后使用，则不构成混淆行为，如通过签订协议取得商业标识使用权，通过赞助取得社会组织的冠名权，出巨资请明星代言等都属于合法使用。值得说明的是，擅自使用的商业标识与被侵权者的标识应是相同或近似的标识，但擅自使用的方式或目的不限于以相同或近似的方式或目的使用。如，将他人有一定影响的字号作为自己的字号可能构成混淆行为，若将他人有一定影响的字号作为自己的商品名称也可能构成混淆行为。总之，只要未经他人同意经营者将他人有一定影响的标识用作商业标识就可能构成混淆行为，即只要是商业使用即符合构成要件。

（三）后果

市场混淆行为的后果是引人误认为是他人的商品或与他人存在特定联系。

首先，"引人误认为"中的"人"指消费者。当然，消费者并非所有消费者，而主要指相关公众，是相关领域的普通消费者，具体指某一商业领域产品的经常消费者。他们区别于具有相关商业领域知识背景的业内人士、行政执法人员和其他非经常性的消费者、其他经营者等。之所以这样认定，是因为无论是业内人士还是行政执法人员凭借自身所掌握的专业知识或长期练就的"火眼金睛"可以轻易地对标识进行细致辨别，不会混淆。其他非经常性的消费者属于非利益相关者。只有普通消费者由于经常消费，但又没有专业知识做支撑，不能辨别真伪，其利益很容易受到侵害，因此，以他们作为误认的主体合乎情理。当然，如果行政执法人员和其他经营者混淆的话，"引人误认"的后果毫无疑问是成立的，因为普通消费者更加难以辨别真伪。

其次，"误认"是指相关公众以与商品价值相适应的一般注意力对商品形成的整体印象来判断。不是施以特别的注意力，也不是丝毫不留意。不纠缠于细节，着眼于总体的综合效果。而且是在没有其他人指点和强调的情况下相关公众形成的混淆。

再次,混淆的结果包括两种:一种是相关公众对商品的来源混淆,即将经营者生产、销售的商品误认为是他人的商品;另一种情况是,虽然相关公众没有对商品的来源混淆,依然能够分清商品的经营者(包括生产者或销售者)是谁,但却因经营者使用某标识使他们误认为该经营者与标识的主体存在商业联合、许可使用、商业冠名、广告代言等特定联系。这两个结果不是必须同时出现才能认定经营者存在市场混淆行为,只要具备一个条件即可。当然,还需要明确的一点是,混淆不是必须有相关公众已经实质混淆的后果,而是只要有这种混淆的可能性就足够了。

最后,关于混淆的举证问题。谁来举证?若对行政机关作出的处罚不服,经营者提出行政诉讼时,由行政机关举证证明混淆,相应地,经营者须提出不会混淆的证据;若是民事案件,则由原告即被侵权方举证混淆的结果或可能性。关于市场混淆行为的案件一旦诉诸法院,最终由法官依据双方提交的证据代替普通消费者判断是否达到了混淆的后果。当然,行政执法机关作出行政处罚时,也有判断和认定的权利。因此,消费者虽然是混淆的主体,但不是判断市场混淆行为的主体,消费者的误认、误购只能作为该类案件中的证据呈现。如若消费者的利益因此受到侵害,可以依据《消费者权益保护法》维护自己的合法权益。

(四)关于兜底条款的认定及适用

首先,兜底条款是针对法律未规定的将来可能出现的混淆行为而言,此类行为分别由行政执法机关和法院认定。当然,如果经营者对行政执法机关的认定不能认同,则可以起诉到法院。由此可知,最终的认定权应该属于法院。

其次,该条的适用更加谨慎,必须达到"足以引人误认"时才构成混淆行为。何谓"足以"?依字典的解释是"完全可以,够得上"。❶ 最高人民法院《关于审理不正当竞争民事案件应用法律若干问题的解释》第四条

---

❶ 中国社会科学院语言研究所词典编辑室. 现代汉语词典[M]. 北京:商务印书馆,1996:1678.

规定:"在相同商品上使用相同或者视觉上基本无差别的商品名称、包装、装潢,应当视为足以造成和他人知名商品相混淆。"虽然这一条是针对知名商品的混淆情形,但在没有更进一步的司法解释的情况下,其也可以比照适用于该兜底条款中的所有标识。如此,使用相同标识或视觉上基本无差别的标识即可被认为达到了"足以"的程度。

需要解释的是,前面列举的三种典型情形表面上看没有要求必须达到"足以"的程度,但由于规定的已经很具体了,实质上起到了"足以"的效果。兜底条款之所以明确要求"足以"的程度,依笔者之见,是想对行政执法机关的认定予以一定的限制,与前述对不正当竞争条款的分析应该是一脉相承的。

五、与本条规定相关的其他问题

市场混淆行为是市场竞争中经营者常用的、最普遍的不正当竞争行为,受到国际社会和各国竞争法的重视。在我国,从《反不正当竞争法》第二章首当其冲将其规定为第一类不正当竞争行为和这次的大幅度修改也可见一斑。下面说说与本条规定相关的其他问题。

(一) 对没有一定影响的商业标识的法律保护

对有一定影响的标识进行法律保护是该条的特点。如前所述,无论是商品名称、包装、装潢等标识,还是企业名称及其简称、字号等、社会组织名称及其简称,亦或是网络标识,都要求具有一定影响,即达到一定的知名度。对那些默默无闻的标识或市场上出现的新面孔该条不予竞争法保护,那么,是否意味着那些没有一定的市场知名度、不太起眼、没有引人关注、不为相关公众所知悉的商业标识经营者可以任意拿来使用呢?

一般的认知是,经营者在市场竞争中之所以擅自使用他人的标识,是因为他人的标识有一定影响力,可以提高经营者商品的知名度,得到更多的交易机会,从而获取更多的利润或利益;如果他人的标识没有一定影响,经营者是不会使用的,因为搭不上便车。这的确是一个市场运营规律,也是市场混淆行为常见的一种类型,也符合人们惯常的逻辑推理。比如,义乌市兴邦网络科技有限公司（下称"兴邦公司"）被认定在其经营的网站上实施了不正当竞争行为，使用了与360导航相似的域名、相同的网站名称、部分相同的内容、类似的设计等，兴邦公司的网站（www.hao360sou.com）与360导航网站（hao.360.cn）的域名的确相似，网站名称均为"360导航"，兴邦公司网站的页面设计，网页底部内容系直接复制了360导航网站网页底部内容及其链接，仅修改了电话号码。360网站显然在网民即相关公众中享有极高的影响力，故兴邦公司被浙江省金华市市场监督管理局处以罚款5万元的行政处罚，并停止运营该网站。❶新企业攀附老牌企业，不知名的企业假冒知名企业的标识这是比较常见行为，学界称这种行为是"正向混淆"。但实践中也有一些知名企业冒用其他不怎么有名企业的标识，大公司擅自使用小公司的标识，导致混淆或有混淆的可能。这种行为被学界称为"反向混淆"。这种混淆行为所涉侵权对象由于是不知名的标识，所以并不能受到本法第六条的保护。但可以受到其他法的保护。假如不知名的标识为注册商标，则受到商标法的保护；假如商品的包装、装潢等标识符合美术作品的要求，具有独创性，或者获得了外观设计专利，即使不知名，也可以受到著作权法或者专利法的保护；企业名称、自然人姓名、网站域名还可以受到民法等法律的保护。

假如该不知名的标识不满足商标法、专利法和著作权法的条件，那么就游离于法律保护范围之外了。换句话说，法律不保护没有一定良好商誉的标识。至于该不知名标识的命运就完全交给市场去决定了。从这个角度来看，《反不正当竞争法》有点"势利眼"。

对于新进入市场的主体而言，最关键的是要正确运用法律保护好自己的标识，及时注册为商标，然后在最短的时间内以最快的速度在市场内打广告，先在相关公众中"混个脸熟"，让相关公众知悉。当然，在这个过程中，知名企业和不知名企业之间也有一个微妙的心理需要探究，那就是他们可能形成一种心照不宣的默契，共同侵害消费者的利益，比如"蓝色

---

❶《域名网站假冒混淆第一案：假360被罚5万元》[EB/OL].（2018-04-04）[2018-05-17］. https://www.chinanews.com/business/2018/04-04/8483847.shtml.

风暴"案件。本书将该案作为特殊案例随后加以介绍和分析。

（二）关于有一定影响的社会组织名称及自然人姓名的法律保护

《反不正当竞争法》第六条第二款规定了经营者擅自使用他人有一定影响的社会组织名称、姓名构成混淆行为，根据本法第十七条的规定，经营者的合法权益受到不正当竞争行为损害的，可以向人民法院提起诉讼。但作为非经营的社会组织和自然人不是市场主体，不参与市场竞争，不是经营者，依据本法是不享有诉权的，只能依据民法等其他法律来维护自身的合法权益。那么，这就会产生一个问题，假如经营者败诉，法院判定其实施的是不正当竞争行为，也判决其向被侵权者承担相应的民事责任，行政执法机关是否可据此判决进行处罚呢？还是行政执法机关自身在调查之后再进行处罚？若如此，岂不是社会资源的浪费？如若行政执法机关没有关注到此案件，经营者岂不是钻了空子，也不可能受到处罚，同样的不正当竞争行为在法律面前有可能受到区别对待，这是不公平的。因此，笔者建议，在这种情形下，法院可以向有关行政执法机关提出行政处罚执法建议书，保证法律的公平有效实施。

六、案例分析

（一）江苏西德电梯有限公司商业混淆案

1. 案情❶

江苏省连云港市工商局根据举报，发现江苏西德电梯有限公司未经商标权利人许可在其电梯上使用 SIEMENS 标志。经进一步查证，执法人员发现当事人虽然经 SIEMENS 商标权利人及其授权人同意在电梯上标注"西门子合作伙伴"和"Siemens core components"等字样，但当事人在使用过程中将 SIEMENS、siemens、Siemens 与其他字母分列两排，且字号明显放

---

❶ 中国市场监管报编辑部. 市场监管部门 2018 年查处不正当竞争行为典型案例 [EB/OL]. （2018-10-31）[2019-04-01]. https://baijiahao.baidu.com/s?id=1615847303049037374.

大并突出 SIEMENS、siemens、Siemens，其他字母字号较小易被忽略。

连云港市工商局认为，当事人突出使用 SIEMENS、siemens、Siemens 标志的行为，极易让人对其生产的电梯来源产生混淆，不当利用了商标权利人的市场影响力，误导社会公众，构成新《反不正当竞争法》第六条第（四）项所指的混淆行为。根据新《反不正当竞争法》第十八条之规定，连云港市工商局于 2018 年 1 月 9 日对当事人作出罚款 150 万元行政处罚。

2. 评析

根据新《反不正当竞争法》第六条的规定，市场混淆行为的核心要件是引人误认为是他人商品或者与他人存在特定联系的市场竞争行为。该案并不能适用第六条的前三种情形，因为这三种情形都要求经营者"擅自使用"他人有一定影响力的标识，而本案中的当事人是经商标权利人许可使用，是一种依据合同合法的使用。只不过该当事人巧妙地利用"合法"外衣进行了不恰当的"违法"使用："将 SIEMENS、siemens、Siemens 与其他字母分列两排，且字号明显放大并突出 SIEMENS、siemens、Siemens，其他字母字号较小易被忽略"，这种行为显然"极易让人对其生产的电梯来源产生混淆"，已经达到了"足以"的程度。因此，根据第六条的兜底条款，这是一种市场混淆行为。值得注意的是，在这起案件中，连云港市工商局直接认定其为一种市场混淆行为并作出处罚。这是不同于旧法的一种做法。

（二）劲爵食品江苏有限公司实施混淆行为案

1. 案情❶

2018 年 1 月 2 日，江苏省无锡市梁溪区市场监管局接到劲牌有限公司举报称，劲爵食品江苏有限公司委托一家上海酿酒公司生产的劲爵牌增力酒外包装与其产品劲牌中国劲酒相近似，并提供了举报材料及商品实物。

---

❶ 中国市场监管报编辑部．市场监管部门 2018 年查处不正当竞争行为典型案例［EB/OL］．（2018 - 10 - 31），［2019 - 04 - 01］．https：//baijiahao.baidu.com/s？id = 1615847303049037374．

经查，当事人于 2017 年下半年与一家上海酿酒公司达成口头委托生产协议，委托该保健酒厂生产劲爵牌增力酒，具体生产根据当事人的订单安排。根据协议，当事人负责产品包装设计，酿酒公司负责劲爵牌增力酒配方设计、原材料采购和生产。当事人委托他人生产并自行经销的劲爵牌增力酒和劲牌有限公司的劲牌中国劲酒保健酒在外观包装上十分近似，不仅损害了劲牌有限公司的合法权益，也误导了消费者。

无锡市梁溪区市场监管局认为，当事人的上述行为违反了新《反不正当竞争法》第六条第（一）项的规定，属实施混淆行为。5 月 31 日根据新《反不正当竞争法》第十八条之规定，该局对当事人作出罚款 20 万元的行政处罚。

2. 评析

根据新法第六条第一项的规定，经营者不得擅自使用与他人有一定影响的商品包装、装潢相同或者近似的标识。该案中，无论举报人是何人，当事人在自己设计包装的情形下，其因销售的保健酒的包装与劲牌有限公司的劲牌中国劲酒保健酒在外观包装上十分近似而受到处罚。从法律上看这应该没什么问题，然而假如当事人能够证明其并没有参考劲牌保健酒的包装而自行设计的，又该如何处理？依笔者之见，需要具体问题具体分析。

依目前的情形，劲牌酒成名或有一定影响在先，即使当事人能够证明包装属于自行设计，也可推定其效仿了劲牌酒包装，行政机关可以据此进行处罚。如果当事人不服行政处罚，亦可起诉到法院，法院亦会作出可能不利于当事人的裁决。不过，假如双方同时推出相同或近似新包装的产品，即使其中一方已经名扬四海，但由于其产品是新包装，在市场上并不具有一定影响，因此不会受到法律的保护。

（三）蓝色风暴案件

1. 案情

2003 年 12 月 14 日，蓝野酒业公司申请取得了注册号为第 3179397 号"蓝色风暴"文字、拼音、图形组合注册商标，核准使用商品为第 32 类：

包括麦芽啤酒、水（饮料）、可乐等，有效期自 2003 年 12 月 14 日至 2013 年 12 月 13 日止。2005 年 5 月，百事中国有限公司在全国范围内开展了以"蓝色风暴"命名的夏季促销及宣传活动。百事可乐公司在促销及宣传活动中，不仅将"蓝色风暴"标识使用在宣传海报、货架价签、商品堆头等宣传品上，也将"蓝色风暴"标识直接使用在其生产、销售的可乐等产品的外包装和瓶盖上，上述商品在杭州联华华商集团有限公司销售。2005 年 11 月 3 日，浙江省丽水市质量技术监督局作出了（丽）质技监封字〔2005〕第 B1103 号登记保存（封存）（扣押）决定书，认为蓝野酒业公司生产的蓝风牌蓝色风暴啤酒涉嫌冒用等，遂对 107 箱（每箱 24 瓶）蓝色风暴啤酒予以查封、扣押。

2005 年 12 月 12 日，蓝野酒业公司向杭州市中级人民法院起诉，请求判令："一、联华华商公司、百事可乐公司停止侵权，消除在同类商品上带有"蓝色风暴"的商标标识，停止带有"蓝色风暴"商标的生产、销售、广告、宣传行为；二、联华华商公司、百事可乐公司消除影响，至少在《丽水日报》《浙江日报》上澄清事实，消除影响；三、联华华商公司、百事可乐公司赔偿 300 万元及赔偿蓝野酒业公司的合理开支 11925.50 元。原审法院认为，蓝野酒业公司系本案所涉商标注册号为第 3179397 号"蓝色风暴"注册商标专用权人，其依法享有诉权，该商标尚属保护期限内，法律状态稳定，该商标专用权应受法律保护。由于百事可乐公司在其产品上使用"蓝色风暴"标识并非商标使用，同时百事可乐公司的行为不构成对公众的误导，也不会造成公众的混淆。因此判决：驳回蓝野酒业公司的诉讼请求。"

蓝野酒业公司不服一审判决提起上诉。浙江省高级人民法院审理认为：……百事可乐公司通过一系列的宣传促销活动，已经使"蓝色风暴"商标具有很强的显著性，形成了良好的市场声誉，当蓝野酒业公司在自己的产品上使用自己合法注册的"蓝色风暴"商标时，消费者往往会将其与百事可乐公司产生联系，误认为蓝野酒业公司生产的"蓝色风暴"产品与百事可乐公司有关，使蓝野酒业公司与其注册的"蓝色风暴"商标的联系被割裂，"蓝色风暴"注册商标将失去其基本的识别功能，蓝野酒业公司寄予"蓝色风暴"商标谋求市场声誉，拓展企业发展空间，塑造良好企业品牌的价值将受到抑制，其受到的利益损失是明显的……。百事可乐公司在其商品上使用"蓝色风暴"商标的行为，侵犯了蓝野酒业公司"蓝色风暴"注册商标专用权；联华华商公司销售百事可乐公司生产的侵权产品，亦属商标侵权行为，均应当承担相应的法律责任。故判决："一、撤销杭州市中级人民法院（2005）杭民三初字第429号民事判决；二、百事可乐公司于本判决送达之日起，立即停止带有"蓝色风暴"商标产品的生产、销售、广告、宣传行为；三、联华华商公司于本判决送达之日起，立即停止销售"蓝色风暴"商标的侵权产品；四、百事可乐公司在本判决书送达之日起10日内在《浙江日报》上刊登声明，消除影响；五、百事可乐公司赔偿蓝野酒业公司经济损失人民币300万元（含蓝野酒业公司为本案诉讼支付的合理开支），于本判决送达之日起10日内履行完毕。逾期不履行，按照《中华人民共和国民事诉讼法》第二百三十二条之规定，加倍支付迟延履行期间的债务利息；六、驳回蓝野酒业公司的其他诉讼请求。"[1]

2. 评析

从目前的法律适用情况来看，此案应该适用我国《商标法》（2013年修订），因为现行《反不正当竞争法》已经取消了关于"假冒他人注册商标"的规定。但在2005年，原告是同时适用了旧《反不正当竞争法》和《商标法》，因为对"假冒他人注册商标"的侵权行为，无论是行政处罚还是民事赔偿都是转致适用当时的有关《商标法》规定。

该案中，百事可乐公司是一家知名或相当有影响的企业，明显有自己著名的商标，根本勿需搭别人的便车；但原告的商标是以"蓝色风暴"为主要部分设计的，百事可乐使用了"蓝色风暴"，按照马克思主义基本原理，事物的主要矛盾决定事物的性质，百事可乐实际上相当于使用了原告的商标，侵犯了原告的注册商标专用权，属于《商标法》（2001年修订）第五十二条第（五）项规定"给他人的注册商标专用权造成其他损害的"

---

[1] 徐晓恒．从蓝色风暴案件看反向混淆的法律适用［EB/OL］．（2007-06-22）［2015-03-02］．http：//www.zjlawyer0571.com/case_1.asp？id=407

第三章 典型不正当竞争行为的认定

情形之一。正如浙江高院所言:"蓝野酒业公司寄予'蓝色风暴'商标谋求市场声誉,拓展企业发展空间,塑造良好企业品牌的价值将受到抑制,其受到的利益损失是明显的"。根据旧的《反不正当竞争法》第二十一条规定:"经营者假冒他人的注册商标……,依照《中华人民共和国商标法》……的规定处罚。",同时依据《商标法》(2001年修订)第五十三条规定:"有本法第五十二条所列侵犯注册商标专用权行为之一,引起纠纷的,由当事人协商解决;不愿协商或者协商不成的,商标注册人或者利害关系人可以向人民法院起诉,也可以请求工商行政管理部门处理……"

其实,《反不正当竞争法》修订后再来讨论这个案例似乎并非十分合适。在此,笔者却想要探讨另外一个问题:假设蓝野酒业公司"蓝色风暴"商标并没有注册,其他案情不变,是否还受到法律的保护?

根据现行《商标法》的有关规定,该法只保护注册商标和驰名商标,未注册又不驰名的商标不在保护之列。因此,"蓝色风暴"商标没有注册也不驰名,当然不会受到《商标法》的保护。《反不正当竞争法》第六条规定也只是保护有"一定影响"的商业标识,因此,也"不乐意"保护"蓝色风暴"商标。由此,未注册也不驰名的商标就成了不受法律待见的"弃儿","优胜劣汰"的市场竞争规则也推移进了法律界。显然,这是符合市场竞争发展一般规律的,因为通常情况下,为了赢得较大的市场份额,不知名的经营者往往会借船出海,搭上知名者的便车,很少会有知名企业使用不知名企业的商业标识的。但现在的情形却恰恰是知名企业使用了不知名企业的商标,还造成了混淆,❶ 为何?就该案而言,同一地区蓝野公司早就应该知道百事可乐公司的"蓝色风暴"活动对其商标的侵权行为,为何在质监人员错误执法前不起诉?法律和企业又该作出怎样的反应?对于这种知名企业使用不知名企业商业标识的行为,学界称为反向混

---

❶ 尽管百事可乐公司在辩解中认为没有造成消费者混淆,但案情中的行政执法人员的混淆执法已经证明了一个事实:那就是作为专业的监管人员都无从分清二者的产品,更何况普通的消费者。

淆，以区别于正常的不知名企业常常擅自使用知名企业的商标正向混淆。具体到该案，在不大的丽水地区，蓝野公司当然知道百事可乐公司的"蓝色风暴"活动，在质监人员错误查扣之前蓝野公司之所以不起诉，依笔者推断，可能有以下考虑：一是因为自身不知名，在市场上没什么影响，更何况百事可乐公司是大公司，对方又没有使用自己商标的全部，担心承担败诉的后果；二是百事可乐使用自己的商标，作为饮料市场的著名公司恰好为己方拓展市场助一臂之力，免费的广告行为为何要起诉？对于百事可乐公司而言，作为饮料界的大咖，使用一家不知名企业的商标或标识，除了作为"蓝色风暴"比较契合夏季凉爽的意味，可能还有一个不想为人所知的秘密，那就是想要借自己的影响力和知名度排挤竞争对手。当然，这种行为可能落入《反垄断法》的窠臼，有滥用市场支配地位之嫌。不过，依据现在的《反垄断法》有关规定，原告很难胜诉。因为，假如不能证明百事可乐在丽水地区具有市场支配地位，谈何滥用？而市场支配地位影响因素有很多，认定起来比较困难。因此，对于新出道的经营者来说，其在较短时间内投入大量的精力和资金，以期谋求市场知名度，注册商标是一个必须的自我保护行为。否则，其权利极易被侵权，难以受到法律保护。

第二节 商业贿赂行为

一、《反不正当竞争法》关于商业贿赂行为的规定及修订

（一）修订前的规定

1993年《反不正当竞争法》第八条对此行为进行了规定：

第八条 经营者不得采用财物或者其他手段进行贿赂以销售或者购买商品。在账外暗中给予对方单位或者个人回扣的，以行贿论处；对方单位或者个人在账外暗中收受回扣的，以受贿论处。

经营者销售或者购买商品，可以以明示方式给对方折扣，可以给中间

人佣金。经营者给对方折扣、给中间人佣金的，必须如实入账。接受折扣、佣金的经营者必须如实入账。

（二）修订后的规定

2017年《反不正当竞争法》第七条规定如下：

第七条　经营者不得采用财物或者其他手段贿赂下列单位或者个人，以谋取交易机会或者竞争优势：

（一）交易相对方的工作人员；

（二）受交易相对方委托办理相关事务的单位或者个人；

（三）利用职权或者影响力影响交易的单位或者个人。

经营者在交易活动中，可以以明示方式向交易相对方支付折扣，或者向中间人支付佣金。经营者向交易相对方支付折扣、向中间人支付佣金的，应当如实入账。接受折扣、佣金的经营者也应当如实入账。

经营者的工作人员进行贿赂的，应当认定为经营者的行为；但是，经营者有证据证明该工作人员的行为与为经营者谋取交易机会或者竞争优势无关的除外。

（三）改变部分及解析

如果说《反不正当竞争法》第六条规定的商业混淆行为是经营者与被侵权者之间争夺潜在的不特定客户时而发生的行为，则此条关于商业贿赂行为是经营者直接争夺特定的客户时发生的行为。商业贿赂行为也是这次修订的重点条款之一，也是曾经引起争论比较大的一种不正当竞争行为。新第七条对商业贿赂行为的规定有以下新意。

1. 进一步明确和扩大了商业贿赂对象的具体范围

《反不正当竞争法》由原来笼统的"对方单位或者个人"修改为三类受贿行为主体，即"交易相对方的工作人员""受交易相对方委托办理相关事务的单位或者个人"以及"利用职权或者影响力影响交易的单位或者个人"。其中，第一类对象"交易相对方的工作人员"乍一看似乎取消了"对方单位"作为受贿主体资格，但实际上影响或决定整个交易能否实现的是具体的对方单位的工作人员，至于工作人员受贿后是否会把所获好处再给单位或与单位共享并不会影响商业贿赂的性质，因为此时该工作人员代表的是交易相对方，履行的是职务行为，他们是一个绑定的整体。交易相对方与其工作人员如何处理与分享受贿财物则是另一个层级的法律关系。因此，"交易相对方的工作人员"相当于原法中的"对方单位或者个人"。由于这次修改更加注重贿赂的目的，接受商业贿赂的对象也只是经营者进行竞争的工具之一，所以才扩大了受贿主体范围，把不是直接交易相对方的第三方也囊括了进来。"受交易相对方委托办理相关事务的单位或者个人"不是直接的交易相对方，而是间接交易相对方，但由于其在交易过程中代表直接的交易相对方与经营者面对面谈判交流，发挥着不可忽视的重要作用，故也可能成为经营者的贿赂对象。"利用职权或影响力影响交易的单位或者个人"完全是交易的局外人，不参与具体的交易谈判过程，但却可以影响交易的促成或流产，所以这些单位或者个人也成为可能被贿赂的对象。当然，这都是对《反不正当竞争法》实施二十多年司法实践的回应。长期以来，各地工商机关将通过"利益引诱"获取交易机会作为商业贿赂的本质，将受贿主体限定为对方单位和个人，对交易有影响的第三人反而成了特例，导致了商业贿赂范围的泛化，一些本不属于商业贿赂的行为被当成了商业贿赂。这次修改等于从受贿对象厘清了商业贿赂的界限。

2. 突出强调商业贿赂行为的本质特征或目的

该法第七条第一款删去了原有规定中的"为销售或者购买商品"，采用更为科学合理或接受度较高的"谋取交易机会或者竞争优势"的表述。而且，后者比前者涉及的范围要广泛。实践中，"谋取交易机会"即"为销售或者购买商品"过程中可能进行商业贿赂，"谋取竞争优势"也可能有不正当的贿赂行为存在。

3. 增加了关于经营者员工贿赂及最终责任承担主体认定规定

该法第七条第三款明确规定，经营者的工作人员进行贿赂的，应当认定为经营者的行为。同时又规定经营者的免责条件是"经营者有证据证明该工作人员的行为与为经营者谋取交易机会或者竞争优势无关的除外"。

现实中，的确有某些企业工作人员假借所在企业名头，为其个人利益或他人利益实施商业贿赂，却金蝉脱壳，把商业贿赂的责任丢给企业，使企业蒙受不白之冤，损害了企业的合法利益。也有的经营者形式上制定了反商业贿赂规章制度，进行了管理培训，然而在营销方式、薪酬制度、升迁规则设计上却放任工作人员进行商业贿赂，事后又以属于工作人员个人行为由逃避责任。在这次修订过程中，有的单位和企业就提出，为了防止员工的弱势地位被经营者滥用，把本应由其承担的法律责任转嫁给员工，应该规定员工实施商业贿赂行为，不管是否属于个人行为、企业是否知情，都应认定为经营者的行为。相反，也有的企业认为，对于实践中员工个人出于提升业绩等考虑进行商业贿赂的行为，先推定为经营者的行为，再由经营者通过举证属于员工的个人行为而免除责任，对企业并不是很公平。尽管如此，但综合考虑，员工行为一般代表所在企业，通常情况下，员工进行商业贿赂，也是为了企业的竞争利益着想，直接或间接地为经营者谋取了交易机会或竞争优势。况且，企业的确对员工负有管理培训等义务，有着特殊的关系，同时，相对于员工而言企业处于强势地位。所以，原则上经营者应当为其工作人员的商业贿赂行为负责，除非特殊情况，即员工的商业贿赂行为并没有对所在企业的竞争机会或竞争优势有所裨益，由企业负举证责任合情合理。

4. 删除了对回扣的规定

之所以删除这一条，是因为回扣是商业贿赂的一种特殊的表现形式，这样的规定是多余的。而且容易造成商业贿赂就是回扣或者商业贿赂等同于回扣的一种假象，使人们忽视了除了回扣以外的商业贿赂行为，有误导之嫌，不利于执法。

二、商业贿赂行为的内涵及性质

（一）内涵

修订前后的《反不正当竞争法》均没有给出商业贿赂行为概念的定义，实际上，该法也没有直接使用"商业贿赂"，只是使用了"贿赂"，但从字里行间可看出该法的"贿赂"即指"商业贿赂"。1996年原国家工商行政管理局根据1993年《反不正当竞争法》制定的《关于禁止商业贿赂行为的暂行规定》第二条第二款对商业贿赂作出了界定："本规定所称商业贿赂，是指经营者为销售或者购买商品而采用财物或者其他手段贿赂对方单位或者个人的行为。"并通过第三款和第四款对其中的"财物"和"其他手段"进行了补充规定。❶这是我国正式的法律文件中第一次出现"商业贿赂"的法律用语，但对商业贿赂的界定犯了重复定义的错误，并没有把"贿赂"的本质指出来。"贿赂"作为一个动词，其意为"用财物买通别人"。❷商业贿赂作为竞争法中的一个专门术语，美国《布莱克法律词典》解释说，商业贿赂是贿赂的一种形式，是指竞争者通过秘密收买交易对方的雇员或代理人的方式，获取优于竞争对手的竞争优势的行为。借鉴学界已有共识，根据现行《反不正当竞争法》第七条的规定，本书认为，商业贿赂行为是指经营者利用财物或者其他手段，买通有关单位或者个人，以谋取交易机会或者竞争优势的不正当竞争行为。

(二) 性质

商业贿赂是随着商品经济的发展而逐步产生和发展起来的经济现象，是一种严重的经济腐败现象。在当今世界各国，商业贿赂行为是普遍存在的，已经成为最主要的一种贿赂形式。在市场经济高度发达的资本主义国家，大量揭露出来的政治丑闻大都与商业贿赂有关。在我国改革开放后，尤其是在我国确定要建立社会主义市场经济体制后，市场竞争程度日益激烈，但由于我国市场机制仍在发展阶段，也面临遏制商业贿赂行为的挑战。

---

❶ 《关于禁止商业贿赂行为的暂行规定》第二条第三款规定："前款所称财物，是指现金和实物，包括经营者为销售或者购买商品，假借促销费、宣传费、赞助费、科研费、劳务费、咨询费、佣金等名义，或者以报销各种费用等方式，给付对方单位或者个人的财物。"第四款规定："第二款所称其他手段，是指提供国内外各种名义的旅游、考虑等给付财物以外的其他利益的手段。"

❷ 中国社会科学院语言研究所词典编辑室. 现代汉语词典［M］. 北京：商务印书馆，1996：567.

商业贿赂行为的危害有目共睹,其一,扰乱正常的市场竞争秩序。经营者不是通过提高劳动生产率、降低商品价格、提高商品质量、改进售后服务等客观的效能标准赢得交易相对方认可,争取与客户的交易机会和取得竞争优势,反而依靠给予交易对方的雇员或代理人或可能影响交易的其他人以财物或其他好处希望获得交易机会或竞争优势,这一点与反不正当竞争法奉为圭臬的公平、正当竞争机制背道而驰,对其他经营者显失公平。其二,商业贿赂行为败坏了社会商业风气,扭曲了竞争关系,与社会文明格格不入。在商业贿赂大行其道的环境中,交易相对方不是根据对经营者商品或服务的客观理性比较来决定是否交易,而是根据谁给的好处多就与谁进行交易。其三,商业贿赂行为往往和权钱交易密切联系,这种行为会严重腐蚀干部队伍、侵蚀党的肌体,影响党和国家的形象。其四,商业贿赂行为为假冒伪劣商品的流通大开方便之门,使市场上假货横行,造成市场信用度下降,严重影响市场经济的正常发展。最后,商业贿赂行为也会损害消费者的利益。一方面,消费者无法享受到市场经济带来的真正实惠,买到假货的几率增加;另一方面,因为经营者贿赂的财物或其他利益都会作为成本转嫁到商品价格中,会使商品价格总水平无形地提高,最终全部由消费者来为此凭白无故地买单。

正因为如此,国际社会和各国竞争法一般都将商业贿赂作为一种典型的不正当竞争行为严格加以禁止,但更多的是将其作为一种腐败和犯罪行为来进行刑事惩治。如美国1914年颁布的《克莱顿法》针对国内的商业贿赂作出了明确的规定,该法第二条规定:"商人在其商业过程中,支付、准许、收取、接受佣金、回扣或其他补偿是非法的。"同时根据《联邦贸易委员会法》第五条的规定,该委员会可以将商业贿赂行为作为不正当竞争手段而提出指控,也可能被作为欺诈行为而被指控,包括民事与刑事指控。1977年,美国国会又通过了《禁止对外贿赂法》。该法规定,任何美国企业为了获得或保持业务,而向任何外国官员、政党或政党官员支付金额或送礼、或允许这样做,都是违法的。违反者将被处以直至100万美元的罚款。违反的个人将被处以至少1万美元的罚款,或被处5年以下监禁。德国在新修订的《刑法典》第26章"反竞争的犯罪行为"中对商业贿赂予以调整。奥地利《反不正当竞争法》对商业行贿和受贿行为既规定了民事责任，也规定了刑事责任。英国则通过《药物广告法》专门针对医药行业商业贿赂行为予以规制，医药公司的负责人将被处以罚款和监禁的刑事处罚。❶

三、商业贿赂行为的认定及适用

（一）构成要件

认定商业贿赂行为时应符合三个构成要件，主体、目的和行为。

1. 主体

商业贿赂行为的主体是经营者。经营者即为第二条第三款所规定，如前所述，不再赘言。在此需要强调以下几点：第一，此条中的经营者在商业贿赂行为中实指行贿者。尽管商业贿赂行为中，行贿者与受贿者二者缺一不可，但第七条主要针对经营者的行贿行为作出了规定。第二，行贿者既可能是商品买卖中的买方，也可能是卖方。无论是买方还是卖方，实施贿赂行为都是为了获得交易机会或竞争优势。第三，经营者的贿赂行为往往是由经营者的工作人员具体实施。实践中，一些经营者以其工作人员级别较低，不能代表经营者的行为，或者以其工作人员个人的行为为由进行狡辩，企图逃避法律责任。现实中，也的确有经营者的工作人员有时也会与其供职的经营者离心离德，为了其他同业经营者而实施贿赂，或者为了完成销售指标、获取业务提成、实现职务升迁等个人目的进行贿赂，鉴于这种情况，法律规定原则上经营者通过其工作人员进行的商业贿赂行为，不管工作人员的级别高低，也不管经营者对此事是否知情，只要最后的目的或结果为经营者获得了竞争优势或竞争机会，一律认定为经营者的行为。同时，又为经营者提供了反证机会，即经营者能够证明其工作人员的贿赂行为与为经营者谋取交易机会或竞争优势无关的，则不应认定为经营者的行为，此时经营者不对其工作人员的贿赂行为承担法律责任，故此，

---

❶ 吕明瑜. 竞争法制度研究［M］. 郑州：郑州大学出版社，2004：203.

目的的追求在商业贿赂中的地位很重要。

2. 目的

商业贿赂的目的是谋取交易机会或竞争优势。唯有以谋取交易机会或竞争优势为目的进行的贿赂行为,才可能构成《反不正当竞争法》调整的商业贿赂行为,这也是其区别于其他贿赂的本质特征。比如,为了升官而贿赂上级官员,这是典型的买官卖官贿赂行为,不是商业贿赂;为了子女上学而贿赂校长或教育局长,这也不是商业贿赂。总而言之,贿赂也是一种交易,而交易存在于人际关系的各个方面。为了达到一定目的,一人或一个单位给他人一点好处或利益,这原本是人之常情。如一大龄青年在一邻居大婶的牵线搭桥下找到了人生的另一半,婚后生活幸福美满,两人给媒人提两条鱼、一箱牛奶和一桶油,这是很正常自然的事,如果不这么做,反而让世人觉得这两个年轻人不尽人情、不懂事或小气。但这种正常的礼尚往来如果在目的和所赠礼品的价值上失去了合理性,就可能演变为一种不正之风,就会给形成不良的社会风气、成为一种社会的负能量,影响到人们共同认可的公正公平正义观念。反映到经济领域,就是为了达到争取交易的目的或提高竞争优势,一方给另一方好处,这种行为就是商业贿赂行为。

目的作为经营者"想要得到的结果"[1],是一种主观上的追求。除非这个目的已经达到,可轻易认定,否则很难说某经营者给他人好处就是商业贿赂,经营者往往以馈赠之名搪塞。因此,笔者认为,在认定时可以借鉴《最高人民法院、最高人民检察院关于办理商业贿赂刑事案件适用法律若干问题的意见》(2008年11月20日法发〔2008〕33号)第十条之规定:"办理商业贿赂犯罪案件,要注意区分贿赂与馈赠的界限。主要应当结合以下因素全面分析、综合判断:(1)发生财物往来的背景,如双方是否存在亲友关系及历史上交往的情形和程度;(2)往来财物的价值;(3)财物往来的缘由、时机和方式,提供财物方对于接受方

---

[1] 中国社会科学院语言研究所词典编辑室. 现代汉语词典[M]. 北京:商务印书馆,1996:904.

有无职务上的请托;(4)接受方是否利用职务上的便利为提供方谋取利益。"虽然"两高"的意见是针对商业贿赂犯罪案件的,但是商业贿赂不正当竞争行为往往会导致犯罪,所以在探寻经营者的主观目的时完全可以此为参照,因为这些都是馈赠发生时的客观背景指标,尤其是前三项更能说明问题。如亲朋好友之间一般都有相对较长的一段交往历史,且往来财物价值不会很高,通常是在重大的节假日期间来往。若非如此,商业贿赂的嫌疑就不能排除。由以上分析也可以知道,在认定经营者商业贿赂时,其主观目的是否最终如愿以偿在所不问,只要有这种可能性或达到目的的趋势,即符合目的要件。

经营者进行商业贿赂的目的是谋取交易机会或竞争优势,那么何为谋取交易机会或竞争优势?依笔者之见,应该从经营者的角度做以下几种相对的理解:第一,相对于其他竞争者而言,经营者自认为没有交易机会或处于竞争劣势,按照正常的市场交易规律,交易对方根本不可能与其进行交易,因此,经营者想要取得交易机会而行贿,实现"从无到有"的突破。第二,与其他竞争者一样,经营者有相同的竞争机会或竞争优势,相互之间难分高下,但为了从中胜出,获得交易相对方的最终青睐而行贿,实现"从有到优"的突破。第三,和其他竞争者相较,经营者的优势还是比较明显的,交易机会还是存在的,但为了更加保险而行贿,实现"从优到保"的突破。上述三种情形,只要具备其一就可认定为满足目的的条件。当然,其中的"竞争优势"的获得有时表现为促成行贿者"竞争优势"的提高,有时表现为对方"竞争优势"的降低,如阻碍竞争者的特定交易,不当设置交易条件等。

至于经营者谋取交易机会或竞争优势后所获得的利益是合法的还是非法的则不是此处需要考虑的问题。如果是合法的,自不必说。如果是非法的,则经营者涉及双重违法,需要对其进行多方考察。例如,为了推销国家明令禁止生产和流通的假冒伪劣商品而行贿,不具备贷款条件而通过行贿获得贷款等,都涉及包括商业贿赂行为在内的多种违法行为。

谋取交易机会或竞争优势作为经营者的主观意愿,是其故意积极追求的结果,一般情况下是自愿履行的,不是他人强迫的,与他人没有关系。

即使经营者竞争优势明显，对方内心也愿意与其进行交易，但表面上却千方百计故意刁难，经营者迫于无奈地给对方以好处，这也是一种自愿的行为，属于商业贿赂。除非对方勒索迫使经营者不得不违心地给付财物或其他利益，否则自己期待的合法利益会受到损失，同时没有获得其他非法利益，此时经营者的行为不构成行贿。故此，有的学者认为商业贿赂行为的构成要件包括主观方面的故意和自愿。❶ 其实，"目的"与"故意和自愿"是一样的，是问题的一体两面，前者说的是达到的最后结果，后者说的是朝着某一方向探寻的积极主动的主观态度，都体现了主体对某一事物的追求和希望。

3. 行为

商业贿赂行为的表现是采用财物或者其他手段贿赂有关单位或者个人。这包括两个方面，一是贿赂的手段，二是贿赂的对象。

贿赂的手段多种多样，既包括财物，也包括不特定的其他手段。现实生活中，以财物居多。财物指现金和实物，如促销费、宣传费、赞助费、科研费、劳务费、咨询费、佣金及报销各种费用、银行卡等方式给付受贿方。回扣是最典型的常见商业贿赂形式。随着时代和信息技术的发展房屋以及生活水平的提高，贿赂的手段也花样翻新，只要对受贿方有价值，均可用于行贿。如提供免费旅游、度假、房屋装修、汽车使用权、性贿赂、赠送昂贵物品、古董文物、解决子女入学、就业等。贿赂的方式也不同，从时间看，有事前给的，有事后给的；从次数上看，有为特定目的一次给付，也有为谋求长远利益多次反复给予；从具体的行贿人来看，有经营者亲自给予，也有通过第三人给予等。

贿赂的对象根据该条第一款规定包括三类主体，第一类，交易相对方的工作人员。包括高管、直接接触人员或专门办理相关事务人员，如采购、超市货架陈列人员等。这些人均有助于经营者获取交易机会或竞争优势。第二类，受交易相对方委托办理相关事务的单位或个人。在接受交易

---

❶ 黄赤东，孔祥俊. 反不正当竞争法及配套规定新释新解 [M]. 北京：人民法院出版社，1999：246.

相对方委托办理相关事务的权限范围内，受托方有涉及决定是否交易的权限，所以这类人会成为经营者行贿的对象。第三类，利用职权或影响力影响交易的单位或个人。和前两类人员相比，这类人员并不直接进行交易的谈判，是独立于交易双方的第三方，只是因其职权或影响力能够影响交易相对方的经营决策或影响其工作人员、受托人的行为，从而帮助行贿人谋取交易机会或竞争优势。最典型的是来自国家机关、国有企业及其工作人员。

行贿是以小恩换大惠，予少取多，任何人理论上都可以成为行贿人。但不是任何人都能成为受贿人，因为受贿人收取较少的报酬给予较大的对价，予多取少，但其实给予和收取的不是同一人，受贿人拿到好处，给予行贿者好处的是另有其人。所以，只有具有特殊身份的人才能做到，受贿人所具有的特殊身份才是理解贿赂的关键所在。受贿人必须有管理事务的权力或影响力，这样他才能给予行贿人实惠，同时，受贿人所管理的事务应该是他人的事务，因为理性的管理自己事务的人是不会去做取少予多的赔本买卖。由此可知，受贿人只能是管理他人事务的"代理人"。商业贿赂的本质是作为代理人的受贿人因收受行贿人所给予的好处，背离其应负的忠实义务对交易产生了不正当的影响。

需要注意的是，不管是单位还是个人收受财物，只要为行贿者谋取交易机会或竞争优势，就构成商业贿赂行为，而不能以财物落入单位金库免除个人责任或以个人收受财物免除单位责任。在具体行贿人和其所在单位关系确定期间的行贿行为，可一律推断为单位行为，除非单位提出反证证明其工作人员行贿与给其谋取交易机会或竞争优势无关。

（二）商业贿赂与折扣、佣金、小额赠品相区分

本条第二款规定，经营者可以明示方式向交易相对方支付折扣，或向中间人支付佣金。折扣是商品购销中的让利，是指经营者在销售商品时，以明示并如实入账的方式给予对方的价格优惠，包括支付价款时对价款总额按一定比例即时予以扣除和支付价款总额后再按一定比例予以退还两种形式。所谓明示和入账，是指根据合同约定的金额和支付方式，在依法设

立的反映其生产经营活动或行政事业收费收支的财务账上按照财务会计制度规定明确如实记载。❶ 佣金是指经营者在市场交易中给予为其提供服务的具有合法经营资格的中间人的劳务报酬。❷ 需要注意的是，中间人一定是和交易双方相区分的独立者，中间人提供了符合商业惯例的劳务，且获得的佣金没有严重偏离其所提供的劳务市场价格。佣金也要如实入账。

折扣和佣金是合法的，都要求给予和接受的双方如实入账。对此有两个问题值得探讨。问题一，给予对方好处的如实入账是否都是合法的？笔者认为，不一定。当给予和接受的双方如实入账一致时才是合法的，否则，一些经营者会钻空子，变非法为合法。需要明确的是，当接受折扣和佣金的不是经营者，而是消费者或普通的个人时，并不要求如实入账或如实入账一致，因为接受者并没有法律法规规定的财务账本。问题二，当中间人牵线搭桥促成交易时，尤其是在中间人为有一定影响力的单位或个人时，其接受的是佣金还是商业贿赂？这需要具体问题具体分析。如果是单位，且没有如实入账，或入账数额与给予方不一致，可以认定是商业贿赂；当如实入账，或数额与给予方也一致时，则看其佣金与市场价格出入是否过大，如果远高于市场价格，则可认定商业贿赂，否则就是合法的佣金。

在市场交易活动中，经营者之间为了维系长期友好的伙伴关系，在购销过程中会相互赠送一些小额赠品或广告礼品❸，这应该属于正常商业交往，不属于商业贿赂。至于小额的额度，法律没有具体规定，司法实践中只能根据各地的生活水平水准具体确定和判断。

（三）商业贿赂行为和商业受贿行为、商业贿赂犯罪

贿赂包括行贿和受贿两个方面，没有行贿就没有受贿，没有受贿也没有行贿，二者相互依存，缺一不可。在《反不正当竞争法》2017 年修订

---

❶ 参见《关于禁止商业贿赂行为的暂行规定》第六条规定．
❷ 参见《关于禁止商业贿赂行为的暂行规定》第七条规定．
❸ 参见《关于禁止商业贿赂行为的暂行规定》第八条规定．

前，接受回扣者以受贿论处，给予回扣者以行贿论处。修订后，删除了关于回扣的规定，从前面所述可看出，商业贿赂行为实质上是商业行贿行为，不包括商业受贿行为，这从本法第十九条的规定亦可窥见一斑。❶本法只处罚商业贿赂行为即商业行贿行为，不处罚商业受贿行为。这也是这次修订的一个遗憾。不过，我国《刑法》规定了与商业贿赂有关的犯罪行为。

商业贿赂犯罪涉及刑法规定的八种罪名：（1）非国家工作人员受贿罪（刑法第一百六十三条）；（2）对非国家工作人员行贿罪（刑法第一百六十四条）；（3）受贿罪（刑法第三百八十五条）；（4）单位受贿罪（刑法第三百八十七条）；（5）行贿罪（刑法第三百八十九条）；（6）对单位行贿罪（刑法第三百九十一条）；（7）介绍贿赂罪（刑法第三百九十二条）；（8）单位行贿罪（刑法第三百九十三条）。

经营者的商业贿赂行为如果没有落入犯罪的法域，可作为不正当竞争行为来进行处罚。

四、典型案例

（一）案例一：葛兰素史克商业贿赂案

葛兰素史克成立于2000年12月，总部位于英国布伦特福德，是以研发为基础的药品和保健品公司，产品遍及全球市场。在中国设立了葛兰素史克（中国）投资有限公司（简称GSKCI），拥有5000多名本土员工，1个全球全功能的研发中心及6家生产基地——中美天津史克制药有限公司、葛兰素史克有限公司、葛兰素史克制药有限公司、上海葛兰素史克生物制品有限公司、葛兰素史克生物制品有限公司和南京美瑞制药有限公司。

2009年2月，马某某相继担任GSKCI处方药事业部总经理、董事会主席、法定代表人。为扩大药品销量，马某某提出了"以销售产品为导向（selling-led）"的口号，并通过全体员工年会、领导力峰会、销售精英俱

---

❶ 第十九条规定："经营者违反本法第七条规定贿赂他人的，由监督检查部门没收违法所得，处十万元以上三百万元以下的罚款。情节严重的，吊销营业执照。"

乐部等公司内部各种会议和活动进行宣传鼓动。该经营理念得到张某某、梁某、黄某、赵某某等公司高管的积极响应和支持，逐渐形成了无视中国药品管理等法律法规中的禁止性规定，只追求扩大销量、以费用促进销售的贿赂销售模式。

为提高销量，GSKCI大量招聘销售人员，改组扩建业务部门。处方药事业部、疫苗部、抗生素及创新品牌事业部等各业务部门采取多种形式向全国各地医疗机构的从事医务工作的非国家工作人员行贿。人力资源部制定以销售业绩为核心的工资、奖金等薪酬福利制度及政策，将人力和财力向业务部门倾斜；财务部、合规部、IT部等其他部门也提供全方位支持、帮助并进行监督、管理和考核；法务部则为行贿提供帮助和掩护。

其中，GSKCI大客户团队、各事业部的市场部等部门，邀请全国各地医疗机构的从事医务工作的非国家工作人员参加由其赞助和组织的境内外各类会议，通过支付差旅费、讲课费、安排旅游等方式贿赂与会医务人员，然后将相关费用分别以"研讨会费用"等科目在财务系统中报账。在参会医务人员的支持下，GSKCI的各类药品得以进入各地医疗机构。

同时，各业务部门通过医药代表等，以支付业务招待费、讲课费以及现金回扣等方式贿赂全国多地医疗机构的医务人员，并将相关费用以"招待费""其他推广费用"的科目报账，换得GSKCI的药品得到使用或扩大使用。

2014年9月4日，湖南省长沙市人民检察院以对非国家工作人员行贿罪对GSKCI和原GSKCI法定代表人、董事会主席马某某等人提起公诉，长沙市中级人民法院依法受理了案件。法院经审理查明，被告单位GSKCI为扩大药品销量，谋取不正当利益，采取贿赂销售模式，以多种形式向全国多地医疗机构从事医务工作的非国家工作人员行贿，数额巨大。被告人马某某、张某某、梁某、黄某、赵某某等公司高管作为直接负责的主管人员，积极组织、推动、实施贿赂销售，被告单位及被告人的行为均已构成对非国家工作人员行贿罪。被告人黄某利用职务便利非法收受他人财物并为他人谋取利益，其行为还构成非国家工作人员受贿罪。2014年9月19日，长沙市中级人民法院以对非国家工作人员行贿罪判处GSKCI罚金人民币30亿元；判处被告人马某某有期徒刑三年，缓刑四年，并处驱逐出境。其余被告被判有期徒刑二到四年。

耐人寻味的是2012年2月至11月，北京市工商局朝阳分局连续两次立案调查GSKCI涉嫌商业贿赂问题，梁宏等人通过中间人找到了办案人员，以财物打通关系，换来对涉嫌商业贿赂不调查、不处理，改成不正当竞争，罚款30万元。由此可知，商业贿赂行为既可能是不正当竞争行为，也可能涉嫌犯罪。有些违法人就利用二者之间的关联逃避法律责任。

根据最高人民检察院和公安部印发《关于经济犯罪案件追诉标准的规定的通知》第九条对公司、企业人员行贿案（刑法第一百六十四条）的规定："为谋取不正当利益，给予公司、企业的工作人员以财物，个人行贿数额在一万元以上的，单位行贿数额在二十万元以上的，应予追诉。"

根据最高人民检察院2000年12月22日颁布的《关于行贿罪立案标准的规定》："一、行贿案（刑法第三百八十九条、第三百九十条）：行贿罪是指为谋取不正当利益，给予国家工作人员以财物的行为。在经济往来中，违反国家规定，给予国家工作人员以财物，数额较大的，或者违反国家规定，给予国家工作人员以各种名义的回扣、手续费的，以行贿罪追究刑事责任。涉嫌下列情形之一的，应予立案：1. 行贿数额在一万元以上的；2. 行贿数额不满一万元，但具有下列情形之一的：（1）为谋取非法利益而行贿的；（2）向三人以上行贿的；（3）向党政领导、司法工作人员、行政执法人员行贿的；（4）致使国家或者社会利益遭受重大损失的。因被勒索给予国家工作人员以财物，已获得不正当利益的，以行贿罪追究刑事责任。二、对单位行贿案（刑法第三百九十一条）：对单位行贿罪是指为谋取不正当利益，给予国家机关、国有公司、企业、事业单位、人民团体以财物，或者在经济往来中，违反国家规定，给予上述单位各种名义的回扣、手续费的行为。涉嫌下列情形之一的，应予立案：（1）个人行贿数额在十万元以上、单位行贿数额在二十万元以上的；（2）个人行贿数额不满十万元、单位行贿数额在十万元以上不满二十万元，但具有下列情形之一的：（1）为谋取非法利益而行贿的；（2）向三个以上单位行贿的；（3）向党政机关、司法机关、行政执法机关行贿的；（4）致使国家或者社会利益遭受重大损失的。三、单位行贿案（刑法第三百九十三条）：单位行贿罪是指公司、企业、事业单位、机关、团体为谋取不正当利益而行贿，或者违反国家规定，给予国家工作人员以回扣、手续费，情节严重的行为。涉嫌下列情形之一的，应予立案：1. 单位行贿数额在二十万元以上的；2. 单位为谋取不正当利益而行贿，数额在十万元以上不满二十万元，但具有下列情形之一的：（1）为谋取非法利益而行贿的；（2）向三人以上行贿的；（3）向党政领导、司法工作人员、行政执法人员行贿的；（4）致使国家或者社会利益遭受重大损失的。因行贿取得的违法所得归个人所有的，依照本规定关于个人行贿的规定立案，追究其刑事责任。"

由以上相关司法解释可看出，行贿的数额按照现在的生活水准并不是很高，个人行贿达到一万元就可立案，有的不足一万元的同时满足其他条件亦可立案，对单位是十万元或二十万元就可立案，所以，经营者进行商业贿赂很容易就构成犯罪。因此，在《反不正当竞争法》中规定商业贿赂为不正当竞争行为其实意义并不大，因为当不足一万元时，经营者完全可以以馈赠或其他为理由来规避法律的制裁，因此，建议法律下次修改时能够确定一个一万元以下的数额作为不正当竞争行为的最低标准额度，一方面使得经营者对自己的行为有一个确定的法律判断和认知，另一方面也使得行贿额度若在最低额度与一万元之间的经营者受到行政处罚。

根据以往的司法实践，商业行贿和受贿会一同处理。如根据最高人民检察院、公安部关于印发《关于经济犯罪案件追诉标准的规定（二）》的通知第十条规定："［非国家工作人员受贿案（刑法第一百六十三条）］公司、企业或者其他单位的工作人员利用职务上的便利，索取他人财物或者非法收受他人财物，为他人谋取利益，或者在经济往来中，利用职务上的便利，违反国家规定，收受各种名义的回扣、手续费，归个人所有，数额在五千元以上的，应予立案追诉。"

（二）案例二：普利司通涉嫌商业贿赂被处罚

2013年9月至2014年4月，普利司通在通过经销商向零售商销售"普利司通"品牌乘用车轮胎过程中，以"销售奖励"名义，向零售商给付财物，促使零售商购买其"ECOPIA"系列产品。

普利司通设定零售商2013年4季度（10月1日至12月31日）轮胎进货数量，零售商在此期间内通过经销商购进其产品，达到或超出上述进货目标110%的，即可获得奖励。

普利司通根据零售商所购"ECOPIA"系列轮胎的数量和规格，按照每条15元至20元不等的金额，给予零售商奖励。

其后，普利司通从北京京东世纪信息技术有限公司购进3865,620元的等值京东商城电子购物卡，用于给付上述奖励。

调查发现，截至案发时，普利司通分别给予1275家零售商京东商城电子购物卡，金额合计386.562万元。

与此对应，这些零售商共销售"ECOPIA"系列轮胎合计223188条，销售金额合计90,648,668.59元（不含税）。

扣除成本、税费及相关费用合计75,534,422.40元，普利司通获利金额合计为15,114,247.19元。

原上海市工商行政管理局对普利司通进行专项检查，发现2013年7月至2014年4月，普利司通为提高冬季胎市场份额，以"冬季胎旅游奖励"名义，向零售商给付财物。

在2013年12月31日之前，普利司通对于经销商购进冬季胎产品，给予每500条赠与一张价值5,999元旅游卡的奖励。

据统计，该公司分别给予154家零售商460张旅游卡，价值合计2,759,540元。

综合上述两项，普利司通共计获利17,395,026.49元。

原上海市工商行政管理局认为，该行为违反《中华人民共和国反不正当竞争法》，已构成商业贿赂行为。对普利司通（中国）投资有限公司处以15万元罚款，并没收违法所得人民币17,395,026.49元。

原上海市工商行政管理局的处罚是合法的，普利司通以"销售奖励"等名义，在正常商品交易之外给予零售商购物卡等财物，从主观方面来说，是为促进产品销售，提高其乘用车轮胎的市场份额。

从客观方面来看，此行为系通过给予额外利益，影响下游零售市场经营者对交易对象及商品的选择，从而排挤了其他竞争对手获取交易的机会。

这种排挤不是通过产品质量的提高、配套服务的提升、更为合理的产品定价等正常的市场竞争手段实施，而是在正常的商品货款之外，给付财物收买对方单位，且金额较大，足以对正常的市场竞争秩序产生实质影响，损害其他没有额外利益输送经营主体的利益。

第三节　不当商业宣传行为

一、《反不正当竞争法》关于不当商业宣传行为的规定及修订

（一）2017 年修订前的规定

1993 年《反不正当竞争法》第九条对此行为进行了规定：

第九条　经营者不得利用广告或者其他方法，对商品的质量、制作成分、性能、用途、生产者、有效期限、产地等作引人误解的虚假宣传。

广告的经营者不得在明知或者应知的情况下，代理、设计、制作、发布虚假广告。

（二）2017 年修订后即现行法的规定

2017 年《反不正当竞争法》第八条规定如下：

第八条　经营者不得对其商品的性能、功能、质量、销售状况、用户评价、曾获荣誉等作虚假或者引人误解的商业宣传，欺骗、误导消费者。

经营者不得通过组织虚假交易等方式，帮助其他经营者进行虚假或者引人误解的商业宣传。

（三）改变部分及解析

不当商业宣传行为和市场混淆行为一样也是针对不特定的公众而实施的，也是 2017 年修订的重点条款之一，变化也不少。

1. 删除了与广告相关的部分

主要有两点：一是经营者宣传的方法去掉了，即删除了"利用广告或者其他方法"；二是删除了原来的第二款关于广告的经营者的虚假宣传内容。之所以这样修改，可能考虑到实践中经营者商业宣传的方式主要是广告，想厘清与《广告法》的区别适用。新法第二十条明确规定"经营者违反本法第八条规定，属于发布虚假广告的，依照《中华人民共和国广告法》的规定处罚"，明确了《广告法》优先适用的法律原则。非广告形式的宣传涉嫌虚假时才会适用本法。

2. 对商品宣传的例示性规定内容有所调整

即由原来的"商品的质量、制作成分、性能、用途、生产者、有效期限、产地等"改为"商品的性能、功能、质量、销售状况、用户评价、曾获荣誉等"。由于只是部分列举，且最后都附有一个"等"字，因此这样的修订，除了说明当下典型虚假宣传内容的常见多发情况有所变化，并无本质上的区别。针对电子商务领域通过虚假交易进行虚假宣传问题，特别强调，经营者不得对其商品的"销售状况""用户评价"作虚假宣传。

3. 对"引人误解""虚假"和"宣传"三个词的语序关系进行了重新编排

旧法为经营者作"引人误解的虚假宣传"，新法为经营者作"虚假或引人误解的商业宣传"。前者中"引人误解"是"虚假宣传"的限定词，实际上缩小了不正当竞争中虚假宣传行为的认定范围，把一些虚假宣传中未引人误解的行为排除在外。当然，在以往的执法实践中，执法人员并未拘泥字面意思而简单地理解和适用法律，而是抓住该条款的本质特性，使其包含引人误解的宣传和虚假宣传两类行为。❶ 后者中"虚假"和"引人误解"并列作"商业宣传"的限定词，一方面，明确了经营者对商品的宣传是"商业宣传"，受到反不正当竞争法的规制；另一方面，将不正当的

---

❶ 何茂斌. 新《反不正当竞争法》虚假宣传条款的理解与适用（上）[N]. 中国工商报. 2017 - 12 - 05（A7）.

"商业宣传"行为分为两类,"虚假"的商业宣传和"引人误解"的商业宣传,从而扩大了此类行为的范围。也是对司法实践的一种法律回应。与此同时,也是为了与《广告法》第二十八条❶关于虚假广告的规定保持一致。

4. 增加两处

一是在第一款增加了"欺骗、误导消费者"的规定。这是虚假宣传行为的后果要件,突出了对不特定消费者的利益保护。与《消费者权益保护法》第二十条规定❷相呼应。二是改变原来的第二款内容为"经营者不得通过组织虚假交易等方式,帮助其他经营者进行虚假或者引入误解的商业宣传。"该款规定禁止的是虚假宣传的帮助行为,即以组织虚假交易等方式,帮助其他经营者进行虚假或者引入误解的商业宣传。这一新增规定有助于制止线上"刷单"、线下"雇托"炒作等虚假宣传行为。值得一提的是,由于删除了"利用广告或者其他方法",说明法律不再拘泥于经营者的商业宣传形式,而在乎其宣传内容,事实上等于吸收了旧法第五条第(四)项"在商品上伪造或者冒用认证标志、名优标志等质量标志,伪造产地,对商品质量作引人误解的虚假表示"的规定,使得新《反不正当竞争法》将第六条纯化为对商业标识的仿冒混淆行为,去掉"引人误解的虚假表示",将此种情形并入第八条不当商业宣传行为中,统一法律适用。这也可以理解为潜在的增加部分。

---

❶ 《广告法》第二十八条规定:"广告以虚假或者引人误解的内容欺骗、误导消费者的,构成虚假广告。广告有下列情形之一的,为虚假广告:(一)商品或者服务不存在的;(二)商品的性能、功能、产地、用途、质量、规格、成分、价格、生产者、有效期限、销售状况、曾获荣誉等信息,或者服务的内容、提供者、形式、质量、价格、销售状况、曾获荣誉等信息,以及与商品或者服务有关的允诺等信息与实际情况不符,对购买行为有实质性影响的;(三)使用虚构、伪造或者无法验证的科研成果、统计资料、调查结果、文摘、引用语等信息作证明材料的;(四)虚构使用商品或者接受服务的效果的;(五)以虚假或者引人误解的内容欺骗、误导消费者的其他情形。"

❷ 《消费者权益保护法》第二十条规定:"经营者向消费者提供有关商品或者服务的质量、性能、用途、有效期限等信息,应当真实、全面,不得作虚假或者引人误解的宣传。经营者对消费者就其提供的商品或者服务的质量和使用方法等问题提出的询问,应当作出真实、明确的答复。经营者提供商品或者服务应当明码标价。"

二、不当商业宣传行为的内涵和性质

(一) 内涵

根据1993年《反不正当竞争法》第九条的规定,学界对此种不正当竞争行为的称谓有两种,虚假宣传行为和虚假广告行为。尽管名称不同,但所指是相同的,前者中的"宣传"包括"广告和其他方法",而后者中的"广告"则是在广义上使用,亦包括"广告和其他方法"。如有学者认为:"在客观上,虚假广告的行为主体必须是利用了广告或其他方式,对商品的质量、价格、制作成分、性能、用途、生产者、有效期限、产地等作引人误解的虚假宣传。❶ 这种行为在国际社会和其他国家又被称为误解行为或误导行为,有时也被称作误导型商业行为。如《巴黎公约》第十条之二中的第(3)项对此种行为的规定:在经营商业中使用会使公众对商品的性质、制造方法、特点、用途或数量易于产生误解的表达或说法。德国于2004年通过的《反不正当竞争法》第5条和第5a条则称这种行为为误导型商业行为,前者指通过积极通讯(含有导致欺诈的不实信息或其他信息)实施误导,后者指通过事实的遗漏实施的误导。❷ 这种不同的称谓源于人们对此种现象认识的侧重点不同。虚假宣传行为侧重于突出行为的手段、方式与性质;误导行为则偏重于强调虚假宣传所造成的误认和误购后果。

在我国,虚假宣传行为、虚假广告行为和误导行为往往被通用或混合使用,用来表示同类或同样的不正当竞争行为。然而,本书将不再延续学界传统的称谓,转而采用不当商业宣传行为的叫法,原因明示如下:第一,新修订的《反不正当竞争法》第八条首次提出商业宣传的概念,很明显有区别于原来的虚假宣传之意;第二,从第八条第一款规定可知,虚假

---

❶ 邵建东,方小敏,王炳,唐晋伟.竞争法学[M].北京:中国人民大学出版社,2009:142.

❷ 弗诺克·亨宁·博德维希.全球反不正当竞争法指引[M].黄武双,刘维,陈雅秋,译.北京:法律出版社,2015:299-301.

宣传和引人误解的商业宣传是并列的，二者并不能相互包含。第三，由于"宣传"的意思是"对群众说明讲解，使群众相信并跟着行动"❶，并没有说明采取什么方式宣传，原则上应该包括"广告和其他方法"。所以，笔者认为采不当商业宣传行为比较恰当。综合考察第八条两款的规定，不当商业宣传行为是指经营者采取除广告和其他方式对其商品的性能、功能、质量、销售状况、用户评价、曾获荣誉等作虚假或者引人误解的商业宣传，欺骗、误导消费者，或者通过组织虚假交易等方式，帮助其他经营者进行虚假或者引人误解的商业宣传。当然，此处的不当商业宣传行为含义仅与我国法律规定相契合，其他国家则有其对该种类似行为的称谓和赋予的不同内涵。

（二）性质

现代市场经济条件下，商品和服务的供应十分丰富，经营者之间的竞争异常激烈。"酒香不怕巷子深"的商业时代也已经一去不复返了，"瓜好还得吆喝着卖"。为了激发消费者的购买欲望，达到占有市场份额的目的，经营者都争先恐后、不遗余力地推销宣传自己的商品。消费者也通过商家的宣传，了解经营者及其商品的各种信息，货比三家后选择购买自己中意的商品，实现明白消费。虽然，消费者最终是否购买商品是由商品本身的质量、效能、价格等因素来决定，但商业宣传在市场竞争中开路先锋的角色，对于引起消费者的关注和兴趣、促进购买或改变其选择消费决策仍然起着不可低估的作用。可以说，商业宣传的吸引力由此转换为经营者的市场竞争优势。❷

经营者进行商业宣传本无可厚非。正当的商业宣传会为消费者传递真实必要有效的信息，使消费者对商品作出正确的判断、比较和购买决策，形成效能竞争。然而，对于本性就是逐利的经营者而言，一切有利可图的东西都难免被其加以滥用，商业宣传亦是如此。在正当商业宣传发挥着其积极有效的竞争手段作用时，不正当的商业宣传如影相随，恶化着竞争环境，对多方主体的利益造成损害。不正当的商业宣传提供的是虚假或引人误解的信息，

---

❶ 中国科学院语言研究所词典编辑室. 现代汉语词典 [M]. 北京：商务印书馆，1996：1424.

❷ 吕明瑜. 竞争法制度研究 [M]. 郑州：郑州大学出版社，2004：174.

诱使消费者上当受骗，陷入错误的判断，作出本不会作出的决策，直接损害消费者的合法权益。同时，剥夺了本应属于其他正当经营者的交易机会，侵害了他们的经济利益，妨碍了优胜劣汰的竞争法则，破坏了市场公平的竞争秩序，阻碍了社会整体利益的实现步伐，是一种典型的不正当竞争行为。因此，各国及国际的反不正当竞争法均对此类行为予以普遍禁止和规制。

前已述及，《巴黎公约》第十条之二中的第三项对误导性表达行为进行了特别禁止，没有提及欺骗性表达。世界知识产权组织《反不正当竞争保护示范条款》称这种行为为"误导公众行为"，并在第四条规定：在工商业活动中，对某个企业或它的活动，尤其是它所提供的商品或服务的误导或者可能误导公众的任何行为或优劣，构成不正当竞争行为；误导可能产生于广告或宣传，尤其是有关下列事项：①产品的制造过程；②产品或服务对特定目的的适合性；③产品或服务的质量、数量或其他特性；④商品或服务的地理来源；⑤对商品或服务所承诺或提供的条件；⑥产品或服务的价格或者其价格的计算方式。世界知识产权组织通过对该条规定进行全面、系统地解释，确定了一系列规制误导行为的制度与原则。

美国1914年颁布的《联邦贸易委员会法》第五条有一个原则规定："商业中或影响商业的不正当竞争手段，不公平或欺骗性行为、做法"均视为违法。[1] 普通法中的反不正当竞争规则禁止各式各样的假冒行为和两种类型的不正当营销行为，即虚假广告与产品贬损。虚假广告是虚假陈述自身产品或服务的质量；而产品贬损是对竞争者产品或服务的质量作虚假陈述。[2] "虚假广告的典型模式是：某竞争者宣传其产品具有某些品质，事实上却没有，反而是其竞争者的产品具备这些品质。"[3]

---

[1] 15 U.S.C. §45 (a). 转自 [德] 弗诺克·亨宁·博德维希. 全球反不正当竞争法指引 [M]. 黄武双，刘维，陈雅秋，译. 北京：法律出版社，2015：778-779.

[2] 弗诺克·亨宁·博德维希. 全球反不正当竞争法指引 [M]. 黄武双，刘维，陈雅秋，译. 北京：法律出版社，2015：790.

[3] McCarthy, Lanham Act §43 (a): The Sleeping Giant is Now Wide Awake, 59 Law & Contemp. Probs. 45, 54 (1996). 转自弗诺克·亨宁·博德维希. 全球反不正当竞争法指引 [M]. 黄武双，刘维，陈雅秋，译. 北京：法律出版社，2015：790.

英国在《保护消费者免受不正当交易规则》中对针对消费者的不正当竞争行为作出一般性禁止规定。未尽勤勉义务且实质性扭曲或可能实质性扭曲一般消费者经济行为的商业行为，会被认为不正当。其中第五至七条规定禁止误导行为和压迫行为。包括因作为或不作为造成误导的行为，以及导致或可能导致消费者作出不同决策的行为。这些条款不仅适用于广告，也适用于经营者可能用于与公众通讯的任何手段。❶《保护经营者免受误导营销行为规则》是规制经营者之间的不正当竞争，特别是误导广告及比较广告的主要制定法。其中第三条规定，如果某广告，无论以何种方式，使得被传达广告的经营者受到欺诈或有受欺诈的可能，并且，由于广告的欺诈性，使得经营者的经济行为可能受有影响，则该广告就构成误导。可见，英国认为误导广告不仅会对消费者造成损害，同时也会侵害到经营者的利益。

德国《反不正当竞争法》第五条规定了两种类型的误导行为。一是通过积极陈述含有导致欺诈的不实信息或其他信息而实施的误导型商业行为。这些信息是否构成欺诈是对一般消费者而言的。所谓的一般消费者是理性、谨慎、有经验但仍受周围环境影响的人。而且，根据该法第三条第二款的规定，这些欺诈性的信息还必须影响消费者作出交易决定。二是通过对相关事实的遗漏实施的误导行为。不过，唯有负有相关事实的披露义务时，隐藏某种事实才构成"不正当"。如果这种义务并非来自法条、合同或先行行为，则其可能来自该事实本身对目标群体的"极其重要性"。这种隐藏行为必须对消费者的商业行为产生影响。❷

三、不当商业宣传行为的类型及认定

（一）类型

在现实经济生活中，经营者对商品或服务的商业宣传方式形形色色、多种多样。由于不当商业宣传是商业宣传的伴生物，所以有多少种形式的

---

❶ 弗诺克·亨宁·博德维希. 全球反不正当竞争法指引 [M]. 黄武双，刘维，陈雅秋，译. 北京：法律出版社，2015：753.

❷ 同❷，299-301.

商业宣传就有多少种不当商业宣传。我们可以从不同角度对不当商业宣传进行分类。如根据宣传是否必须借助于一定的媒介手段可将其区分为不当商业广告行为和其他宣传行为；根据宣传内容的性质可以区分为虚假的商业宣传和引人误解的商业宣传；根据宣传的主体不同可以区分为广告主的商业宣传和广告经营者的商业宣传。❶ 也有学者从宣传的客体进行分类，如可分为对商品质量、价格、制作成分、性能、用途、生产者、有效期限、产地等的虚假宣传。❷

我国现行《反不正当竞争法》第八条对于不当商业宣传有两款规定，第一款规定经营者不得对自己提供的商品信息进行虚假或引人误解的商业宣传，第二款规定经营者不得帮助其他经营者进行虚假或引人误解的商业宣传。由此，从经营者是否为自己的商品进行商业宣传来区分为经营者为自己商品进行的不当商业宣传和经营者帮助他人进行的不当商业宣传。

（二）认定

认定不当商业宣传行为依据《反不正当竞争法》第八条应包括三个要件，主体、行为和结果。

1. 主体

本条规定的经营者包括两类：一类是直接为自己的产品进行不当商业宣传的经营者，另一类是帮助其他经营者进行不当商业宣传的经营者。前者若为吹喇叭者，后者即为敲边鼓的。需要注意的是，经营者不一定是依法登记注册的合法经营者，像帮助其他经营者进行不当商业宣传的经营者，往往是一两个自然人召集一些社会上的闲杂人员在网吧为其他经营者刷单炒信进行虚假宣传，故这一两个召集人因为是组织者，在帮助其他经营者进行不当商业宣传的行为中起着主要和决定性的作用，可认定为经营者，而其他人员是违法行为的普通参与者，应受到批评教育等其他形式的

---

❶ 种明钊．竞争法［M］．北京：法律出版社，1998：226．

❷ 邵建东，方小敏，王炳．竞争法学［M］．北京：中国人民大学出版社，2009：138-141．

处罚。经营者也不一定是长期固定的组织或单位、企业，有时也包括那些临时的组织或单位，如某工程筹委会等，为了利益也会进行不当商业宣传。因此，是否不当商业宣传的主体应当根据具体行为情况而定。

2. 行为

不当商业宣传行为认定时应当注意以下几点：

第一，宣传的性质属于商业性的，非商业性宣传不包括在内。那么何谓商业宣传？有人认为，所有的商业宣传（包括商业广告），都是经营者通过一定媒介和形式直接或者间接地介绍自己所推销商品或者服务的促销行为或者信息。[1] 依笔者看来，经营者的宣传包括方方面面、多种形式，由于经营者的根本目的就是为了赢利，其任何宣传行为其实都是为此目标的实现，只不过有的直接可以带来利润，有的是间接带来利益。比如，企业所作的公益活动，如捐赠贫困大学生学费，资助他们上学，在这当中，企业并不赢利，相反还要付出资金，但这样的活动使得企业通过承担一定的社会责任树立并提高了正面社会形象，容易赢得消费者的好感，抢占市场份额，获取更多的利润。这是一种间接的商业宣传。在竞争法中，讨论直接的商业宣传或许更有意义，即经营者围绕着其提供的商品或服务向社会大众所作的有关信息告知，因为这样的社会告知明确指向潜在的交易方，会带来直接赢利的市场交易活动，对市场竞争秩序有着确定的影响。自然，这样的商业宣传不同于其他主体所作的非商业宣传，如政府部门的普法宣传、社会组织的公益宣传等。

第二，宣传的方式不做要求。新《反不正当竞争法》没有再规定"在商品上""广告"和"其他方式"之类的宣传方式，经营者以什么样的方式进行宣传在所不论。广告是经营者常用的宣传方式，故，商业宣传可分为商业广告及其他非广告商业宣传。根据我国《广告法》的相关规定，广告必须通过一定的媒介和形式进行，如，通过广播、电视、报纸、期刊、印刷品、电话、互联网、户外广告等媒介和形式进行的宣传，即属于商业

---

[1] 黄璞琳. 基层执法人员如何认定虚假宣传？[J]. 工商行政管理，2018（6）33-35.

广告。商业广告之外的商业宣传方式也很多,诸如,(1)经营者依照《消费者权益保护法》《产品质量法》《食品安全法》《药品管理法》等法律法规的规定,为保证消费者的知情权,必须向消费者提供信息,如标签、价格、使用说明书等。这些法定披露信息义务实际上也是成为经营者宣传商品的方式。(2)在营业场所内对商品进行演示、说明;召开宣传会、推介会、展览会、展销会、博览会、订货会等各种交易性活动,在这些交易活动中,经营者一般也以展示实物为主,并以专人讲解和示范产品的使用方法等形式进行现场宣传,有时还配合散发一些材料。由于直接接触购买者,宣传内容和形式灵活而且直观。(3)户外张贴、散发、远程邮寄产品说明书或者其他宣传材料,以及上门推销等。(4)发表文章或举办新闻发布会、产品鉴定会、座谈会等各种商品专门介绍性活动。这些活动具有客观、公正、正规、隆重的特点,规格较高,容易产生轰动效应,更易赢得购买者的信任,也是经营者最想利用的一种宣传方式。(5)公共场合下领导人的讲话。在企业开工、开业、工程竣工、投产、签订合同等庆典活动中,或赞助文艺晚会、公益事业等赠资场合,企业负责人往往要作简短讲话,在这些讲话中适时而巧妙地介绍自己的商品或服务,也能产生较好的宣传效果,也是经营者不容错过的宣传机会。(6)利用特定的消费者现身说法也是经营者常用的宣传方式。总之,对自己的商品或服务除了以"广告""广而告之"外,经营者总是想方设法利用一切可用的手段进行推销,随着社会的发展,商业宣传方式推陈出新,花样繁多,数不胜数。

　　第三,宣传的对象是与经营者提供商品或服务相关的所有信息。这些信息既包括商品或服务本身的自然属性信息,如商品的性能、功能、产地、用途、质量、成分、有效期限等,服务的标准、质量、时间、地点等,也包括商品的生产者、销售者、服务提供者的信息,如资质、规模、曾获荣誉、与知名企业、知名人士的关系等,还包括商品的市场信息,如价格、销售状况、用户评价、售后服务等。[1] 也就是说,只要可以影响交

---

[1] 王瑞贺. 中华人民共和国反不正当竞争法释义 [M]. 北京:法律出版社,2018:25.

易的有关商品或服务的信息均可囊括在内,因此,本条第一款以"等"字兜底来保护信息的广泛适用性。

第四,宣传的信息或内容是虚假或引人误解的。据此把不当商业宣传分为虚假的商业宣传和引人误解的商业宣传。虚假的商业宣传又可以称为欺诈商业宣传或欺骗性商业宣传,是指在商业宣传中无中生有、虚构根本不存在的事实或观点欺骗消费者。内容虚假,即内容不真实,与实际情况不符。鉴于商业宣传和商业广告的类似性,借鉴新《广告法》第二十八条❶的规定,虚假商业宣传可以分为以下四种形式:

第一,商品或者服务不存在谎称存在。这是典型的无中生有、弄虚作假,将子虚乌有的东西宣传得煞有介事,像真的一样。有的经营者在宣传时很"任性",罔顾事实,信口开河,想怎么说就怎么说。其中,传销是最大的商业宣传骗局,受到法律的严厉打击。另外一个例子就是,有的网上商家宣称自己售卖的都是国际大牌的尾单和原单货,绝对正宗,跟专卖店品质一模一样。其实这些号称售卖名牌尾单、原单的网店,卖的都是假冒产品。根本没有"尾单""原单"❷这样的商品存在。❸

第二,商品或服务是存在的,但对商品或服务的有关信息作虚假陈述和告知。这种情形是对商品的性能、功能、质量、销售状况、用户评价、

---

❶ 我国《广告法》第二十八条规定:"广告以虚假或者引人误解的内容欺骗、误导消费者的,构成虚假广告。

广告有下列情形之一的,为虚假广告:(一)商品或者服务不存在的;(二)商品的性能、功能、产地、用途、质量、规格、成分、价格、生产者、有效期限、销售状况、曾获荣誉等信息,或者服务的内容、提供者、形式、质量、价格、销售状况、曾获荣誉等信息,以及与商品或者服务有关的允诺等信息与实际情况不符,对购买行为有实质性影响的;(三)使用虚构、伪造或者无法验证的科研成果、统计资料、调查结果、文摘、引用语等信息作证明材料的;(四)虚构使用商品或者接受服务的效果的;(五)以虚假或者引人误解的内容欺骗、误导消费者的其他情形。"

❷ 据有些商家的解释:因为国内的人工比国外便宜,国外大品牌就提供面料、版型,到国内寻找厂家生产。质量合格的,就是专卖店里的"正品"。"原单货"就是生产厂家用加工时节约出的原料,偷偷加工成的产品。它和"真货"的唯一区别,不过是"庶出"而已。而"尾单"是指有些小瑕疵,本应销毁的商品,生产商偷偷拿出来售卖。

❸ 陈宋波. 网上买国际大牌,千万别信原单货 [N/OL]. 重庆晨报, 2013-04-15 [2018-8-02].

曾获荣誉等做虚假的商业宣传。有的为了攀龙附凤，专门捏造一些虚幻的"龙凤"，如为了增强自身知名度，吸引更多的患者就医，射洪县一个体医疗门诊打起了"歪主意"，虚构捏造自己的诊所为"北京民生医院协作医疗单位"，并对外发布医疗服务广告。而执法人员登录北京市卫生和计划生育委员会官方网站查询，发现北京市并无符合条件的"北京民生医院"这一医疗机构。根据相关法律规定，该医院已涉嫌虚假宣传不正当竞争行为，射洪县工商质监局对当事人虚假商业宣传的行为作出处罚20万元的行政处罚。❶ 有的为提高自身企业形象，利于产品销售，虚构曾获荣誉，如温州君龙游乐玩具有限公司于2014年8月份委托朋友设计设置互联网网站，并免费制作、发布了宣称"温州君龙游乐玩具有限公司是一家集研发、生产、销售及服务'四位一体'的企业……先后荣获'重合同守信用''消费者信得过单位''明星企业'等诸多荣誉……"内容的网页。经查证，当事人没有荣获上述等荣誉。根据有关规定，市工商局决定责令其停止违法行为，并处罚款1.1万元。❷ 目前，网络"刷单"行为猖獗盛行，新法对虚假宣传的具体内容予以细化，明确经营者不得对其商品的"销售状况""用户评价"等作虚假或者引人误解的商业宣传。例如，2015年6月22日，浙江省杭州市余杭区市场监督管理局接群众举报，称当事人南宁某商贸有限公司存在刷单行为。该局在天猫商城网络平台运营公司浙江天猫技术有限公司协助下，迅速开展调查。经核实，当事人为获取更多的商品交易机会，从2015年4月至6月通过网络寻找能提供刷单服务的群体，并以支付一定费用为条件，由这些提供刷单服务的群体为其在天猫商城专卖店上经营的商品进行刷单，形成虚假的商品交易记录。其间，当事人虚构了两百余单的商品交易记录。杭州市余杭区市场监督管理局认定，当事人利用刷单的方式进行虚假交易、提高网店商业信誉的行为，违反了

---

❶ 滕志华，吕苗．谎称为北京某医院协作单位射洪一个体医疗门诊被罚20万［EB/OL］．（2018-03-26）［2018-08-01］．http：//snxw.com/xwzx/bwzj/201803/t20180326_288139.html．

❷ 杨晓燕，鲍南南．互联网违法广告案例：虚构科研成果伪造交易记录［N/OL］．温州日报，（2016-10-13）［2018-8-3］．

《网络交易管理办法》第十九条第一款第（四）项、《反不正当竞争法》第九条第一款的规定，属引人误解的虚假宣传行为。根据《反不正当竞争法》第二十四条第一款的规定，该局对当事人作出行政处罚。❶

第三，宣传中使用虚构、伪造或者无法验证的科研成果、统计资料、调查结果、文摘、引用语等信息作证明材料。这种情况较为常见于宣传中，如"权威机构研究表明……"字样。这种研究如果是虚构、伪造或者无法验证的，属于虚假宣传。如为提高企业知名度，招揽业务，温州长庚耳鼻喉医院有限公司利用自设网站发布违法医疗广告，虚构、伪造或者无法验证的科研成果、统计资料、调查结果等信息作证明材料，且在广告中还出现与其他医疗机构进行比较、医疗技术、患者证明等内容。依据有关规定，温州市工商局责令其停止发布违法广告，并处罚款2万元。❷ 常见的还有虚构品牌故事进行宣传。如最高人民法院指导案例58号：成都同德福合川桃片有限公司诉重庆市合川区同德福桃片有限公司、余晓华侵害商标权及不正当竞争纠纷案，法院认为：与"老字号"无历史渊源的个人或企业将"老字号"或与其近似的字号注册为商标后，以"老字号"的历史进行宣传的，应认定为虚假宣传，构成不正当竞争。成都同德福公司的网站上登载的部分"同德福牌"桃片的历史及荣誉，与史料记载的同德福斋铺的历史及荣誉一致，且在其网站上标注了史料来源，但并未举证证明其与同德福斋铺存在何种联系。此外，成都同德福公司还在其产品外包装标有为"百年老牌""老字号""始创于清朝乾隆年间"等字样，而其"同德福TONGDEFU"及图商标核准注册的时间是1998年，就其采取前述标注行为的依据，成都同德福公司亦未举证证明。成都同德福公司的前述行为与事实不符，容易使消费者对其品牌的起源、历史及其与同德福斋铺的关系产生误解，进而取得竞争上的优势，构成虚假宣传，应承担相应的停

---

❶ 阿拉木斯. 从苏浙沪查办案件看如何打击刷单行为［EB/OL］. 中国工商报网，（2016-05-18）［2018-08-02］. http：//www.cicn.com.cn/zggsb/2016-05/18/cms85669article.shtml.

❷ 杨晓燕，鲍南南. 互联网违法广告案例：虚构科研成果伪造交易记录［N/OL］. 温州日报，（2016-10-13）［2018-8-3］.

止侵权、消除影响的民事责任。❶

第四，虚构使用商品或者接受服务的效果。较为典型的案例如佳洁士牙膏的广告语"使用佳洁士双效炫白牙膏，只需一天，牙齿真的白了"，同时在广告中请中国台湾地区艺人小S（徐熙娣）作为代言人，在镜头塑造前唇红齿白、巧笑嫣然的美丽动人形象。这样的广告效果催生了不少人对佳洁士牙膏的购买欲望。然而，根据上海市工商局的调查，画面中突出显示的美白效果是后期通过电脑修图软件处理生成的，并非牙膏的实际使用效果。这一广告虚构使用商品或者接受服务的效果，违反了广告标的必须维持真实性的原则。因此被认定为虚假广告。工商部门对当事人依法处罚款603万元。❷

引人误解的商业宣传，指经营者对与商品或服务相关的信息作使购买者容易产生错误理解的宣传，诱使购买者对商品或服务产生不切实际的错误理解，从而影响消费者的选择决定。

引人误解的商业宣传的内容通常情况下不能说是虚假的，站在经营者的角度来看有时是真实的，至少部分内容是真实的。只不过经营者选用了含糊不清、有多重语义的用语或故意使用巧妙的措辞、隐瞒的暗示、投机的省略、断章取义的引用以及刻意刁钻的表现角度，使宣传内容表达不确切、不明白而藏有陷阱，具有极大的迷惑性和误导性。❸ 这样宣传的结果会提高消费者对经营者产品的好感度，有时伴有降低其他竞争者的产品声誉，当然，其他竞争者有时是比较明确的，有时是不确定的一个群体。

根据《最高人民法院关于审理不正当竞争民事案件应用法律若干问题

---

❶ 指导案例58号：成都同德福合川桃片有限公司诉重庆市合川区同德福桃片有限公司、余晓华侵害商标权及不正当竞争纠纷案（最高人民法院审判委员会讨论通过2016年5月20日发布），（2016-06-06）[2018-08-03]．https：//www.chinacourt.org/article/detail/2016/06/id/1893355.shtml．

❷ 周琳．佳洁士牙膏美白效果"P"出来？——揭秘虚假广告最大罚单［EB/OL］．（2015-03-09）[2018-08-03]．http：//www.chinanews.com/fz/2015/03-09/7113989.shtml．

❸ 何茂斌．新《反不正当竞争法》虚假宣传条款的理解与适用（上）[N]．中国工商报．2017-12-05（A7）．

的解释》（法释〔2007〕2号）第八条，引人误解的商业宣传主要有三种表现形式：（1）对商品作片面的宣传或者对比。片面性宣传的表现有：故意隐瞒有关商品或服务的一些信息、突出宣传并不是很重要的信息。前者如例如声称某取暖设备能短时间使周围温度达到25摄氏度，却不说明前提条件是在10平方米以内的房间里。药品广告只说所起的效果，却故意不说可能发生的副作用。后者如，有一些商家宣传非转基因食品更安全，其实在我国目前的市场上有些领域根本就不存在转基因食品。针对快过期的食品，商家往往只宣传自己商品价格比平时优惠多少，但只字不提其有效期限。比较广告在我国并非完全被禁止。商家希望通过比较广告，让消费者感觉自己的产品比别家好，这种心情可以理解。但如果不当使用比较广告时，完全可能给其他竞争对手造成损害甚至构成不正当竞争。如2003年7月起，"高露洁"向中国市场推出了一款新产品：高露洁捷齿白美白液。2003年11月，"佳洁士"的深层洁白牙贴也在中国上世。并打出"佳洁士深层洁白牙贴的产品效果是涂抹式美白牙齿液的3倍""……美白牙齿液往往于涂上后数分钟便被唾液冲掉而大量流失，洁白成效相对偏低"等广告语。这样的宣传如果没有事实做基础，即构成虚假宣传。即使有实验数据作为证明，实验机构如果缺乏中立性和独立性，也难免虚假宣传的嫌疑。假如一中立实验机构出具实验数据，则明显也是片面的信息披露，因为牙膏基本的功能是清洁，其次才能谈及美白等其他功效。在比较广告中，如果被比较方能够确定有所指的话，该宣传还可能涉嫌商业诋毁不正当竞争行为。（2）将科学上未定论的观点、现象等当作定论的事实用于商品宣传。例如，一些厂家宣传喝碱性水更健康的观点，其实并没有科学依据。化妆品领域这类商业宣传比较多，如某经销玉兰油的商家宣传该产品"每夜层层排浊，五天净化肌肤"，经查这样的宣传用语仅由产品生产商实验室结果和天然果酸论文来证明，属于将科学上未定论的观点当作定论的事实用于商品宣传。同时，该产品为国产非特殊用途化妆品，其在国产非特殊用途化妆品备案信息服务平台上的备案编号为粤G妆网备字2015072982，信息显示该产品为一款普通类化妆品，备案包装上对产品的介绍文字为"……科学试验表明可以通过在夜间增强角质层而纯化肌肤……",说明是科学试验,与科学定论是不同概念。且其实验室角质层剥脱测试结果显示使用该产品5天后的角质层剥脱率为4.8%,与无处理皮肤3.5%相比也未显著增高,使用"五天净化肌肤"的用语属于对产品性能的夸大宣传,足以造成消费者误解,同时影响了所在市场的公平竞争秩序,被定为引人误解的商业宣传。❶(3)以歧义性语言或者其他引人误解的方式进行商品宣传。例如,宣传"瑞士进口全机械芯手表",既可以理解为机芯是瑞士进口的,也可以理解成手表是瑞士进口的。

3. 结果或目的

不当商业宣传的结果要求是"欺骗、误导消费者"。此处的"欺骗、误导消费者"既可以理解成完成时,也可以理解成将来时。即消费者受此宣传的影响,作出了本不会作出的交易决定,已经购买了该商品,造成了欺诈的实际后果;其他消费者虽然没有购买,但很可能掉入该经营者的宣传陷阱去购买。如,帮助其他经营者进行不当商业宣传者会假扮消费者在店门口排队购物、传播好口碑,这就是俗称的"托儿",使其他不明真相的消费者误认为其商品很畅销,很受市场欢迎。有的消费者随大流就购买了,有的还处于观望时期。但不管怎么样,这已经造成了"欺骗、误导消费者"的后果。

问题是经营者提供的信息即商业宣传的内容并非都是假的,如何断定购买者是因为假的信息而购买的商品?或者是别的真实信息令消费者动了心?如某商场宣称"十周年店庆,三折优惠",实际上该店营业仅九年,就是想凑个整数,明显为虚假信息,但确实在活动中实行了三折优惠,后者的为真实信息。那么商场的宣传行为是否为虚假宣传?那就看此条中的真假信息哪一个更能影响消费者的决策了。由于店庆的年限和优惠的幅度比起来,后者更易促使消费者作出是否购买的决定,有实质性影响,故不宜认定为虚假宣传行为,但店庆的年限确实是假的,该商场应该实事求是

---

❶ 绍兴市越城区人民政府行政复议决定书(越政复决字〔2016〕11号)〔R/OL〕,(2016-12-19)〔2018-08-05〕. http://www.sxyc.gov.cn/col/col1559701/index.html.

进行宣传，相应行政监管机关应对其进行批评教育。

一般地，经营者进行不当商业宣传的目的就是为了欺骗、误导消费者，让消费者购买其商品或服务。如前所述，不当商业宣传包括虚假和引人误解两种类型。面对经营者虚假或者引人误解的商业宣传，普通消费者是无法辨别的，假如他们能够辩认出真假，则不会上当受骗，也不会有被欺骗的可能。例如，某化妆品公司宣传其产品使用后会使人"今年二十，明年十八"，作为普通的理性的消费者都理解这就是一句夸张的广告语，不可能做到真正的逆生长。这样的宣传不宜认定为虚假宣传，只是一种夸张的艺术表达，二者不能混为一谈，否则会扼杀宣传的艺术创造性。即使对一些引人误解的商业宣传用语消费者能够明白有歧义，有时也会与经营者进行核实，如上面所述的"瑞士进口全机械芯手表"，消费者可能会向销售者核实是瑞士进口的手表还是瑞士进口的机械芯，但这并影响经营者引人误解的商业宣传行为的认定。因为由于瑞士制造的手表举世闻名，手表的宣传一旦和"瑞士进口"联系起来，就容易让人产生"瑞士制造"和品质上乘的联想，对于消费者就可能产生购买的欲望甚至付诸行动。然而，一旦是"中国制造"的"瑞士进口全机械芯"的手表呢？对于消费者而言岂不是上当受骗？

因此，经营者虚假或引人误解的商业宣传行为认定中，只要有一个消费者因其不当商业宣传购买了其商品，就符合结果要件。如果没有实质性的"欺骗、误导消费者"后果，则可以从其宣传方式、用语、行为等推定。

四、不当商业宣传与其他违法行为的关系

（一）不当商业宣传行为与商业混淆行为的异同

相同的地方有：第一，二者都是经营者向购买者提供有关商品或服务信息的不正当竞争行为，都有一定的欺骗性。第二，二者都可能用静态的标示方式传递信息。如不当商业宣传者可能会在产品的包装上标明虚假的含量、成分或认证信息，商业混淆行为者也会在产品的包装上标明其他经营者的字号作为自己的商品名称等。

二者的区别如下：第一，不当商业宣传除了比较广告外，一般不会直接损害特定竞争对手的利益，而商业混淆行为则由于盗用其他经营者的商业信誉或商品声誉，一般会直接损害特定竞争对手的利益。第二，不当商业宣传除了用静态的标示方式进行宣传，通常还会用动态的声像宣传手段，是典型的动静结合。而商业混淆行为一般是用静态的方式进行的，特殊情况下也会有声像，如构成商标的某些声像，❶ 但为数不多。第三，不当商业宣传是对经营者自己商品或服务的有关信息进行虚假或引人误解的商业宣传，❷ 换句话说，商品或服务与有关信息不匹配，说明的是商品与信息之间的关系问题。商业混淆行为是经营者擅自使用他人有一定影响的商业标识或者与他人有一定影响的商业标识相似的商业标识，导致来源混淆或关联混淆。经营者实施此种行为的目的是希望自己的商品能够搭上他人商品的便车，卖得好一点，想抹杀自己和他人之间的区别，埋没自我。经营者提供的有关商品的信息是真实的，商品与商品信息之间是匹配的。如果说不当商业宣传的经营者是想让购买者过高地认识自己和购买自己的商品，表现得相对"张扬""高调"，那么商业混淆行为的经营者则是想让购买者尽可能地认为自己的商品是他人的商品，或者至少与他人有一定的联系，进而购买自己的商品，在这个过程中经营者表现得很"沉默""低调"，一般不想让购买者清晰地知道自己是谁。

---

❶ 商标可分为可视性商标和非可视性商标。可视性商标是指可以通过视觉感知的商标，人们所熟知的绝大多数商标都是可视性商标。非可视性商标现在越来越受到重视，一些发达国家的立法已经对此予以获准注册并受到保护。如澳大利亚1995年修订的《商标法》明确规定：可作为商标的标志可以包括声音和气味。再如，英国1994年修订的《商标法》也允许注册气味和声音商标。我国2013年在修订后的《商标法》第八条亦规定："任何能够将自然人、法人或者其他组织的商品与他人的商品区别开的标志，包括文字、图形、字母、数字、三维标志、颜色组合和声音等，以及上述要素的组合，均可以作为商标申请注册。"参见王迁. 知识产权法教程[M]. 北京：中国人民大学出版社，2016：394.

❷ 帮助其他经营者进行虚假或引人误解的商业宣传者虽然不是对属于自己的商品或服务进行宣传，但由于是帮助其他经营者宣传其商品或服务，也可视为对自己的商品或服务有关信息的宣传。

(二) 不当商业宣传与广告违法行为的关系

不当商业宣传分为虚假的商业宣传和引人误解的商业宣传，广告违法行为可分为虚假或引人误解的广告行为和其他广告违法行为。由于商业宣传包括且主要以广告形式出现，所以二者之间还是有一定的关系。

二者的联系：当广告内容虚假或引人误解时，这种行为从反不正当竞争法的角度来看，是一种不正当竞争行为中的不当商业宣传；从广告法的角度来看，又是一种虚假或引人误解的广告行为。根据我国《反不正当竞争法》的规定，此种行为依据《广告法》的相关规定进行处罚。

二者的区别：不当商业宣传属于反不正当竞争法规制的范畴，除了虚假或引人误解的广告行为外的其他不当商业宣传行为受到我国《反不正当竞争法》的约束；广告违法行为属于广告法规制的范围，所有广告行为都应该遵守我国《广告法》的相关规定。从商业宣传的方面来看，我国《反不正当竞争法》有关不当商业宣传的规定是一般法，《广告法》是特别法。

第四节 侵犯商业秘密行为

一、《反不正当竞争法》关于侵犯商业秘密行为的规定及修订

(一) 2017 年修订前的规定

1993 年《反不正当竞争法》第十条对此行为进行了规定：

第十条 经营者不得采用下列手段侵犯商业秘密：

(一) 以盗窃、利诱、胁迫或者其他不正当手段获取权利人的商业秘密；

(二) 披露、使用或者允许他人使用以前项手段获取的权利人的商业秘密；

(三) 违反约定或者违反权利人有关保守商业秘密的要求，披露、使用或者允许他人使用其所掌握的商业秘密。

第三人明知或者应知前款所列违法行为，获取、使用或者披露他人的商业秘密，视为侵犯商业秘密。

本条所称商业秘密，是指不为公众所知悉、能为权利人带来经济利益、具有实用性并经权利人采取保密措施的技术信息和经营信息。

（二）2017 年修订后的规定

需要说明的是，关于商业秘密的条款近期先后经过了两次修订，第一次是 2017 年，第二次是 2019 年。❶

2017 年《反不正当竞争法》第九条规定如下：

第九条 经营者不得实施下列侵犯商业秘密的行为：

（一）以盗窃、贿赂、欺诈、胁迫或者其他不正当手段获取权利人的商业秘密；

（二）披露、使用或者允许他人使用以前项手段获取的权利人的商业秘密；

（三）违反约定或者违反权利人有关保守商业秘密的要求，披露、使用或者允许他人使用其所掌握的商业秘密。

第三人明知或者应知商业秘密权利人的员工、前员工或者其他单位、个人实施前款所列违法行为，仍获取、披露、使用或者允许他人使用该商业秘密的，视为侵犯商业秘密。

本法所称的商业秘密，是指不为公众所知悉、具有商业价值并经权利人采取相应保密措施的技术信息和经营信息。

2019 年又将第九条修改为：

第九条 经营者不得实施下列侵犯商业秘密的行为：

（一）以盗窃、贿赂、欺诈、胁迫、电子侵入或者其他不正当手段获取权利人的商业秘密；

（二）披露、使用或者允许他人使用以前项手段获取的权利人的商业

---

❶ 2019 年 4 月 23 日第十三届全国人民代表大会常务委员会第十次会议通过关于修改《中华人民共和国建筑法》等八部法律的决定，其中包括对《中华人民共和国反不正当竞争法》涉及商业秘密的四个条款的修改。

秘密；

（三）违反保密义务或者违反权利人有关保守商业秘密的要求，披露、使用或者允许他人使用其所掌握的商业秘密；

（四）教唆、引诱、帮助他人违反保密义务或者违反权利人有关保守商业秘密的要求，获取、披露、使用或者允许他人使用权利人的商业秘密。

经营者以外的其他自然人、法人和非法人组织实施前款所列违法行为的，视为侵犯商业秘密。

第三人明知或者应知商业秘密权利人的员工、前员工或者其他单位、个人实施本条第一款所列违法行为，仍获取、披露、使用或者允许他人使用该商业秘密的，视为侵犯商业秘密。

本法所称的商业秘密，是指不为公众所知悉、具有商业价值并经权利人采取相应保密措施的技术信息、经营信息等商业信息。

（三）改变部分及解析

2017年3月15日，全国人大发布的《中华人民共和国民法总则》第一百二十三条明确了商业秘密属于民事主体依法享有的知识产权。新《反不正当竞争法》对商业秘密相关内容相应地也做了很多调整修改，体现了国家对商业秘密保护的态度和决心。

其一，对"商业秘密"的含义做了重新界定。与1993年旧法相比有三处变化：一是新法将"能为权利人带来经济利益、具有实用性"改为"具有商业价值"。此种改变主要是因为旧法具有实用性的规定，在司法实践中产生了很多争议，何为实用性以及如何证明具有实用性给权利人的法律维权增加了不必要的负担，比如经营信息中的客户名单是否具有实用性、技术研发过程中失败的实验数据是否具有实用性等，容易引发歧义和争议，导致一些具有"消极价值"但没有"积极价值"的商业秘密难以得到保护。此次新反不正当竞争法表述的"具有商业价值"就准确把握了商业秘密的实质属性，所谓的"商业价值"就是能够在市场竞争中提升竞争优势。由于不再考量是否给权利人带来多少经济利益，不再考虑是否具有实用性，更侧重于保护权利人的商业价值及其体现出的市场竞争优势，等于降低了商业秘密保护的门槛，无疑扩大了商业秘密保护的范围。例如，某高新技术企业投入1000万元研发经费、12名工程师，历时1年仅研发出部分创新成果，无法做成产品投放市场，也不能提交专利申请。但在研发过程中产生的大量的图纸、技术参数、工艺、诀窍、电子数据等具有商业价值，竞争对手获得后能够节省经费、时间、人力，少走研发弯路，这就是商业价值，理所应当作为商业秘密加以保护。二是在"保密措施"前增加了"相应"二字，明确了权利人采取保密措施的标准是"相应"，如此修改更切合企业保密实际。三是将"技术信息和经营信息"改为"技术信息、经营信息等商业信息"，如此修改透露出两个信息，第一，明确了商业秘密和商业信息的关系，即商业信息包含商业秘密，商业秘密就是符合法定条件的商业信息，信息主要表现为技术信息和经营信息；第二，一个"等"字就说明商业秘密范围不再局限于技术信息和经营信息，现实中可能有些信息既不属于技术信息又不属于经营信息，但却对主体有商业价值，所以法律规定只要属于商业信息，就有成为商业秘密的可能，从而提高了商业秘密范畴的包容性、开放性，也扩大了商业秘密的范围，门槛更低。

其二，调整并增加列举获取商业秘密的不正当手段。新法将"利诱"替换为"贿赂"，同时增加了"欺诈"和"电子侵入"行为。前者体现了法律用语的严谨，"利诱"本非法律概念，"贿赂"的使用也与新法中商业贿赂行为规定条文相一致，因为他们本质相同。"欺诈"也是侵权人常用的不正当手段；增加"电子侵入"，则是因为随着企业商业秘密的数据化、信息化程度逐渐提高，以非法侵入、拖库撞库、端口监听、爬虫软件等电子侵入方式非法窃取企业数据化商业秘密的情形日渐频繁。所以，增加列举不正当获取商业秘密手段更便于准确执法。

其三，增加了侵权行为种类，即第四项"教唆、引诱、帮助他人违反保密义务或者违反权利人有关保守商业秘密的要求，获取、披露、使用或者允许他人使用权利人的商业秘密。"这实际上是对第三项合法掌握商业秘密人侵权行为的一种补充规定，第三项是合法掌握商业秘密人主动违法的情形，第四项是合法掌握商业秘密人被动违法的情形，只不过此种情形下"教唆、引诱、帮助"者和合法掌握商业秘密人往往共同构成侵权，实则扩大了侵权主体范围。

其四，对视为侵犯商业秘密的行为规定部分进行了改变和细化。表现有二，一是增加了对非经营者的约束，即"经营者以外的其他自然人、法人和非法人组织实施前款所列违法行为的，视为侵犯商业秘密。"同样也是扩大了侵权主体范围，实现了法律间的协调。以往，经营者侵犯商业秘密依据反不正当竞争法，如果是非经营者，则会适用相关侵权法律法规，从此无论是否经营者，只要侵犯他人商业秘密均可适用反不正当竞争法，实现了处理依据上的统一。也有专家表示，此次修法是回应今年三月刚刚通过的《外商投资法》，如《外商投资法》规定行政机关及其工作人员对于履行职责过程中知悉的外国投资者、外商投资企业的商业秘密负有保密义务，并规定了相应的惩罚措施。作为对《外商投资法》的回应，《反不正当竞争法》应该适时修改，保证法律体系的自洽。❶ 不过，这样一来，却是对第二条不正当竞争行为主体要求的突破，如何适用值得进一步探讨。二是对第三人侵犯商业秘密的行为规定更加具体化。与1993年旧法相比，新法增加了"商业秘密权利人的员工、前员工或者其他单位、个人"内容。之所以明确列举上述人员，尤其是列举商业秘密权利人的员工和前员工，是因为商业秘密侵权行为大多是由"内鬼"或内外勾结实施完成的，因此，新反不正当竞争法将常见侵权行为主体作了列举，以便于法律的执行，也有利于发挥法律的警示作用。虽然是在第三人侵犯商业秘密的行为规定部分得以体现，但实际上扩大了侵犯商业秘密行为的主体范围。

由以上可知，修改后的条款在很大程度上扩大了侵犯商业秘密行为的主体适用范围，并增加了侵权类型，弥补了原来对商业秘密保护的漏洞，说明国家加大了对商业秘密知识产权保护的力度。

---

❶ 周斌.《反不正当竞争法》修改后的四大看点[EB/OL].（2019-05-08）[2019-06-02]. http：//www.labour-daily.cn/ldb/node37620/n65998/u1ai447518.html.

二、侵犯商业秘密行为的内涵和性质

（一）内涵

何为侵犯商业秘密行为？法律只是给出了侵犯商业秘密行为的一些类型或表现形式，没有对其内涵进行具体界定。一般认为，侵犯商业秘密行为就是行为人为了竞争目的，通过不正当手段获取、披露、使用或允许他人使用权利人的商业秘密，从而损害权利人利益的行为。

（二）性质

1. 商业秘密及其重要性

商业秘密是随着市场经济的发展、竞争的展开以及法律的完善而逐渐形成的一个法律术语。从国际范围看，学理和立法对商业秘密概念的内涵界定仍不统一。根据《布莱克法律词典》的解释，商业秘密是指用于商业的配方、模型、设计或信息的汇集，而这种信息能使人相对于其他不知或不使用的竞争者有更多获得利益的机会。通俗地理解，商业秘密是经营者特有的祖传秘方、专有技术、经营诀窍等人无我有、人有我新、人新我奇的商业信息，与其他非商业秘密信息相比，在激烈竞争的商场上，商业秘密是经营者进行市场竞争的优势所在，是竞争取胜的法宝，对经营者的生存和发展至关重要，有时直接决定经营者的生死存亡。因此经营者对自己的商业秘密定会倾尽全力加以保护，一旦泄密，可能遭遇灭顶之灾。正如美国参议院报告所指出的："在今天，商业秘密的价值犹如工厂之于企业的价值一样，盗窃商业秘密所造成的损害甚至比纵火者将工厂付之一炬的损害还要大。"[1]

2. 侵犯商业秘密的不正当竞争性

无论理论界学者还是实践工作者，都倾向于把商业秘密看作是一种权利，只不过有的将其看作一种无形的财产权，如有学者认为"实际上商业秘密可以被看成一种矿藏，任何工人通过诚实劳动，就可以得到相同或相

---

[1] 孔祥俊. 反不正当竞争法新论 [M]. 北京：人民法院出版社，2001：693.

似的矿石，取得财产权。商业秘密也可以被看成一种庄稼，任何农民通过自己的诚实劳动，都可以为自己收获相同或相似的一批收成，取得财产权。"❶ 还有的学者认为其是特殊的知识产权，因为商业秘密所包含的技术信息和经营信息同样是人类创造性智力活动的一种成果，其开发、研制和形成同样需要权利人投入巨大的人力、物力、财力特别是智力。❷ 通过自己的诚实劳动获得商业秘密的经营者对其具有一定的独占性，其他人要想获得同样的商业秘密，要么通过正当的劳动，要么通过合法的途径。

然而，在激烈的市场竞争条件下，一些经营者迫于竞争的压力或利欲熏心，采用非法的手段获取、披露、使用或允许他人使用权利人的商业秘密，使秘密公开化，不可控制地扩散，破坏了权利人的竞争优势，损害了权利人的合法利益。这等于窃取了他人的诚实劳动，使其劳动果实没有任何回报地付诸东流、毁于一旦，是一种典型的侵权行为，从竞争法来看也不具有法律上的正当性，是一种不正当竞争行为。

鉴于经济全球化带来的市场竞争的普遍性，商业秘密越来越成为企业的核心竞争力，越来越受到世界各国的关注与重视。而权利人对商业秘密保护的薄弱性和不确定性，对商业秘密给予法律保护是有关国际条约和各国法律的统一做法。

《巴黎公约》虽然没有对商业秘密作出单独的规定，但其有关反不正当竞争的规定即第十条之二的内容构成了世界贸易组织1994年《与贸易有关的知识产权协议》（以下简称Trips协议）中有关商业秘密保护制度的法律基础，❸ 确认侵犯商业秘密是一种不正当竞争行为。Trips协议第三十九条二款规定：

"只要有关信息符合下列三个条件：

---

❶ 张玉瑞. 商业秘密法学 [M]. 北京：中国法制出版社，1999：308.
❷ 邵建东，方小敏，王炳，唐晋伟. 竞争法学. 北京：中国人民大学出版社，2009：158.
❸ 《与贸易有关的知识产权协议》第39条1款规定：在保证按照巴黎公约1967年文本第10条之2规定为反不正当竞争提供有效保护的过程中，成员应依照本条2款，保护未披露过的信息；应依照本条3款，保护向政府或政府的代理机构提交的数据。

在一定意义上，其属于秘密，就是说，该信息作为整体或作为其中内容的确切组合，并非通常从事有关该信息工作之领域的人们所普遍了解或容易获得的；

因其属于秘密而具有商业价值；

合法控制该信息之人，为保密已经根据有关情况采取了合理措施；

则自然人及法人均有可能防止他人未经许可而以违背诚实商业行为的方式，披露、获得或使用合法处于其控制下的该信息。"

Trips协议第三十九条认为，凡是未披露的信息如果具有三个条件，即应被当作商业秘密给予保护。第一，不是一般人可轻易得到的；第二，有商业价值；第三，权利人为它的保密采取了具体措施。事实上，Trips协议中所说的"未披露的信息"就是我们常说的"商业秘密"。❶

各国对商业秘密的保护规定大体与上面的Trips协议相差无几，只是保护的具体方式有所不同：有的主要通过反不正当竞争法保护，如德国、日本、韩国等；有的主要通过知识产权法保护，如法国、意大利；有的主要通过普通法上的违反保密义务之诉保护，如澳大利亚、加拿大；有的制定了专门的商业秘密保护法，如美国的《统一商业秘密法》、欧盟的《商业秘密保护指令》。❷ 我国主要通过《反不正当竞争法》来保护商业秘密，其次在《民法总则》《刑法》《劳动法》以及《劳动合同法》中也有一些相关的规定。

三、侵犯商业秘密行为的认定

侵犯商业秘密的类型或表现形式多种多样、极为复杂，各国规定及国际立法也存在差异。本书将依据我国《反不正当竞争法》第九条的规定进行分类。根据侵权人是否直接侵犯权利人的商业秘密分为直接侵犯商业秘密行为和间接侵犯商业秘密行为。直接侵犯商业秘密行为根据侵权人是否为商业秘密的合法知悉人又可分为非法获取、披露、使用或允许他人使用

---

❶ 郑成思. WTO知识产权协议逐条讲解 [M]. 北京：中国方正出版社，2001：130-131.

❷ 王瑞贺. 中华人民共和国反不正当竞争法释义 [M]. 北京：法律出版社，2018：28-29.

权利人的商业秘密和合法掌握但非法披露、使用或允许他人使用权利人的商业秘密。与其他不正当竞争行为不同，侵犯商业秘密行为在认定时，只需要从主体和行为两个方面展开，不需要结果或后果，因为商业秘密一旦被他人侵害，一般情况下就不再是秘密了。即使法院有时判决侵权人不得再对外披露，至少不是权利人理想的秘密状态，侵犯行为本身就已经是结果了。

无论是哪种类型的侵犯商业秘密行为，原告和被告都会围绕着所涉信息是否为商业秘密进行论证，在肯定为商业秘密的前提下才能确定侵犯商业秘密行为是否成立，是否要承担相应的法律责任。因此，商业秘密的界定非常重要。

（一）商业秘密的认定

第九条第三款规定："本法所称的商业秘密，是指不为公众所知悉、具有商业价值并经权利人采取相应保密措施的技术信息和经营信息等商业信息。"据此，商业秘密需要具备四个构成要件。

1. 商业秘密是一种商业信息，具有可转让性

"信息"根据字典的解释是："音信；消息；信息论中指用符号传送的报道，报道的内容是接收符号者预先不知道的。"[1] 通俗地讲，"信息"就是"知识"，商业信息就是可为信息主体带来竞争优势或竞争机会，从而最终会带来物质利益的知识，因此，商业秘密就是一种商业信息，它是人类智力活动的产物，具有非物质性和利益性，是无体财产的一种。[2] 其实，现代社会已是信息化的社会，也是名副其实的竞争社会，大量信息铺天盖地，根据第九条规定，商业秘密主要表现为两种信息，技术信息和经营信息。所谓技术信息，是指"人类在利用自然和改造自然的过程中积累起来

---

[1] 中国社会科学语言研究所词典编辑室. 现代汉语词典 [M]. 北京：商务印书馆，1996：1404.

[2] 黄赤东，孔祥俊. 反不正当竞争法及配套规定新释新解 [M]. 北京：人民法院出版社，1999：360.

并在生产劳动中体现出来的经验和知识,也泛指其他方面的操作技巧"。❶ 具体而言,包括设计图纸、研究成果、研究报告、图表、公式、实验数据和计算结果、工艺流程、生产记录和数据、产品配方、操作指南和技巧、测试方法和结果等。所谓经营信息,是指"筹划并管理(企业等)"❷方面的信息,具体包括企业组织机构的变更计划、企业人员改组调配计划、企业经营资信状况、企业财务状况、资产购置计划、产品推销计划、广告营销计划、客户名册、原料来源情报、招投标价格、上市计划等。除此之外,还有其他商业信息,如心电算法、计算机系统数据及应用程序等。

在认定一项信息是否商业秘密时,需要注意以下几点:

第一,不能将信息载体当作商业秘密。商业秘密大多需要通过有形的物质才能表现出来,如图纸、书籍、光盘、磁盘等,因此,要把商业秘密与其载体或物质表现形态区别开来,不能以是否有外在载体为衡量商业秘密的标准,有的商业秘密是不需要载体的,比如,有些技术数据就存在于科技人员的头脑中。当商业秘密泄露后,更不能以载体的价值代替商业秘密的价值。通常情况下,载体上所承载的信息要远远高于载体本身的价值,比如,一个公式很昂贵,但写有该公式的一张纸的价值却不能与其同日而语。

第二,信息可以独立存在并且具有可转让性。一项完整的信息不能脱离掌握他的人而独立存在,换句话说,某些个人的特长是不应该包括在商业秘密之内,因为它与个人的禀赋有关,往往因人而异,不可传授和转让。如口技就不是商业秘密,即使师傅教会了徒弟,徒弟也无法表演出和师傅一模一样的口技水平。但商业秘密不同,任何人只要使用它,就会产生与其权利人一样的效果,尤其是经济效果。

---

❶ 中国社会科学语言研究所词典编辑室.现代汉语词典[M].北京:商务印书馆,1996:598.

❷ 中国社会科学语言研究所词典编辑室.现代汉语词典[M].北京:商务印书馆,1996:665.

2. 商业秘密应不为公众所知悉，具有秘密性

秘密性是商业秘密最核心的特征，法律上的表述即"不为公众所知悉"，即商业秘密所指向的信息必须是"不为公众所知悉"的，否则众所周知不能成为商业秘密。原国家工商行政管理局《关于禁止侵犯商业秘密行为的若干规定》第二条第二款对此解释为："本规定所称不为公众所知悉，是指该信息是不能从公开渠道直接获取的。"最高人民法院《关于审理不正当竞争民事案件应用法律若干问题的解释》第九条对此解释为："有关信息不为其所属领域的相关人员普遍知悉和容易获得，应当认定为反不正当竞争法第十条第三款规定的'不为公众所知悉'。"接着，以第9条第2款列举了不构成"不为公众所知悉"的情形："具有下列情形之一的，可以认定有关信息不构成不为公众所知悉：（一）该信息为其所属技术或者经济领域的人的一般常识或者行业惯例；（二）该信息仅涉及产品的尺寸、结构、材料、部件的简单组合等内容，进入市场后相关公众通过观察产品即可直接获得；（三）该信息已经在公开出版物或者其他媒体上公开披露；（四）该信息已通过公开的报告会、展览等方式公开；（五）该信息从其他公开渠道可以获得；（六）该信息无需付出一定的代价而容易获得。"

结合上面行政机关的规定和最高人民法院的司法解释，依笔者之见，"公众"应该从两个方面去理解：一是"公众"自然不包括权利人以及权利人"私下里"允许"知悉"有关信息的人。此处的权利人，根据原国家工商行政管理局《关于禁止侵犯商业秘密行为的若干规定》第二条第六款的规定是指"依法对商业秘密享有所有权或者使用权的公民、法人或者其他组织"。其他允许知悉商业秘密的人通常还包括：所有权人或使用权人内部为使用商业秘密而合法知悉和掌握商业秘密的员工、合作方、被许可方及其他可合法接触商业秘密的人，如政府执法人员、法律顾问等。这也说明商业秘密的秘密性是相对的，不是绝对的"神秘不可知"，否则是没有实际意义的。二是"公众"也不是指除了前述人员之外的所有人，而是"相关公众"，即有关商业秘密所涉及的相关经济、技术或市场领域的主

体。这些主体既可能是与商业秘密权利人同行业的竞争者，也可能是上下游的经济关系；既可能是现实存在已经进入该行业的经营者，也可能是准备进入该行业的经营者。对那些"非相关公众"而言，由于不了解商业秘密的价值，不懂得相关信息，即便把价值不菲的商业秘密摆在面前，也会无动于衷，甚至可能将其作为一文不值的垃圾扔掉，自然不会对权利人的竞争态势构成任何影响。

对"知悉"也应从两个方面去理解：一是行业内的常识或惯例可视为"知悉"，因为其本来就是大家普遍知悉的信息；二是商业秘密包含的信息容易获得亦可视为"知悉"。所谓"容易获得"是相对于从商业秘密权利人处获得所付出的代价而言，如通过观察产品即可获得，从公开渠道可直接获取，市场上有人免费传授或以较低的价格合法出售等。

当认定一项信息是否属于秘密时，以下几个特殊情形应该予以注意：

第一，信息没有获得专利等传统知识产权的直接保护。有些技术信息若符合专利法要求，权利人申请了专利，则不能作为商业秘密，因为已经公开，其只能受到专利法的保护；在没有申请专利的情况下可以作为商业秘密。即使申请了专利，但在专利说明书中没有谈及的一些技术信息仍然可以作为商业秘密加以保护。

第二，他人通过独立研究或者反向工程❶掌握同一商业秘密的，只要权利人和他人各自都将自己掌握的信息作为商业秘密进行管理，或者相互之间通过合作共同采取保密措施的，应视为尚未被公众所知悉。假如一方申请了专利，公开了几乎所有的信息，则另一方的信息也不能算作商业秘密了。

第三，经营信息中的一些客户信息或原料来源情报等一些特殊商业秘密，由于这些信息的第一法定主体并非商业秘密权利人，而是客户或原料供应商，所以当客户或原料供应商把自己的有关信息，如电话号码等联系方式提供给"相关公众"时，则原来的商业秘密权利人不能主张秘密存在。这就是"客户自愿交易"原则，在司法实践中，其和反向工程获得商

---

❶ 反向工程是指他人从市场上购买了商业秘密权利人投放到市场的产品，通过对产品的拆卸，研究出生产该产品的工艺流程和其中包含的商业秘密。

业秘密常被被告方用来作为抗辩的两个理由。

3. 商业秘密具有商业价值，即价值性

一项信息具有商业价值是指该信息能够给经营者带来直接、现实或间接、潜在的经济利益或竞争优势。前者又被称为积极性的商业秘密，如含有技术秘密的新产品、新材料、新工艺、新方法使经营者生产的产品在同类产品市场中拥有性能优良、质量可靠的特点，打入市场即可获得极佳的效益，抢占更多的市场份额，创造更多的利润。后者则被称为消极性的商业秘密，如证明某些思路不可行的科研资料，不能给拥有者带来直接的经济利益，但这样的信息一旦为竞争对手知悉，其必定如获至宝，因为就是这些看似无用的信息恰恰可以帮助其在他人失败的基础上调整研发思路、缩短研发周期、降低研发成本，少走弯路，无形中也成为经营者的一种优势，争取了时间，赢得了其他更多选择的机会，进而从中受惠。

积极的商业秘密的价值性等同于实用性，这种实用性必须体现为一种具体的和确定的可应用性。所谓具体性，是指一种信息应该是有用的具可操作性的方案或形式，而不是大概的原理和抽象的概念。所谓确定性，是指一种信息，对外能和其他信息相区别，尤其是和公知信息对比界限明确；对内该信息的各要素及其之间的组合方式等关系是明了的。不过，无论是积极的商业秘密还是消极的商业秘密，权利人均可通过使用或转让获得经济上的利益，实现其商业价值。

4. 商业秘密是经权利人采取了相应保密措施的，具有保密性

商业秘密的保护全部依靠权利人自己。权利人如果认为其某项信息是商业秘密，必定会采取一定的保密措施，防止外泄、避免被他人知悉或窃取，使他人无法通过非正当的途径和方式获得该秘密。相反，当权利人没有对其认为的秘密信息采取保密措施，任由其在公共领域传播，则该信息不具有秘密性可言，自然也就不是法律意义上的商业秘密。因此，是否采取保密措施是确认一项信息是否构成商业秘密的关键因素之一。

当然，权利人是否采取保密措施从而使其主张的信息构成商业秘密不是权利人的单方主观意愿决定的，而是具有客观的判断标准，那就是第九

条中的"相应"标准。最高人民法院《关于审理不正当竞争民事案件应用法律若干问题的解释》第十一条第一款也曾规定了类似的要求:"权利人为防止信息泄露所采取的与其商业价值等具体情况相适应的合理保护措施,应当认定为反不正当竞争法第十条第三款规定的'保密措施'。"虽然对"相应"标准还没有最新的司法解释,但上述十一条第二款规定:"人民法院应当根据所涉信息载体的特性、权利人保密的意愿、保密措施的可识别程度、他人通过正当方式获得的程度等因素,认定权利人是否采取了保密措施。"且在同条第3款规定:"具有下列情形之一的,在正常情况下足以防止涉密信息泄露的,应当认定权利人采取了保密措施:(一)限定涉密信息的知悉范围,只对必须知悉的相关人员告知其内容;(二)对于涉密信息载体采取加锁等防范措施;(三)在涉密信息的载体上标有保密标志;(四)对于涉密信息采用密码或者保密标志;(五)签订保密协议;(六)对于涉密的机器、厂房、车间等场所限制来访者或者提出保密要求;(七)确保信息秘密的其他合理措施。"实际上,保密措施就是按照正常的谨慎、理性的人的标准来进行判断是否"相应"或"合理"的。大多数情况下,权利人还是能够谨慎采取保密措施来管理自己的商业秘密,但有一些权利人在这方面的粗心大意过分草率可能会给自己带来麻烦。如,制药企业研制出了新药的生产工艺,该企业只口头要求员工不对外宣传;一个技术秘密价值上亿元的企业仅仅在工厂门口贴一个"闲人莫入"的牌子。像这种做法很难说尽到了保密义务或采取了相应的合理保密措施。

在笔者看来,保密措施是否相应与商业秘密的市场价值也有很大的关系,价值越大,权利人应采取更严格的保密措施,使觊觎者不能轻易非法获取。相反,如果价值较小,对权利人提出过高的保密措施要求,也不合适,不具有经济合理性。说到底,任何保密措施都不可能是万无一失的,对此,美国法院在审理"杜邦公司商业秘密受侵犯"一案中论述得十分精辟:"我们不能要求某人或某公司采取不合理的预防措施,去防止其他人去做他首先不应该去做的事情。我们可以要求合理的针对掠夺性眼睛的预防措施,但针插不进的堡垒是不合理的要求。我们没有理由将此种责任强加在产业发明者的头上,从而去保护他们的创造成果。""也许应当修建一般的栅栏和顶棚,以挡开投来的眼光,但我们不必要求商业秘密的发明人提防不能预见的、不能察觉的或不能防备的现有间谍方式。"❶

其实,对商业秘密采取保密措施与其秘密性是密切相关的。前者是手段,后者是目的;没有前者就没有后者。不过,二者都只是商业秘密的必要要件,缺少了其他要件,一项信息也不是商业秘密。换句话说,一项信息必须满足以上所有要件时才是商业秘密,缺一不可。

(二) 直接侵犯商业秘密行为的认定

1. 经营者非法获取、披露、使用或允许他人使用权利人的商业秘密行为

《反不正当竞争法》第九条将这种行为分为两种类型:

第一,非法获取权利人的商业秘密行为。

只有非法获取商业秘密,才可能有后续的披露、使用行为,非法获取是侵犯商业秘密的关键一步。即使没有披露、使用商业秘密,也使得权利人的商业秘密不再是理想中的秘密状态,因为在权利人看来,不该知悉的"公众"已然知悉,时刻会对其经济利益或竞争优势造成直接的威胁。更何况,非法获取商业秘密者的目的大多是为了披露或使用,并非单纯为了使权利人处于提心吊胆、惴惴不安的境地。因此,行为人以不正当手段未经权利人同意获取商业秘密,也就完成了一个具有危害性的行为,当属非法。

这类行为的主体是经营者。该经营者大多情况下与权利人是竞争对手,也有可能处于不同行业领域,但其产品往往是可替代的。无论如何,二者具有竞争关系。

经营者获取权利人商业秘密的不正当手段包括盗窃、贿赂、欺诈、胁迫、电子侵入或者其他手段。盗窃是在权利人不知情的情况下,以秘密的方法获取、占有权利人的商业秘密,如派出商业间谍、通过侵入权利人的电脑网络系统等方法盗窃权利人的商业秘密。贿赂、欺诈、胁迫一般是对知悉商业秘密的人所采取的手段,如权利人的员工、法律顾问或其他知悉

---

❶ 李明德. 杜邦公司诉克里斯托夫——美国商业秘密法研究 [J]. 外国法评论, 2000 (5).

商业秘密的人。贿赂是以给付物质利益或其他好处等手段诱使他人告知其知悉的商业秘密。欺诈是以假象骗取他人主动说出其知悉的商业秘密，如以合作之名套取他人的秘密资料。胁迫则是通过给他人带来财产、人身或精神损害为要挟迫使他人违反其真实意愿而告知商业秘密。其他手段，如用酒将知悉商业秘密的人灌醉、给知情人下"迷魂药"，利用医学技术和现代科技手段控制知情人，使其不由自主地道出商业秘密等。可以说，哪里有研发，哪里就有泄密与窃密，获取商业秘密的不正当手段在现实生活中真是无所不用其极、五花八门，以"其他手段"兜底实为必要。

第二，非法披露、使用权利人的商业秘密。

此类行为是指经营者非法获取商业秘密后的非法行为，包括披露、自己使用或允许他人使用权利人的商业秘密，从而使得权利人的商业秘密进一步的非法扩散和公开，使得权利人的损失进一步扩大。披露包括向特定人和不特定的社会公众披露，特定人又包括竞争对手和非竞争对手，不管得到商业秘密的人是否用于生产，只要行为人实施了将非法获取的商业秘密告知他人的行为，如发表在杂志刊物上，即构成不正当竞争，因为这种行为使权利人的秘密公诸于众，破坏了权利人的竞争优势。经营者自己使用或允许他人使用其非法获取的权利人的商业秘密，则直接分割权利人的固有或潜在市场份额，损害权利人的经济利益。

上述两种类型的行为主体实为同一个经营者，只是行为的指向对象不同而已。一个是从权利人处获取商业秘密，一个是向其他人告知商业秘密。无论如何，该经营者是事先并不知道权利人的商业秘密的，也不该知道。

2. 经营者合法掌握但非法披露、使用权利人的商业秘密

该种行为是指经营者依合同或其他合法途径获知权利人的商业秘密，但违反约定、保密义务或违反权利人有关保守秘密的要求，披露、使用或允许他人使用权利人的商业秘密的行为。这一违法行为与上述违法行为的区别在于，经营者获取权利人的商业秘密本身是合法的，例如，拥有商业秘密的研发机构与另一生产企业签署协议，许可后者使用其技术秘密进行生产，同时签署保密条款。显然，生产企业是合法地掌握了权利人的商业

秘密，但如果没有权利人的同意，生产企业又擅自允许他人使用其知悉的商业秘密则构成违法。

在认定此类行为时，经营者和权利人之间的约定授权内容很重要，它是判定经营者是否违法的依据。第一，如果权利人授权经营者只能使用商业秘密的某一范围，超出此范围的使用则属非法使用；或者协议并未授权可擅自与第三人合作，违反此条亦属非法使用。第二，若双方约定有合作期限，则超过期限经营者仍使用商业秘密属于没有授权的使用，显属非法。第三，经营者擅自披露给他人也属于非法扩散行为。总之，合法掌握权利人的商业秘密的经营者应该遵守双方的约定，避免给权利人造成难以挽回的损失，否则要承担相应的法律责任。

3. 经营者教唆、引诱、帮助合法掌握权利人商业秘密的他人侵权

在这种情形下，合法掌握商业秘密者起初并没有侵权的故意或者没有侵权的能力，只是在某经营者教唆、引诱或帮助之下才决定非法披露、使用或允许他人使用权利人的商业秘密，虽然该经营者在其中只是起着辅助作用，但从整个侵权过程来看却又具有决定性的作用，所以这样的辅助行为法律认定为侵权行为，与合法掌握商业秘密者共同承担法律责任。认定时，违法的起因很重要。

（三）视为侵犯商业秘密行为的认定

视为侵犯商业秘密行为包括两种情形，之所以被称为"视为侵犯商业秘密"，是因为其与第一款所列违法行为所需要的条件不完全吻合。第一种情形是"经营者以外的其他自然人、法人和非法人组织实施前款所列违法行为的，视为侵犯商业秘密。"其中，前款所列违法行为即指第一款所列违法行为，不同于第一款的是主体，在此种行为中主体并非经营者，而是合法知悉或掌握权利人商业秘密的其他自然人、法人和非法人组织，如权利人的员工或前员工、合作方的工作人员、政府执法人员、一些公益组织等其他个人或单位，这些主体一旦违法获取、披露、使用或者允许他人使用权利人的商业秘密，则不管接受信息者是何人或何种性质的组织，也不管其目的何为，该主体的行为与前款违法行为性质相同，需要承担法律责任。

第二种情形是"第三人明知或者应知商业秘密权利人的员工、前员工或者其他单位、个人实施本条第一款所列违法行为，仍获取、披露、使用或者允许他人使用该商业秘密的，视为侵犯商业秘密。"若接受信息的第三方明知商业秘密权利人是谁，也知道该商业秘密的来源违法，依然获取、披露、使用或者允许他人使用该商业秘密的，则等同于侵犯商业秘密。与第一款不同的是，第三人并没有直接侵犯权利人的商业秘密，可以说是间接侵犯者，由于某种程度上能够断定其带有明显的主观故意成分，所以法律也对这类主体的行为予以否定性的评价，视为违法行为。至于第三人是什么样的人或组织在所不问。

在认定视为侵犯商业秘密行为时需要注意以下几点：第一，第三人是相对于商业秘密权利人和直接侵犯权利人商业秘密的人而言的，如果商业秘密权利人作为第一人，直接侵犯商业秘密人作为第二人，那么接受第二人非法获取的商业秘密、披露、使用或允许他人使用权利人的商业秘密的经营者就是此处的第三人。第二，获取权利人的商业秘密不是第三人积极主动追求的结果，是被动的接受者。打个不恰当的比喻，第二人是盗窃犯的话，第三人就是销赃者。即第二人存在直接侵犯商业秘密的行为是认定第三人后续行为违法的前提。第三，第三人对第二人违法行为的主观认知状态限于"明知或者应知"，存在故意和过失。其中，"明知"是指明明知道，即第三人的主观状态就是知道，其行为存在故意。"应知"是指应当知道，即第三人主观状态虽然不知道，但是从客观情况上判断，只要尽到必要、合理注意义务的人都应当知道，则其行为即存在过失。假使第三人使用该信息时不知道也不应当知道商业秘密来源的非法性，不构成侵犯权利人的商业秘密。第四，第三人仍获取、使用权利人的商业秘密。第三人虽然没有直接以不正当手段从权利人处获取商业秘密，也未负保密义务，但其主观上有侵权恶意，客观上实施了损害商业秘密权利人利益的行为，自己从中获益，这是典型的损人利己行为，依法应予以追究。将第三人的此种行为作为侵权行为进行制裁，对商业秘密保护具有十分重要的意义，它有利于解决职工"跳槽"与侵犯商业秘密的冲突问题，后雇主只要尽到合理注意义务，不是恶意使用前雇主的商业秘密，或者一旦发现自己使用的信息系员工前雇主的商业秘密即停止使用时，就不构成侵犯商业秘密行为。当然，在这种第三人并不明知或应知的情况下，那个第二人就难辞其咎了。

四、案例分析

（一）案情

原告广州朋有商标代理有限公司（以下简称朋有公司）于2004年8月10日成立，经营范围为商标代理及其他知识产权代理，商标设计。被告魏某某于2008年5月1日至2015年6月期间在朋有公司工作，其中自2008年5月1日至2013年4月30日期间担任客户服务部专员，自2013年5月1日至2015年6月辞职之前担任客服经理。相关工作基本职责包括对公司已成交客户进行跟进并再次促成新业务，开拓新客户、新业务；对公司已成交客户后期的业务作辅助性的工作，并记录在客户资料档案中；对已成交客户资料进行登记、记录、整理、管理及保管；对已成交客户定期回访等。在魏某某与朋有公司签订的7份《劳动合同》中明确列明合同期限、劳动报酬（其中包括保密补偿金100元/月）及工作内容、劳动纪律等，其中包括魏某某应遵守朋有公司规定的工作程序，及有义务为朋有公司保守商业秘密；魏某某在离职前的最后一个工作日内，对相关工作事项进行交接，将工作期间的所有相关资料一并交回朋有公司，魏某某不得私自保留任何相关的工作资料。魏某某自2014年6月至2015年6月期间每月工资中均包含有"保密"费100元，但魏某某认为朋有公司并未告知其具体需要保密的内容。

2015年6月底魏某某辞职后，于2015年12月17日登记成立广州洲天知识产权管理有限公司（以下简称洲天公司）独资经营。两家公司存在部分业务冲突。朋有公司认为魏某某利用在朋有公司任职期间掌握的客户信息实施不正当竞争，侵害朋有公司的商业经营秘密，遂诉至法院，请求判令：（1）魏某某、洲天公司停止对朋有公司商业经营秘密的侵害行为，包括删除私自保留的所有朋有公司客户资料、联系人、联系电话等商业秘密，停止利用朋有公司商业经营秘密实行不正当竞争行为；（2）魏某某、洲天公司连带赔偿朋有公司经济损失 10000 元。

(二) 裁判

广州市南沙区人民法院一审认为，朋有公司并未提交有效证据证明其主张的魏某某、洲天公司存在被诉侵权行为的基本事实，应由朋有公司承担举证不能的后果。故判决：驳回朋有公司的全部诉讼请求。

宣判后，朋有公司不服，提起上诉。

广州知识产权法院二审认为，魏某某、洲天公司是否存在侵害朋有公司经营秘密的行为是本案的争议焦点。朋有公司主张魏某某违反保守商业秘密的约定与洲天公司侵害朋有公司的经营秘密，应举证证明：（1）朋有公司拥有经营秘密，并且该经营秘密符合法定条件；（2）魏某某、洲天公司使用的信息与朋有公司的经营秘密相同或者实质相同；（3）魏某某、洲天公司采取不正当手段获取、使用了朋有公司的经营秘密。

首先，朋有公司明确了其被侵害的经营秘密是包括速波公司及屹峰集团有限公司等五十多个客户的资料和 QQ、微信，该经营秘密具体记载在"交接文件"中，双方当事人在一审庭审中皆确认系魏某某离职时办理的交接手续。从该文件看，形式简单，内容随意，仅罗列了客户名称、证书或受理书类型、数量等信息，无法体现这些内容是否不为公众所知悉，也不能体现权利人采取了何种保密措施，不足以认定朋有公司对此拥有经营秘密，并且该经营秘密符合法定条件，以及具有可衡量的商业价值。

其次，朋有公司主张其采取了完善的保密措施，提交了《员工手册》《劳动合同》予以证明，但一方面，魏某某对《员工手册》不予认可，朋有公司未能提交其他证据佐证已将《员工手册》公示或通过培训、其他方式告知魏某某；另一方面，该手册第三条第三款特别提到"在劳动关系解除后的一年内，不得从事、经营知识产权代理相关之行业"的前提条件是"员工与公司签订保密协议的"，朋有公司未提交相关证据证实魏某某与其另行签订过保密协议。根据该案现有证据不足以认定朋有公司对主张的经营秘密采取了合理的保密措施。

第三，退一步讲，即便朋有公司所称"交接文件"具有一定的商业价值及实用性，能为朋有公司带来经济利益，朋有公司通过支付每月 100 元的保密补偿金，对该秘密采取了合理保密措施，但从魏某某提交的微信聊天记录截图看，其自离职后的 2015 年 7 月与"交接文件"之外的疑似朋有公司客户洽谈时，都告知自己离职的事实、告知客户与朋有公司联系，并向朋有公司的法定代表人或其他工作人员予以转告，甚至在 2015 年 12 月 17 日洲天公司成立后，魏某某仍将相关业务的咨询转告朋有公司的工作人员。至于速波公司及屹峰集团有限公司，并不在"交接文件"内，而且魏某某在 2015 年 10 月 28 日与朋有公司法定代表人的聊天记录提到"速波可能会再申请，让赶紧跟进"与速波公司李某某出具的《关于商标申请情况的几点说明》相关内容吻合，朋有公司不能证明魏某某、洲天公司采取不正当手段获取、使用了朋有公司的经营秘密，更不能证明魏某某、洲天公司使用的信息与朋有公司的经营秘密相同或者实质相同。魏某某在朋有公司任职长达 7 年，自朋有公司离职后设立了自然人独资的洲天公司的事实，并不能当然推定魏某某掌握了朋有公司主张的经营秘密并将该经营秘密泄露给洲天公司。故此，朋有公司不能证明魏某某、洲天公司存在侵害朋有公司经营秘密的行为，其应承担举证不能的法律后果。

综上，二审判决：驳回上诉，维持原判。[1]

（三）评析

1. 客户名单构成商业秘密是判断是否侵权的基础

客户名单作为一种重要的经营信息，并非当然受到法律保护，只有满足了法定要件，达到一定的客观标准，才能进入商业秘密的范畴，受到法律的保护。认定主张保护的客户名单等经营信息是否构成商业秘密，是判

---

[1] 余朝阳，赵诺晴. 客户名单是否属于受法律保护的经营秘密——广州朋有商标代理有限公司诉魏某某、广州洲天知识产权管理有限公司侵害经营秘密纠纷案［EB/OL］.（2019-01-29）［2019-03-29］http：//www.gdcourts.gov.cn/index.php?f=search&v=index&keywords=%E5%AE%A2%E6%88%B7%E5%90%8D%E5%8D%95%E6%98%AF%E5%90%A6%E5%B1%9E%E4%BA%8E%E5%8F%97%E6%B3%95%E5%BE%8B%E4%BF%9D%E6%8A%A4%E7%9A%84%E7%BB%8F%E8%90%A5%E7%A7%98%E5%AF%86&modelid=1.

断能否构成商业秘密侵权的前提。如果符合法定条件的商业秘密都不存在的话，也就无所谓存在侵权行为。

　　2017年修订后的《反不正当竞争法》第九条第二款规定："本法所称的商业秘密，是指不为公众所知悉、具有商业价值并经权利人采取相应保密措施的技术信息和经营信息等商业信息。"❶ 由此可知，无论是作为技术信息还是经营信息等商业信息，要想作为商业秘密受到法律保护，必须符合法律规定的三个条件，即"不为公众所知悉、具有商业价值并经权利人采取相应保密措施"，从学理上可概括为"秘密性、商业价值性和保密性"。这三个条件缺一不可，只有同时具备才能进入法律保护的范围。

　　该案中，朋有公司主张保护的经营信息包括速波公司及屹峰集团有限公司等50多个客户的资料和QQ、微信，具体记载在"交接文件"中。作为原告，首先应该证明此经营信息符合商业秘密的三个要件，因为这是后面证明工作的基础，也是是否能够胜诉的关键。如果该基础不存在，那么也就没有继续证明的必要，其败诉的结局也就注定了。关于第一个条件秘密性，要求证明不为公众所知悉。这实际上要求原告从反面去证明秘密性，即不为相关公众所知悉，准确地说是不为竞争对手所知悉，或者竞争对手不能够轻易知悉和掌握。当然这就需要权利人从自身付出的代价来体现，比如，持续性、长期性的与客户保持合作关系等。《最高人民法院关于审理不正当竞争民事案件应用法律若干问题的解释》第十三条规定："商业秘密中的客户名单，一般是指客户的名称、地址、联系方式以及交易的习惯、意向、内容等构成的区别于相关公知信息的特殊客户信息，包括汇集众多客户的客户名册，以及保持长期稳定交易关系的特定客户。"从上述案情介绍可知，朋有公司并没有充分证明这一点。其所提供的经营秘密从形式上看是一份员工魏某某离职时制作的"交接文件"，内容上可以确定主要是一份客户名单，并散落一些联系方式以及和客户相关的业务信息，如知识产权业务中涉及的证书、受理书等。这个文件形式简单，内容随意，仅凭此无法认定相关的客户名单和业务信息已经脱离公知领域，

---

❶ 由于该案发生时旧法依然有效，所以严格来讲应该依据旧法进行评析。

不为公众所知悉。关于第二个条件商业价值性，需要证明该信息能为权利人带来竞争优势和利益，比如，这些客户是当事方所涉竞争市场中最大的交易客户，基于己方的能力为对方的长期合作伙伴。而朋有公司并没有就此作出有力的举证。关于第三点保密性，朋有公司需证明采取了相应的保密措施。从上述案情中可知朋有公司证明自己采取了保密措施，一是提供了《员工手册》《劳动合同》中的保密条款，二是每月支付给被告的保密补偿金100元。然而，被告魏某某对《员工手册》不予认可，朋有公司未能提交其他证据佐证已将《员工手册》公示或通过培训、其他方式告知魏某某；其次，该手册第三条第三款特别提到"在劳动关系解除后的一年内，不得从事、经营知识产权代理相关之行业"的前提条件是"员工与公司签订保密协议的"，朋有公司未提交相关证据证实魏某某与其另行签订过保密协议，可以说朋有公司的证据自相矛盾；再者，被告虽然每月收到保密补偿金100元，但对公司要求保密的事项并不清楚，从而也说明了秘密信息的不确定性。所以，朋有公司也不能举证证实其采取了相应的保密措施，没有达到令人信服的合理程度。综上所述，朋有公司所说的经营秘密并非法律上的商业秘密。至此，法院实际上已经可以下侵权不成立的结论了。

2. 处理商业秘密侵权纠纷的审判思路

上已述及，处理商业秘密侵权纠纷的第一步是认定主张保护的经营信息或技术信息是否构成商业秘密，若其不构成，则无所谓侵权；若其满足商业秘密的构成要件，则需要法院进一步认定被诉侵权者是否具有侵权行为、行为中涉及的信息与权利人主张的内容是否相同或者实质性相似，而后者在实践中往往会被忽略，需要引起足够重视。

《最高人民法院关于审理不正当竞争民事案件应用法律若干问题的解释》第十四条规定："当事人指称他人侵犯其商业秘密的，应当对其拥有的商业秘密符合法定条件、对方当事人的信息与其商业秘密相同或者实质相同以及对方当事人采取不正当手段的事实负举证责任。其中，商业秘密符合法定条件的证据，包括商业秘密的载体、具体内容、商业价值和对该项商业秘密所采取的具体保密措施等。"这条规定为主张保护商业秘密的当事人提供了明确的举证清单。❶ 相应地，法院在审理商业秘密案件时，也会据此逐项检查主张保护商业秘密的当事人是否完成了上述规定中的举证责任。该案中，朋有公司主张魏某某违反保守商业秘密的约定、与洲天公司侵害其经营秘密，但其未对"一、朋有公司拥有经营秘密，并且该经营秘密符合法定条件；二、魏某某、洲天公司使用的信息与朋有公司的经营秘密相同或者实质相同；三、魏某某、洲天公司采取不正当手段获取、使用了朋有公司的经营秘密"进行有效举证。上述事实属朋有公司应承担举证责任范围内的事实，但其未能有效举证，因此朋有公司应承担举证不能的不利法律后果。

该案中，二审法院在认定朋有公司主张保护的经营信息不构成商业秘密后，本无需再对侵权行为进行论述，但为了减少后续纠纷，判决书中对是否存在侵权行为进行了详细的分析、论证。由此，二审法院采取"退一步讲"的说理模式，论证思路更周延，释法辨理更周全，增强了法院判决的说服力，起到了法的教育、指引功能。

3. 现实思考

随着互联网技术的发展，微信等社交类软件的大量运用，客户名单已经不限于在传统的电话簿、通信录、电子文件汇编中出现。尤其对服务类公司、企业来说，为方便工作的开展，从事销售、客户服务、人力资源等专门工作的特定岗位人士，会与任职期间的客户建立微信朋友关系。如此，因工作关系建立的微信朋友名单，这些名单中隐藏的该客户可交易信息或利益交换信息，或客户的交易习惯、付款方式、购买产品的意向、价格承受能力、特殊需要等，在某种意义上来说，也可以是"保持长期稳定交易关系的特定客户"，不为相关公众所知悉，同时"具有商业价值"，满足商业秘密中的客户名单某些构成要件。但因为这些特定岗位工作性质的开放性，这些特定岗位工作人员一旦离开原来的单位，就很自然地带走了这些客户名单以及相关的信息，传统的保密协议、劳动合同已经难以奏

---

❶《反不正当竞争法》第三十二条对商业秘密举证责任进行了详细的规定，见本书第五章分析。

效，所以作为这些信息的所有人该采取什么样相应的保密措施是值得进一步思考的。这也是新型商业形态对保护商业秘密提出的一大挑战。

第五节　不当有奖销售行为

一、《反不正当竞争法》关于不当有奖销售行为的规定及修订

（一）2017 年修订前的规定

1993 年《反不正当竞争法》第十三条对此行为进行了规定：

第十三条　经营者不得从事下列有奖销售：

（一）采用谎称有奖或者故意让内定人员中奖的欺骗方式进行有奖销售；

（二）利用有奖销售的手段推销质次价高的商品；

（三）抽奖式的有奖销售，最高奖的金额超过5000 元。

（二）2017 年修订后的规定

2017 年《反不正当竞争法》第十条规定如下：

第十条　经营者进行有奖销售不得存在下列情形：

（一）所设奖的种类、兑奖条件、奖金金额或者奖品等有奖销售信息不明确，影响兑奖；

（二）采用谎称有奖或者故意让内定人员中奖的欺骗方式进行有奖销售；

（三）抽奖式的有奖销售，最高奖的金额超过五万元。

（三）改变部分及解析

除了第一句话做了形式上的语句顺序调整并无本质上的区别外，不当有奖销售行为有三处实质改变：

第一，删除了有关禁止"利用有奖销售的手段推销质次价高的商品"的规定，因为《产品质量法》已经规定了禁止以假充真、以次充好的销售行为，《消费者权益保护法》也规定消费者享有公平交易权，而且这种行

为主要侵害的是消费者利益，从立法者的角度来看，两部法律也已可以约束这种行为了，《反不正当竞争法》再予以重复规定实无必要。不过，依笔者之见，这种行为在现实经济生活中还是比较普遍的，《反不正当竞争法》若保留对这种行为的规制，可能会进一步增强对此行为的震慑作用。因为从社会治理的角度来看，《产品质量法》和《反不正当竞争法》若同时予以规制，说明国家相对比较重视，依据哪一部法律都可以对其进行处罚，提高法律治理的威慑力，关键做到处罚统一即可。

第二，新增了一种禁止性情形，即所设奖的种类、兑奖条件、奖金金额或者奖品等有奖销售信息不明确，影响兑奖。这一条是对现实生活中消费者反映强烈的问题的一种回应，同时与虚假宣传也有一定的相关度。有奖销售本来就是通过有奖一方面吸引消费者购买商品，另一方面即便消费者没有购买商品，也能通过这种方式吸引消费者前来观看，起到了宣传作用。假如经营者进行有奖销售提供的信息不明确，包括提供虚假信息或引人误解的信息，则消费者购买商品后很难兑奖，显然是一种欺骗行为。鉴于此种情形比较普遍，原国家工商行政管理局于1993年12月24日发布的《关于禁止有奖销售活动中不正当竞争行为的若干规定》（第19号）第六条即规定了"经营者举办有奖销售，应当向购买者明示其所设奖的种类、中奖概率、奖金金额或者奖品种类、兑奖时间、方式等事项。属于非现场即时开奖的抽奖式有奖销售，告知事项还应当包括开奖的时间、地点、方式和通知中奖者的时间、方式。经营者对已经向公众明示的前款事项不得变更。"这次修订实际上是将此规定上升到法律层次。

第三，调整了抽奖式有奖销售的最高限额，由5000元调整至5万元。这是考虑到经济社会发展和人们收入增长的情形所作的调整。1992年我国人均国内生产总值为2334元，❶ 1993年《反不正当竞争法》规定抽奖式

---

❶ 该数据来源于中华人民共和国国家统计局网站，查询步骤："数据查询"－"年度数据"－"查数"栏输入"1992年人均国内生产总值"，第一栏显示数据即是。［2018－08－18］．http：//data.stats.gov.cn/search.htm？s＝1992%E5%B9%B4%E4%BA%BA%E5%9D%87%E5%9B%BD%E5%86%85%E7%94%9F%E4%BA%A7%E6%80%BB%E5%80%BC.

有奖销售的最高限额为5,000元。2016年我国人均国内生产总值是5,3935元，[1] 2017年《反不正当竞争法》规定抽奖式有奖销售的最高限额为5万元。就抽奖式最高额度和人均国内生产总值的关系而言，法律制定时旧法规定抽奖式有奖销售的最高限额是人均国内生产总值的两倍多，新法规定前者小于后者。由此可见，法律对抽奖式有奖销售的态度相对要缓和一些，这种倾向是有利于消费者的。

二、关于有奖销售的理论阐述

（一）有奖销售的概念及特征

《反不正当竞争法》并没有对何谓"有奖销售"作出规定，但《关于禁止有奖销售活动中不正当竞争行为的若干规定》第二条第一款规定："本规定所称有奖销售，是指经营者销售商品或者提供服务，附带性地向购买者提供物品、金钱或者其他经济上的利益的行为。包括：奖励所有购买者的附赠式有奖销售和奖励部分购买者的抽奖式有奖销售。"由此可见，有奖销售是指经营者以提供物品、金钱或者其他经济上的利益作为对购买者的奖励，用来推销商品或者服务的营销行为。

有奖销售作为经营者参与市场竞争的一种常用的营销手段，具有以下特征：

首先，有奖销售是在经营者和购买者之间进行的：经营者是商品的销售者或服务的提供者，同时也是附赠奖品的提供者；购买者是商品的买受方或服务的享受者，当然也是附赠奖品的受领者或潜在受领者。此处的购买者既可能是用于生产的购买原材料的市场上的其他经营者，也可能是广大的个体消费者。不过，从反不正当竞争法规范该行为的初衷和立法宗旨来看，其主要保护广大消费者免受欺诈性和诱惑性有奖销售行为之侵害，

---

[1] 该数据来源于中华人民共和国国家统计局网站，查询步骤："数据查询"－"年度数据"－"查数"栏输入"2016年人均国内生产总值"，第一栏显示数据即是。[2018－08－18]. http：//data.stats.gov.cn/search.htm? s＝2016% E5% B9% B4% E4% BA% BA% E5% 9D% 87% E5% 9B% BD% E5% 86% 85% E7% 94% 9F% E4% BA% A7% E6% 80% BB% E5% 80% BC.

经营者之间的纠纷一般依《合同法》予以规制，因此，这里的购买者通常限于消费者。

其次，有奖销售中的"奖"包括实物、现金或其他经济利益。其他经济利益的形式多种多样，如购物折扣、买车送保养等，在网络世界，还可能是会员权限、虚拟货币、视频播放时间、虚拟游戏装备等，在服务领域，有时当满足一定条件时还会以退款作为奖励，如有的资格考试培训学校规定，如果通过国家相关考试，则学校退还学生所交全部或部分学费。

再次，有奖中存在着两个层次的法律关系。第一层是购销双方之间因商品或服务而存在的购买合同关系；第二层是购买者与销售者之间因奖品的附赠而存在的赠与合同关系。这两层法律关系是主从合同关系，即第一层是主合同关系，第二层是从属地位的合同关系，没有前者，就没有后者。也就是说，消费者购买经营者的商品或服务是获得奖品的前提，也是经营者孜孜追求的目标。有人认为有奖销售"既有到店即送礼，不附带任何条件，也有满足一定条件如签到、填写个人信息、购物、消费次数等要求附条件的奖励"，❶笔者认为这种观点有失偏颇。如果消费者没有购买经营者提供的商品或服务，却获得了经营者提供的奖品，如到店即送礼、签名即送礼、留下电话号码或其他联系方式即送礼，笔者认为这类活动应该不属于真正的有奖销售，不符合有奖销售的条件，至多是经营者的一种无偿或无条件赠与，属于商业宣传。

最后，经营者通过有奖销售，目的在于招徕顾客，吸引消费者，增加市场交易机会，扩大销售量，进而获取更大的市场份额和更多的利润。这一点使经营者的市场有奖销售活动明显有别于政府或政府有关部门依法批准的有奖募捐及其他彩票发售活动。后一类活动属于公益活动的范畴，因此被排除在反不正当竞争法调整范围之外。

---

❶ 王瑞贺．中华人民共和国反不正当竞争法释义［M］．北京：法律出版社，2018：35．

（二）有奖销售的种类或形式

有奖销售的种类或形式多种多样，既有奖励所有购买者的附赠式有奖销售，也有奖励部分购买者的抽奖式有奖销售；既有随时领取的奖励，也有附兑换期限的奖励；既有先购买商品后给奖品，也有先抽奖后购买商品等。

我国《反不正当竞争法》对附赠式的有奖销售和抽奖式有奖销售作出了规定，下面具体介绍这两种形式。

附赠式的有奖销售指经营者向购买某种商品的所有购买者或服务的接受者附加赠与金钱、物品或其他经济利益的销售活动。当然，这样的附赠又可分为有条件和无条件两种类型。如某商场规定只要购物即可获得一个削皮刀，而不限制购物金额多少，此属于无条件附赠。❶ 银行对存款额达到一万元以上的储户赠送一袋米、一桶油、一袋洗衣粉等，这属于有条件的附赠，只不过条件有两个，消费者除了接受经营者提供的商品或服务外，还必须达到经营者提出的消费要求。不管有条件的还是无条件的，附赠式有奖销售行为有以下三个特点：第一，对所有的购买者一视同仁地提供奖品，尽管有时奖品可能因消费要求的不同会有等级差别，但购买即送礼是其特点之一。第二，奖品与购买合同的客体未必存在必然的内在联系，即奖品并非一定是购买的物品所必需的配套用品。无论如何是消费者可用的物品，如消费者购买一台洗衣机，商家赠送一桶洗衣液，这是洗衣机配套的必需品。再如，消费者购买了一部手机，商家赠送了一套炊具，炊具和手机显然不具有使用上的关联性，是纯粹的额外赠送奖品。第三，附赠奖品对消费者而言是免费获得，毋须付出对价，或以低于正常的市场价格廉价购买，购买价格与正常的市场价格之间的差距即是消费者所获奖品价值。所以，有奖销售中的奖品不一定是物品，有时是其他没有对价的经济利益。第四，附赠奖品与主合同的客体经济价值相对要小得

---

❶ 严格意义上，购物附赠属于有条件的，购物本身就是条件。这是区别于不购物送礼的情况。不购物送礼是否有奖销售的范围目前还有不同意见。不过本书认为不购物送礼属于商业宣传，不是真正的有奖销售。

多，二者相当悬殊，不能相提并论。虽然法律没有规定附赠奖品金额的大小，但从成本角度来看不会太高，经营者不会做丢了西瓜拣芝麻的赔本买卖；而且，如果奖品价值过高，会有商业贿赂和滥用市场地位的违法嫌疑，经营者也不会搬起石头砸自己的脚。当然，现实生活中也不能排除有些经营者利用有奖销售之名行商业贿赂之实，明修栈道暗渡陈仓的行为只能具体问题具体分析，严格依照法律规定进行认定，之后作出相应的处理。

抽奖式有奖销售是指以抽签、摇号等带有偶然性的方法决定购买者是否中奖的营销行为。与附赠式有奖销售相比，其具有以下特点：第一，如果说附赠式有奖销售是经营者天女散花，企图使购买的消费者人人有份，实行的是"普惠制"。那么抽奖式有奖销售则是经营者在抛绣球，引诱和激励有能力的消费者踊跃接球，具有一定的定向性，实行的是"特惠制"，获奖的是购买者当中的少数人。第二，通常情况下奖品具有等级差别，等级超高，奖品价值越大，能获奖的人数越少。奖品价值与购买的商品价值相比，有时高，有时低，不一而足。头等奖有时远远高于所购买的商品价值。因此，抽奖式有奖销售带有更大的投机性和偶然性。

严格说来，抽奖式有奖销售对消费者而言，实际上应该理解为购买可能获奖，受到幸运女神的眷顾；有的则惘然若失一无所获。在中奖的人中间，有的消费者也许买了很便宜的一个杯子，结果幸运地抽中了一辆宝马车的一年使用权；有的消费者可能买了一辆宝马车，最后只抽中了一双价格低廉的棉质袜子。当然，大部分人手气不佳，只会拿到"谢谢惠顾"或"祝您好运"等与奖品无缘的字眼，权当消遣。

（三）有奖销售的利弊

从第十条的规定用语"经营者进行有奖销售不得存在下列情形"可看出，法律对经营者的有奖销售并不是一概禁止，只是符合某些特定情形才是违法的。因此，从整个社会的角度来看，有奖销售行为既有利也有弊。

1. 积极有利的方面

首先，有奖销售作为经营者的一种营销手段，首当其冲应对经营者有利可图。在激烈的市场经济竞争中，尤其是在市场处于买方市场的压力之下，经营者往往会采取有奖销售的方式通过给予购买者以一定的好处增加市场交易机会，因为这种方式相对于其他的诸如改进设备、提高生产技术水平和效率、加强管理和服务等而言，更容易立竿见影地吸引顾客，产生企业经济效益。这也成为经营者屡试不爽的促销手段。

其次，对购买者尤其是个体消费者而言，有奖销售具有很强的诱惑力。因为商场或经营者进行有奖销售并非常态，应是偶然为之。消费者一旦得悉这样的信息，只要经济条件允许，即便不是现时必须购买的商品，也会蜂拥而上，一方面把以后的购买行为提前，另一方面购物有时也会把不需要的商品买回家，尤其在抽奖式有奖销售面前，抵挡不住中奖的诱惑。毫无疑问，消费者在经营者有奖销售中付出的所获商品的对价要小一些，这当然会刺激他们的消费欲望，在满足自己小小欲望的同时成就了经营者的大大欲望。同时，增加了市场交易量，促进了市场繁荣。

最后，若企业通过有奖销售赢得了市场，而其他的一些企业被淘汰，这也是市场机制实现优胜劣汰的一个正常竞争过程，胜出的企业会扩大规模，改进技术，增加社会就业，为消费者提供更好的产品，社会经济也会实现良性循环，政府税收也会相应增加，社会服务水平亦会提高。

2. 消极不利的方面

根据唯物主义辩证法，任何事物都有利有弊，这也是有奖销售行为受到一定程度限制的根本原因。

首先，经营者在通过有奖销售获得大量交易机会并赢利的同时，也需要增加交易成本，如奖品、人力等。这些迟早会转嫁给消费者，所谓羊毛出在羊身上。在没有实质投入的前提下，这种成本会导致价格不合理地上涨，经营者的产品没有质的提高，不是靠产品本身取胜，没有激发企业的创新力，企业的可持续发展力不足，只是一时的繁荣，反而不利于市场竞争，影响国民经济的整体发展。即便经营者良心运营，在销售的商品价格没有提高的情况下，也会额外增加经营者的成本，于其不利。

其次，对消费者而言，可能为了获取一点蝇头小利而购买并不急需的商品，或为了博取中彩的机会而不惜一切代价买了根本就不需要的东西，造成社会资源的闲置和浪费。另外，有奖销售尤其是抽奖式有奖销售，容易诱发消费者的投机心理和赌博意识，不利于良好社会风气的建立和维护，还会带来一系列的社会问题，造成诸多负面影响。

再次，对市场竞争机制而言，有些经营者利用自己实力强的优势，通过有奖销售达到排斥竞争对手的目的，使市场形成垄断的局面，不利于市场竞争机制的发挥。另外，一旦某个企业通过有奖销售抢占了先机，其他同业竞争者会竞相模仿，为了争夺有限的市场份额，经营者的竞争重点会从产品的价格、质量、售后服务等务实的方面转移至"奖品"或"奖金"等务虚的方面，企业不务正业，不仅造成市场竞争的混乱局面，而且对国民经济的长远发展会造成不可估量的严重后果。

最后，有奖销售可能带来一定程度的繁荣辉煌，但是能否真正反映一定时期市场的需求状况和走向令人生疑，因为其中消费者的非理性消费易提供错误的市场信息，从而造成企业生产的盲目性及政府相关宏观调控部门的决策失误和偏差。

鉴于有奖销售行为的利弊兼备，我国《反不正当竞争法》对何为不正当有奖销售行为作出了规定。

三、不当有奖销售行为的种类、认定及概念

（一）不当有奖销售行为的种类及认定

根据第十条的规定，不当有奖销售有三种情形，即三种不当有奖销售行为。

1. 信息不明确式有奖销售

不管是附赠式有奖销售还是抽奖式有奖销售，都可能存在信息不明确的情形。认定这类不当有奖销售行为时需要注意两个条件：一是信息不明确，二是影响兑奖。

所谓信息不明确指的是经营者提供的所设奖的种类、兑奖条件、奖金金额或者奖品等有奖销售信息不明确。当然，经营者一般不会承认信息不明

确，相反他们通常认为信息是明确无误的。因此，信息是否明确不是以经营者的眼光去审视，而是从普通消费者的角度去认知。只要普通消费者与经营者的认识存在偏差，就可以认定经营者提供的信息不明确。当然，如果信息不明确并不影响兑奖，那么这样的行为也不能认定为不当有奖销售。只有当信息不明确且影响到消费者兑奖时，才能认定为不当有奖销售行为。

其实信息不明确常常会影响兑奖。所谓影响兑奖，指的是当消费者去兑奖时，经营者往往以不符合兑奖条件为由不予兑奖，或要求消费者再满足一定条件才能兑奖，亦或所兑的奖品并不是消费者根据经营者提供的信息所合理期待的奖品。其中的兑奖条件或者要求消费者必须满足一定条件往往是经营者要求消费者购买其商品或服务等类似的条件。其实，消费者在购买经营者的商品或服务的前提下获得奖品才是完整的有奖销售。但是，经营者在宣传时常常只宣称有奖，并不想把消费者的付出说得一清二楚，利用消费者想讨便宜的心理，引诱消费者前来观看，达到宣传的目的。如若有消费者"幸运"抽得大奖，经营者会提出新的购买条件，来影响兑奖：消费者若满足新的条件，则顺利兑奖，否则不能领取奖品。例如，晋江某商业管理有限公司于 2018 年 3 月举行有奖销售促销活动。活动期间，该公司通过发放抽奖券、宣传单、宣传册等途径对奖项信息进行了不明确的宣传，宣传内容为"抽取奔驰 B200（20% 首付款）""送奔驰首付款""送奔驰首付"等，均未详细指定该奖项的具体车型及配置、兑奖条件及奖品金额等。该奖的中奖者原以为抽的是奔驰轿车，但到中奖时才知道奖品是"奔驰 B200 动感型轿车 20% 首付款"，且兑奖条件为中奖者必须购买该款车，由该公司来付这 20% 的首付款，进而影响了兑奖。晋江市市场监管局依法对该公司处以罚款并责令其停止违法行为。[1] 在这个案件中，经营者提供的信息的确不明确，依据经营者的行为推测，其实质是在搞有奖销售，只有消费者购买奔驰车，才能获取奖项。但其在宣传时只是让人们抽奖券，并没有提及购车事项，消费者自然而然地就以为只是一种

---

[1] 张文章. "送奔驰"促销信息不明确主办方受罚［N］. 中国消费者报，2018 - 08 - 27.

纯粹给予消费者奖励的促销宣传。而且，所送首付款的额度、奔驰中哪个款式的车型也不确定，显然，该公司是想借"奔驰"一词的知名度来蒙混过关，引诱人们前来购买，企图以促销宣传达到有奖销售的目的。

也有另外一种情况，经营者把消费者需要付出的对价说得明明白白，但对奖品却讳莫如深。如商家宣称"买一赠一"，其中的两个"一"都未能说清楚究竟是什么。按照普通消费者的正常理解，两个"一"应该是一样的东西，如，买一双鞋赠一双鞋，买一个汉堡赠一个汉堡等。但现实中商家有时并不这么认为，他们有自己独到的解释，比如，消费者买一双鞋，他们会赠一双鞋垫；买一个汉堡，他们会赠一个小勺，在他们看来，这也是"买一赠一"，此处的两个"一"的内涵并不相同。消费者据此不能获得合理期待的奖品。

总之，经营者一方面想通过有奖吸引顾客，另一方面又不想付出太高的费用，更不想让消费者轻易拿到这个奖项，于是就想方设法在有奖销售上做文章，对如何才能获奖的条件信息模棱两可，对所设奖的种类、中奖概率、奖金金额等信息故意不作明确清晰的表述。依据现行法律规定，这种行为是违法的。

2. 欺骗性有奖销售

欺骗性有奖销售是指在有奖销售中存在欺骗情节，虚构有奖销售事实或隐瞒有关事实真相，使所设奖项不能被普通的购买者所得。根据欺骗的内容不同，包括谎称有奖和故意让内定人员中奖两种情形。这种行为在抽奖式有奖销售中表现突出。

结合《关于禁止有奖销售活动中不正当竞争行为的若干规定》第三条的规定，对"谎称有奖"须做广义的理解，重点在"谎"字上，只要在有奖销售过程中有不真实的情形即构成"谎称有奖"行为。现实生活中有以下几种表现：（1）经营者未设奖项却对外宣传有奖销售，无中生有的行为致使不明真相的消费者上当受骗。[1] 如某饮料公司对外宣称扫二维码即可

---

[1] 这一点在附赠式有奖销售中也可能出现。

参加"再来一瓶"的抽奖活动,但实际上消费者抽到的都是"谢谢惠顾"的奖券。(2)实际有奖但有欺骗成分。有的商家为了追求有奖销售突出的市场效应,增加销售额,获取不正当利益,歪曲事实,对所设奖的种类、中奖概率、最高奖金额、总金额、奖品种类、数量、质量、提供方法等作虚假不实的表示。如随意提高中奖率,把本来只有5%的中奖概率宣传为50%,把小奖吹嘘成大奖,虚构不存在的一、二等奖中奖号码,保留三等奖的号码。❶还有的故意把设有中奖标志的商品、奖券不投放市场或不与商品、奖券同时投放市场;故意将带有不同奖金金额或者奖品标志的商品、奖券按不同时间投放市场,如有的商家故意把最高奖的奖品或有中奖标志的商品在销售开始乃至中间阶段不投放市场,以避免最高奖被抽走后失去对后来购买者的吸引力。然而,这种做法虽然对后边购买者有利,但对前期的购买者显失公平,同样购买商家的商品,却无缘中奖的机会,而且毫不知情,当然构成了欺骗。还有如奖品的欺骗,如某厂商宣称抽奖可获得一部时尚手机,但最终消费者获得的是一部过时的老款手机。(3)其他欺骗性有奖销售行为。由于欺骗性有奖销售行为表现形式复杂多样,为避免挂一漏万,不让一切形式的欺骗性有奖销售行为逃避制裁,《关于禁止有奖销售活动中不正当竞争行为的若干规定》第三条第二款明确规定,省级以上工商行政管理机关有权认定第一款(四)规定的"其他欺骗性有奖销售行为",同时规定省级工商行政管理机关作出的认定,应当报国家工商行政管理局备案。

故意让内定人员中奖中的"内定人员"是指经营者事先确定使其中奖的人员,这些人员既可以是经营者的内部工作人员,也可以是经营者以外的、但与此有关的特定购买者。故意让内定人员中奖的不正当手段是多种多样的,如把中奖标志的奖券或号码直接送给内定人员,把有中奖标志的

---

❶ 如辽宁省某市剧场在举办"百万元幸运电影有奖大酬宾活动"时,自行设计抽出一等奖号码为"72426"、二等奖号码为"81851",但实际上举办者购进的投放市场的5万张幸运卡的最大号码是"49999",即5万张幸运卡中根本不存在一等奖和二等奖的号码。参见国家工商行政管理局公平交易局·不正当竞争案例精选[M].北京:工商出版社,1996.

商品或有奖号码作特殊记号告知内定人员抽取等。当然，假如该特定购买者获得奖励后又帮助经营者达成了另外的商业交易，则经营者同时涉嫌商业贿赂。经营者这"一石二鸟"的行为当然也应该"一举两得"，依法承担两份行政处罚的法律责任。

3. 抽奖式的巨奖销售

有奖销售本身有利有弊，抽奖式有奖销售的赌博性质更加明显，如果抽奖式有奖销售中的奖励相对于人们时下的平均现实收入、购买力水平、消费水平而言特别高时，不仅强势刺激消费者投机、放手一搏的欲望，而且加剧了市场的恶性竞争和垄断趋势，对社会经济的发展弊大于利，应该予以规制和禁止。那么，究竟奖金为多少就是巨奖？其实这并没有一个确定的数字。各国往往根据立法时的本国经济发展水平、收入情况、消费能力、市场竞争状况等因素来确定，不同的国家巨奖的标准亦不同，同一个国家在不同时期，其标准也会变化。

第十条第三款规定，当抽奖式有奖销售的最高奖的金额超过5万元时为不当有奖销售行为。言外之意，5万元是抽奖式有奖销售最高奖金额的上限。需要注意的是5万元如何认定？

依笔者之见，5万元指的是某一次抽奖活动设定的每一个中奖者可能获得的最高奖的金额。需要明确几点：第一，同一个经营者可能筹划好几次抽奖活动，5万元不是几次活动最高奖的金额的总和，而是单独计算。几次活动最高奖的金额的总和超过5万元时，不能认定这几次抽奖活动均为违法。只有在一次抽奖活动中最高奖的金额超过5万元时才是违法行为。当然，一次抽奖活动可能延续一段时间，只要在一个兑奖板块和周期就算一次抽奖活动。第二，最高奖的金额是指每一个抽奖者可能获得的金额，而不是所有获得最高奖的金额总和。经营者在一次抽奖活动中可能设最高奖一名，此时最高奖金额超过五万元时即为违法。如果某次抽奖活动中设最高奖两名或两名以上，尽管最高奖金额总和可能超过五万元，但只要其中的每一名最高奖的获得者金额没有超过五万元，则不违法。在这种情况下，实际上等于稀释了最高奖的成色，弱化了对消费者的吸引力，加大了经营者的有奖销售成本，同时减少了经营者的可期利润。经营者对此当然是慎之又慎。

根据《关于禁止有奖销售活动中不正当竞争行为的若干规定》第四条第二款的规定，以非现金的物品或其他经济利益作奖励的，按照同期市场同类商品或者服务的正常价格折算其金额。

（二）不当有奖销售行为的概念

《反不正当竞争法》修订前后都没有出现"不当有奖销售"或"不正当有奖销售"的字眼，其实是学界和司法界对有奖销售活动中不正当竞争行为的简称。《关于禁止有奖销售活动中不正当竞争行为的若干规定》将此类不正当竞争行为分为两类，即欺骗性有奖销售行为和抽奖式巨奖销售，所以，有学者对不正当有奖销售行为做了归纳：不正当有奖销售行为是指经营者违反法律限制向客户提供巨额奖励或在有奖销售过程中弄虚作假从事欺骗性活动的行为。❶ 也有学者认为，不正当有奖销售行为是指经营者违反诚实信用原则和公平竞争原则，利用物质、金钱或其他经济利益引诱购买者与之交易，排斥竞争对手的不正当竞争行为。❷ 由于修订后的不正当有奖销售行为新增加了信息不明确影响兑奖的情形，因此，对不正当有奖销售行为的概念也应该重新界定。

为了使概念具有很大的容纳性，可以囊括将来法律不断修订变化后的所有情形，笔者认为，不正当有奖销售行为是指经营者违反法律的禁止性规定进行的有奖销售行为，依据现行的《反不正当竞争法》，具体是指信息不明确影响兑奖、欺骗性有奖销售和抽奖式巨奖销售。

四、案例分析：好丽友公司不正当有奖销售行政诉讼案

（一）案情及司法过程❸

好丽友食品有限公司（以下简称好丽友公司）旗下产品好丽友·蘑古

---

❶ 吕明瑜. 竞争法制度研究 [M]. 郑州：郑州大学出版社，2004：225.
❷ 黄赤东，孔祥俊. 反不正当竞争法及配套规定新释新解 [M]. 北京：人民法院出版社，1999：425.
❸ 参见郑州铁路运输中级人民法院行政判决书，（2018）豫71行再20号。

力·图层型装饰饼干（榛子巧克力味）外包装盒上显著标示："想象力俱乐部蘑力大礼包微信抽奖活动""蘑"力大礼包蘑古力的小伙伴们：想象力俱乐部活动第三季已经开始了！将你的"蘑"力时刻分享到微信朋友圈，就有机会获得一份我们为你精心准备的"蘑"力大礼包！一共有20000份哦！快扫右侧二维码参加活动吧！活动时间：2015年11月1日至2016年4月30日，活动详情见好丽友蘑古力微信公众号。奖品共计2万份，其中橙色1万份，绿色1万份，奖品随机发放。同时，好丽友公司在蘑古力微信公众号上公布了这次活动的参加方法、活动时间、中奖名额、中奖发布及活动细则，包括活动期间、奖品设置、参与方式、抽奖方式、获奖发布、奖品派送和相关注意事项。

2016年3月2日，河南省确山县工商管理和质量技术监督局（下称确山工商局）在日常检查中发现辖区内福旺旺购物广场销售的好丽友食品有限公司"蘑古力"饼干涉嫌欺骗性有奖销售，经批准后立案调查。确山工商局经调查认为好丽友公司的行为应视为隐瞒真相的欺骗性有奖销售，构成有奖销售中的不正当竞争行为，并于5月11日作出行政处罚决定：责令好丽友公司停止违法行为，对其作出罚款5万元的行政处罚（下称被诉行政行为）。理由如下：一是参照《国家工商行政管理局关于有线电视台在提供电视节目服务中进行有奖竞猜是否构成不正当竞争行为的答复》，无论是向商品的购买者提供商品，还是向其他有关当事人提供奖品，只要经营者以促销商品为目的，均可构成有奖销售，受《反不正当竞争法》的调整。好丽友公司在其经营的产品外包装上显著标识"想象力俱乐部蘑力大礼包微信抽奖活动"等内容，足以证明其促销商品的特征，其本质是吸引顾客参观、选购商品，实现促销商品的目的，可以认定此次活动属于抽奖式的有奖销售。二是好丽友公司的行为系未明示有奖销售活动相关事项，应当明示而不予明示即隐瞒事实真相，视为欺骗性有奖销售。因为该公司开展此次有奖销售在产品外包装盒上载明了参与方式及奖品，但并未明示中奖概率、兑奖时间、方式等相关事项，只是明示"活动详情见好丽友蘑古力微信公众号"，其行为明显违反了《关于禁止有奖销售活动中不正当竞争的若干规定》第六条❶第一款的规定。

好丽友公司不服,提起行政诉讼。按照河南高院《关于行政案件异地管辖补充规定》,泌阳县人民法院一审审理并经审判委员会讨论。首先,一审法院采纳了确山工商局的观点认定好丽友公司的行为是有奖销售;其次,一审法院同时认为好丽友公司举办的此次抽奖活动是通过微信这一新型网络平台举行的,其相关抽奖事项均已在该平台予以公示,应当认定为原告已经尽到了明示义务,其行为符合法律法规规定,不属于欺骗性有奖销售。因此一审法院作出(2016)豫1726行初106号行政判决,撤销被诉行政行为。

确山县工商局不服一审判决提起上诉。

驻马店市中级人民法院在确认一审事实的基础上,二审认为,第一、好丽友公司以促销商品为目的,在其商品外包装盒上标示微信抽奖活动,虽然微信抽奖不局限商品的购买者,但其面向所有的消费者,目的是吸引消费者购买商品,应当认定为有奖销售。第二、虽然好丽友公司在官方微信号上公布了抽奖活动的相关注意事项,但该明示方式却不能直观地在商品外包装上显示,需要消费者借助电子设备和微信号,通过扫描微信二维码才能知晓活动的具体情况。因此,二审认为该明示方式具有一定的局限性,给消费者知晓有奖销售活动详情增加了必须的条件。第三、《反不正当竞争法》的制定目的是保障社会主义市场经济健康发展,鼓励和保护公平竞争,制止不正当竞争行为,保护经营者和消费者的合法权益。好丽友公司举办的该微信抽奖活动,需要消费者将对蘑古力想说的、想画的、想拍的(含有好丽友蘑古力形象、元素)内容以图片形式转发至朋友圈后截图,并在活动期间扫描蘑古力"仙踪探秘卡"促销装上的二维码,关注蘑

---

❶ 《关于禁止有奖销售活动中不正当竞争的若干规定》第六条规定:"经营者举办有奖销售,应当向购买者明示其所设奖的种类、中奖概率、奖金金额或者奖品种类、兑奖时间、方式等事项。属于非现场即时开奖的抽奖式有奖销售,告知事项还应当包括开奖的时间、地点、方式和通知中奖者的时间、方式。经营者对已经向公众明示的前款事项不得变更。在销售现场即时开奖的有奖销售活动,对超过五百元以上奖的兑奖情况,经营者应当随时向购买者明示。"

古力官方微信服务号,通过点击页面下方"活动专区"菜单内的"参加活动按钮",将截图上传,并填写真实、完整、有效的个人联系方式才能成功参与本次活动。消费者对该有奖销售活动的参与方式,强制性地扩大了商品的宣传,对其他同种或同类商品的公平竞争造成了一定的损害,违反了《反不正当竞争法》的立法目的。因此,二审撤销了一审的行政判决,并驳回了好丽友公司的诉讼请求。

好丽友公司向河南省高级人民法院申请再审。理由如下,第一,二审法院认定事实主要证据不足。首先,好丽友公司的行为不构成有奖销售。《关于禁止有奖销售活动中不正当竞争的若干规定》第二条第一款规定:"有奖销售是指经营者销售商品或者提供服务,附带性地向购买者提供物品、金钱或者其他经济上的利益的行为。"然而在此次活动中任何人即使不购买蘑古力产品,只要按照活动的要求操作成功,就可以参加本次活动并获得相应礼物。即参加蘑古力微信活动不以消费者购买好丽友公司的产品为前提,所涉奖品并非销售商品的附带性利益,不构成有奖销售。其次,即使认定好丽友公司的行为属于有奖销售,但也不构成欺骗性有奖销售。被诉行政行为认为好丽友公司在开展有奖销售时应当明示相关事项却不予明示,是隐瞒事实真相,二审判决就应当审查好丽友公司是否属于不予明示、隐瞒事实真相,是否构成欺骗性有奖销售,但二审判决对此未予回应,却认为"该明示方式具有一定的限制性,给消费者知晓有奖销售活动详情增加了必要的限制条件",二者概念不同,没有必然联系。再次,二审判决认定好丽友公司明示方式具有一定的限制性,属于事实认定错误。好丽友公司利用微信公众号公示有关信息的方式与在包装上明示有关信息的传统明示方式,都是对本次活动有关信息的明示,相对于传统的在商品上进行标识的做法,更加符合社会发展潮流。第二,被诉行政行为明显不当,依法应当撤销,二审判决未全面审查被诉行政行为,属于适用法律错误。被诉行政行为存在未在行政处罚书中表述处罚裁量情况、引用部分依据经检索不存在、与现行执行标准条款不对应、行政行为内容不明确、听证程序流于形式等诸多违法之处,二审法院未对被诉行政行为全面审查,使违反法定程序、处罚结果明显不当的行政行为被确认合法。因此，要求撤销二审行政判决和确山县行政处罚决定。

河南省高级人民法院指定郑州铁路运输中级人民法院再审此案。再审法院在确认原审法院认定事实的基础上，经审理认为，第一，好丽友公司此次组织的活动，参与的方式既可以通过扫描包装上的二维码，也可以通过微信关注蘑古力公众号进入活动区参与活动，即参与该次活动并不局限于商品的购买者，而是面向有意参加该活动的不特定群体。从好丽友公司举办该次活动的目的来看，其要求参加活动人员"把你们想说的、想画的、想拍的、发送朋友圈"，其主要目的应为扩大对其商品的宣传，并非完全是以发放奖品来促进其商品的销售。对商家而言，只要不存在损害消费者及其他经营者的合法权益而采取的扩大对自己产品的宣传和影响力的行为，均应视为正常之举。故确山县工商局认定该次活动为有奖销售行为不当。第二，退一步讲，即使好丽友公司本次活动构成有奖销售，也不应受到行政处罚。行政处罚所针对的对象是具有社会危害性及侵犯他人合法权益的行为。好丽友公司在开展本次活动中，除在产品外包装上标明了该次活动的基本信息外，通过微信进入活动专区后，其对参加活动的方法、步骤、参与方式、活动期间、中奖名额、中奖发布等详情进一步进行了明示，并不存在《反不正当竞争法》第十三条所规定的采用谎称有奖或者故意让内定人员中奖的欺骗方式进行有奖销售；利用有奖销售的手段推销质次价高的商品；抽奖式的有奖销售，最高奖的金额超过5000元的违法情形。况且，随着社会的发展和科技进步，商家利用网络开展有关经营活动的范围越来越广，并逐步被大众认可和利用。由于涉案产品外包装空间的有限性，好丽友公司在客观上无法将该次活动的全部信息均在产品外包装上予以载明，而是通过微信活动专区将相关信息进行明示，该种作法并无不当，也不能据此认定该作法限制了相关公众的知情权。好丽友公司对中奖名额的确定、中奖的发布、奖品派送信息的公布，实质上是对中奖概率、兑奖时间、方式的变通，不能认为其违反了相关规定。现有证据不能证实好丽友公司存在有隐瞒事实真相的欺诈行为。纵观该案，好丽友公司开展本次活动的主要目的是进行产品宣传，没有侵害消费者及其他商家的合法权益。最后，再审法院认为虽然一审判决认定该次活动构成有奖销售不当，但判决结果正确，因此，再审法院撤销了二审判决，维持了一审判决。

（二）分析

该案经过了一审、二审和再审程序，不可为不复杂。虽然该案发生在新《反不正当竞争法》修订前，司法适用也是依据旧法，但并不妨碍在新法下讨论该案。因为新旧法关于不当有奖销售固然规定有所改变，但也有相同点，如都是列举了三类不同的不当有奖销售行为，也都没有对有奖销售作出法律界定等，由此引发的问题依然可能出现。其实，案件的根本分歧在于对以下两个问题的认识：一是好丽友公司的行为是否为有奖销售，二是假如构成有奖销售，是否构成欺骗性的有奖销售。

关于第一个问题，由于《反不正当竞争法》并没有对何为有奖销售作出明确的法律界定，也没有最高院的司法解释，目前只有原国家工商总局制定的《关于禁止有奖销售活动中不正当竞争的若干规定》第二条第一款规定：有奖销售是指经营者销售商品或者提供服务，附带性地向购买者提供物品、金钱或者其他经济上的利益的行为。据此规范性法律文件，有奖销售包括两个层次的法律关系，而且这两个法律关系有主从之别，经营者与购买者之间的购买合同关系是主要关系，经营者与购买者之间的赠与合同是依附于购买合同的，没有购买就没有赠与。如果没有购买只有赠与，则可理解为是经营者的一类宣传活动。该案中，好丽友公司设置的抽奖活动中，消费者参加抽奖活动有两种方式，既可以扫描二维码，也可以微信关注公司公众号，要求参加活动人员"把你们想说的、想画的、想拍的发送朋友圈"，如此便可以抽奖了。可见好丽友公司的抽奖活动并没有要求消费者购买"好丽友·蘑古力·图层型装饰饼干"，不以购买为前提，即主合同关系不存在。由于缺少了一个构成有奖销售行为的主要要件，好丽友公司的行为不是有奖销售。确山县工商局之所以将该公司的行为定性为有奖销售，因其只是看到了"好丽友·蘑古力·图层型装饰饼干"外包装上印制的抽奖活动标示，并没有探究抽奖活动与饼干之间的内在关系是否符合有奖销售的条件。在该案中，饼干外包装实际只是好丽友公司进行抽奖商业宣传的一个介质或平台,并不能看作有奖销售中需要消费者购买的商品。消费者不需要购买该饼干就可以轻易地参加抽奖活动。至于好丽友公司在消费者抽奖活动中能得到什么好处,如获得消费者个人信息或网络流量等,则不是该案考察或关心的主题。

关于第二个问题,实际上就是对有奖销售相关事项或信息的展示是否必须在同一个空间、平面或平台上集中标明,对此该案一审和再审法院都给出了否定的答案。随着网络经济的不断发展,人们利用网络进行商业运作越来越频繁,越来越深入人心,也受到人们的追捧,越来越多的人逐渐接受了这样的经营模式。所以,在自己的产品外包装上指向性地说明抽奖活动的简况,而在公司公众号上详细介绍抽奖活动的信息并无不妥。该案中好丽友公司并没有利用跨时空的信息说明欺骗消费者,没有违反相关法律规定。唯一遗憾的就是针对一些不熟悉网络的人,比如老年人,这样的活动对他们来说会造成一些障碍,因为程序比较繁琐,但即使如此,也不影响他们对"好丽友·蘑古力·图层型装饰饼干"外包装上印制的抽奖活动标示的理解:"将你的'蘑'力时刻分享到微信朋友圈,就有机会获得一份我们为你精心准备的'蘑'力大礼包!一共有20 000份哦!快扫右侧二维码参加活动吧!活动时间:2015年11月1日至2016年4月30日,活动详情见好丽友蘑古力微信公众号。"从这段表述中,任何人,即使不懂"二维码""微信朋友圈",都不会理解为只有购买包装及其内的商品才能抽奖。也许确山县工商局的执法人员多少为那些不懂或不能熟悉利用网络技术参加该活动的人打抱不平,但好丽友公司设置该抽奖活动面向的对象本来就是熟稔现代网络的人,这部分人才是市场上的消费主力军。

面对现代科技发展下的网络经济商业形态,正如再审法院所言,商家只要没有损害消费者和其他经营者的合法权益,其行为就属于正常之举,应该是被允许的。在判断经营者的营销和竞争行为是否违反法律时,社会和法律都应该为其预留一定的空间。

第六节　商业诋毁行为

一、《反不正当竞争法》关于商业诋毁行为的规定及修订

（一）2017年修订前的规定

1993年《反不正当竞争法》第十四条对此行为进行了规定：

第十四条　经营者不得捏造、散布虚伪事实，损害竞争对手的商业信誉、商品声誉。

（二）2017年修订后的规定

2017年《反不正当竞争法》第十一条规定如下：

第十一条　经营者不得编造、传播虚假信息或者误导性信息，损害竞争对手的商业信誉、商品声誉。

（三）改变部分及解析

关于商业诋毁行为的改变部分可归纳为两处：

第一，把原来的"捏造、散布虚伪事实"变为"编造、传播虚假信息"。"捏造、散布"和"编造、传播"只是字词上的变化，实质意义相同。"虚伪事实"和"虚假信息"其实也是一样的意思，只不过"信息"比"事实"范围更广一些，不拘泥于完整的"事情"。更何况，"虚伪事实"从字面上看也存在逻辑上的矛盾，因为既然是事实，怎么可能虚伪？因此改为"虚假信息"较合适。

第二，增加了"误导性信息"，且与"虚假信息"并列。在现实经济生活中，从对他人商誉造成负面影响的信息来看，假的、未曾发生过的主观杜撰的不利信息固然会损害竞争对手的商业信誉、商品声誉，但是，有时即便是真的事情或信息，若经不恰当的表述和传播，也会起到同样的作用，所以，仅用"虚假信息"又偏窄，增加"误导性信息"可以更好地保护经营者的商业信誉、商品声誉。这也是对司法实践的一种

法律回应。

二、关于商业诋毁行为的基本理论

(一) 商业诋毁行为的含义

商业诋毁行为是指在市场竞争中，经营者通过编造、传播虚假或误导性信息，损害竞争对手的商业信誉或商品声誉的行为。该种行为又被称为商业诽谤行为、损害商誉行为、商誉诋毁行为、诋毁商誉行为、商业信誉诋毁行为等。不管名称是什么，它与民法上的名誉侵权既有相同的地方，也有不同的方面。虽然都是对名誉的侵犯，但民法上的名誉侵权给被害人带来更多的精神损害和压力，而商誉被侵犯往往会使被害者丧失更多的竞争机会和经济利益。

(二) 商业诋毁行为的性质

商业诋毁行为是一种不正当竞争行为，其不正当性主要体现在对市场同行业竞争者商誉的不当侵害上。

"商誉"有时指商业信誉和商品声誉的总和，有时专指商业信誉。就商业信誉和商品声誉的关系而言，前者包含后者。只是在某些特定情形下，经营者的某些或某个商品声誉受到影响而其整个商业信誉影响并不大时，使用商品声誉更准确，也是权利义务责任划定的明确依据，不可任意扩大或缩小。

所谓"商业信誉"，是指社会公众对某一生产经营者的生产经营管理水平、资信状况、企业财务状况、产品质量、售后服务、社会责任、企业形象、商业道德等的综合评价。其中，社会公众既包括供应商、贷款人，也包括政府机关、购买商以及广大消费者。一个经营者的商业信誉越高，则其市场交易机会就可能越多，就可能占有更多的市场份额，赢利空间就越大，在市场竞争中更容易继续生存发展壮大。否则相反。而较高的、良好的商业信誉是经营者通过长期坚持不懈地努力的结果。他们诚实经营、公平竞争，不断创新产品，提高服务质量，价格合理公道，勇担社会责任，其付出得到的回报就是市场对其良好的评价，以及附随而来的大量的交易额。一旦商业信誉遭到破坏，其市场交易额会受到很大的影响，一落千丈，甚至企业会因此遭受灭顶之灾，宣布破产，被市场淘汰出局。由此可知，商业信誉是经营者的一种无形资产，包含着或可带来不确定的未来可期的财产利益。商业信誉的形成相对缓慢，不是一蹴而就的，需要一个长期的积累过程，但与此相反，商业信誉却可以瞬间崩塌，毁于一旦。要重新树立商业信誉更需要付出漫长的艰辛的努力。正所谓病来如山倒，病去如抽丝。因此，经营者无不重视自己的商业信誉，格外珍惜自己的羽毛，即使不要求奇、高、特、好，但也不允许有任何玷污。

某种程度上可以说市场经济也是商誉经济，市场经济的核心是竞争，商誉是竞争的结果，也是竞争的法宝。在激烈的市场经济竞争中，尤其是一些同行之间，一些经营者为了不被淘汰，在通过自己的努力和正当竞争手段无法获取想要的市场份额时动起了歪脑筋，在贬低他人商誉上做文章。通过编造、传播不利于对方市场交易活动的虚假信息或者误导性信息，使社会公众信以为真，不再对竞争对手有好的印象，降低了与竞争对手的交易意向，而转向与自己交易。当市场供给者十分有限时，这招应该特别奏效。如此一来，在打压对手的同时提高了自己，典型的损人利己行为。殊不知这样做的结果是：一方面，扰乱了正常的市场竞争秩序，市场竞争机制被抑制，不能实现真正的优胜劣汰，反而可能形成劣币驱除良币的局面；另一方面，使社会公众丧失了对有关产品进行客观和合理比较后的选择机会，侵害了消费者的选择权，阻碍了他们享受优质产品可能带来的福利。因此，这种行为毫无疑问是一种不正当竞争行为。

商业诋毁行为是为国际社会和世界上主要国家都普遍予以禁止的行为。《巴黎公约》第十条之二（3）规定："下列各项特别应予以禁止：不择手段地对竞争者的经营场所、商品或工商业活动制造混淆的一切行为；在经营商业过程中，实施损害竞争者营业所、商品或工商业活动商誉性质的虚伪说法；在经营商业中使用会使公众对商品的性质、制造方法、特点、用途或数量易于产生误解的表达或说法。"其中第二点是典型的诋毁商誉行为。世界知识产权组织在《反不正当竞争示范条款》对此作了进一步的阐释：任何虚假的或不合理的、没有根据的说法，损害或可能损害其他企业或其活动的信誉，特别是损害此类企业提供的商品或服务的信誉的，构成不正当竞争行为。2004德国年《反不正当竞争法》第四条第七项和第八项涉及商业诋毁。其中，第七项是关于贬损经营者的规定，包括真实或虚假的事实陈述以及价值判断。由于德国《宪法》第五条第一款保护言论表达自由，因此，只有那些滥用批判或者无客观原因的批判才构成不正当诋毁企业主或其产品在言论受众中所享有的商誉的行为。第八项则禁止陈述或散布有损于竞争者商业或信誉的虚假或未经证实为真的事实。具体为：（1）诋毁或贬低其他竞争者的可识别标志、商品、服务、活动、个人或业务状况；（2）陈述或散布有关其他竞争者的商品、服务、业务状况或企业经营者、管理层成员的事实，这些事实须为不完全真实的并达到足以损害企业经营或经营者信用之程度；如果传达方式是秘密的且陈述人或受领人对此传达享有合法利益，则只有在陈述或散布虚假事实的情况下才构成不正当竞争。❶

日本《防止不正当竞争法》第二条第一款第十一项规定，禁止通讯可能危及竞争关系中另一方竞争者商业信誉的虚假事实主张。如果行为人为引诱消费者购买他自己的产品而不是他人的产品，不实地假装其与受有损害的主体有关系，则该行为也构成诽谤。由受损一方承担举证责任。❷

法国通过不正当竞争之诉来保护公平贸易。贬损是主要的案例类型。在法官看来，当一种商业言论的目的明显在于转移竞争者的顾客时，这种行为被认为不正当并因此构成贬损。❸ 美国则通过普通法和《兰哈姆法》第四十三条第一款的原则规定对虚假广告和产品贬损行为进行规制。

三、商业诋毁行为的种类及认定

根据不同的标准可以将商业诋毁行为做不同的分类。根据诋毁行为所

---

❶ 弗诺克·亨宁·博德维希. 全球反不正当竞争法指引. 黄武双,刘维,陈雅秋,译. 北京：法律出版社，2015：289，307，308.

❷ 同❶，450.

❸ 同❶，275.

指向的对象是否特定,可分为针对特定的竞争对手的诋毁行为和针对非特定的竞争对手的诋毁行为。根据诋毁行为所利用的信息的特点,可分为利用虚假信息的诋毁行为和利用误导性信息的诋毁行为。根据诋毁行为人是否由自己实施可分为经营者自己实施的诋毁行为和经营者指使他人实施的诋毁行为,等等。无论哪种类型的商业诋毁行为,都应该与法律的构成要件相吻合。

根据《反不正当竞争法》第十一条的规定,认定商业诋毁行为时,应包含下列三个要件:

第一,实施主体是经营者。

本条所称的"经营者",系指《反不正当竞争法》第二条第二款规定的"从事商品生产、经营或者提供服务的自然人、法人和非法人组织。"除此之外,经营者还必须与被诋毁者为竞争对手。

正常情况下,落实实施诋毁的主体有两类,一是经营者自身,二是经营者的自然人成员。需要注意的是,有些法人或非法人组织中的自然人成员实施诋毁行为是否必然认定为经营者,倒也未必,应具体问题具体分析。法人代表或合伙组织中的主要成员毫无疑问可以认定为经营者。通常情况下,组织中的其他职工实施的诋毁属于职务行为,那肯定是代表经营者,可认定为经营者的行为;否则应该认定为个人行为。特殊情况下,其他成员也可视其在组织中的地位、级别,并结合动机来决定。比如,一位法人的副经理,同时又是法人代表的妻子,对法人的竞争对手在其个人的微博中撰文进行诋毁,该行为并非在法人的授意之下实施,不属于职务行为。然而,博文中把被诋毁者称为竞争对手,结合其与法人代表特殊的关系和在法人组织中的职位,最终法院还是认定该行为属于商业诋毁,亦即这位法人的副经理可认定为经营者。[1]

有些情况下,经营者也会利用其他人或其他组织对竞争对手进行诋毁,此时,无论其他人或其他组织是否为经营者,他们均与经营者一同作为商业诋毁行为的实施主体,对被诋毁者承担侵权责任。比如,有些网络

---

[1] 上海市第一中级人民法院民事判决书(2011)沪一中民五(知)终字第229号。

水军专门为经营者雇佣来污蔑、诽谤竞争对手，或经营者借助媒体力量作宣传抹黑竞争对手等。这些被雇佣者和媒体都会成为诋毁主体。

当然，如果消费者或普通公众、新闻单位没有和任何经营者合作，只是对市场上经营者的产品或服务质量等进行正常的批评、评论，即使借机诽谤、诋毁、内容失实损害到经营者名誉的，也应当认定为民法上的侵害名誉权，而不是商业诋毁。不过，随着自媒体时代的到来和高速快捷的传播效率，有些人为了提高个人公众账号、微博的点击量，吸引人的眼球，恶意对一些有名的企业进行诽谤和诋毁，这就不能简单地认定为民法上的侵害名誉权了，而应该将其认定为商业诋毁，因为这些人利用点击量提高知名度的行为本身也可以算作经营者了。也许有人觉得他们与经营者之间不是竞争对手，认定商业诋毁是否冤枉？下面就说说竞争对手的问题。

何谓竞争对手？传统上将同业竞争的经营者称为竞争对手，即一般将生产、销售相同或相似的商品或服务的经营者认定为竞争对手。但随着技术生产力和商业形态的不断进步发展，竞争对手应作广义的理解。就产品而言，不同类型的商品可能功能相似，可以相互替代，这些商品的生产者就可视为某些功能领域的竞争对手。例如，照相机和手机的生产商虽然生产不同的产品，一个生产照相机，一个生产手机，但由于手机具有照相功能而使得这两种不同产品的生产商和经销商成为在照相技术功能领域的竞争对手。实际上，凡是经营者都存在竞争关系，都可能成为竞争对手。尽管他们提供的产品或服务不同，产品也没有相同或相似的功能，但由于所有的经营者都有共同的目的，即如何把消费者口袋里的钱掏出来。面对同样的消费者或客户群，不同的经营者之间是存在这样的竞争关系的，实质上是竞争对手。如网络游戏提供者、社交软件提供者、视频网站可能因争夺网络用户的上网流量、广告机会而成为竞争对手；家居销售商和烟草经销商可能为争夺与同一个购买者的交易机会而成为竞争对手。因此，在认定是否竞争对手时，不能墨守成规、一成不变，而应与时俱进。正如世界知识产权组织《反不正当竞争示范条款》第五条"注释"："通常，被攻击的个人或公司是竞争对手，或者至少在他们之间存在竞争关系。但是，不仅竞争者之间，而且像消费者团体、媒体也会作出违反公平竞争原则的行为。如果他们对经营者的商品、服务或商业行为作出虚假的或不恰当的陈述,则应当对他们提起商业诋毁的诉讼。"

综上所述,商业诋毁的实施主体是经营者,且与被诋毁者之间是竞争关系。对一些表面上不是经营者或与被诋毁者没有明显的直接竞争关系的行为实施者,如何认定其是否经营者,依笔者之见,应该从是否因此诋毁行为而从市场竞争中获利来权衡,如果是获得利益则可认定为经营者,否则就不宜认定为经营者。

第二,行为的客观表现是编造、传播虚假信息或者误导性信息。

严格说来,商业诋毁行为的表现是编造、传播与竞争对手有关的虚假或误导性信息,与竞争对手无关的信息对其不会造成实质性的影响,自然也就不会构成商业诋毁。由于商业诋毁的目的是降低竞争对手的市场信誉度,从根本上摧垮其竞争力,所以,只要是可以影响市场竞争力的方方面面的因素,都可能成为实施者的信息工具,如竞争对手的企业经营状况、商品或服务的质量、财产信用状况、企业领导人与竞争有关的个人情况和生活、道德记录等等。认定实施者的行为是否符合要求应注意以下几个方面。

信息的性质应是虚假或误导性的,二者有所不同,只要具备其一即可。虚假信息是内容不真的信息,该信息与既有事实不符,歪曲事实,或根本未曾发生过,纯属子虚乌有。如无中生有地说竞争对手没有供货能力,说某家馒头店使用洗衣粉蒸馒头等。误导性信息一般指信息真实,但是仅陈述了部分事实,容易引发错误联想的信息。即使有时说的是大实话,但由于口气的不同,也会导致相关人员对所涉信息主体的不利的误解。如某企业老板上了警车,其实是配合公安部门调查一起重大刑事犯罪案件。结果被竞争对手在社会上大肆传播,不明就里的人们不免会产生一些该企业老板违法犯罪之类的联想,对企业当然是负面的影响,像这些就属于真实但具有误导性的信息传播。

编造出来的信息只有经过传播才会发挥作用,对竞争对手不利的虚假信息或误导性信息只有散布出去才会给其以有力的打击,才能侵害到其商誉,才能使其臭名昭著,才能为自己赢得更多的交易机会和市场份额。如果经营者编造竞争对手的虚假信息仅仅是用来在办公室里"自娱自乐",并没有向大众传播则不能构成商业诋毁。不过,编造者往往会情不自禁地传播出去。假如编造者和传播者不是同一个主体,可能存在两种情况:一是编造者和传播者为不同的经营者,则二者均作为商业诋毁行为主体,共同承担侵权责任;二是编造者不是经营者,但传播者是经营者,则作为非经营者的编造者由于主体不适格,所以其承担的是名誉侵权责任;传播者是商业诋毁行为的主体,要承担相应的商誉侵权法律责任。这就是说者无心,听者有意了。

实践中,传播的方式多种多样,有口头传播的,有书面形式如文字、图画传播的;有指名道姓明确表示的,也有含沙射影隐晦暗示的;有通过广播、电视、报纸、期刊、印刷品、电话等大众传播媒介传播的,也有在产品订货会、发布会等交易场所传播的;有向不特定的社会大众传播的,有向竞争对手的交易伙伴定向传播的,等等。当然,传播者为达到目的,也有同时采用多种综合形式的,如当众砸车并配以标语宣称某公司汽车产品不合格,这中间既包括口头、又包括书面,还包括行为传播方式。

认定是否传播与受众有关,传播者自认为传播了,但如果没有受众不能认定为传播;反之,只要有受众就可认定为传播了,受众人数的多少只影响造成的损害大小。

由上可知,经营者在论及竞争对手时一定要谨言慎行,防止祸从口出,因为无论是虚假信息还是真实但可能引起误解的信息都可能让人浮想联翩,构成商业诋毁。

下面探讨一个有趣的巧合情况是:当一个经营者凭着自己的直觉通过一些蛛丝马迹推断出竞争对手出现了财务问题或其他经营困境,即遍为传播,弄得圈内人人皆知。同时,竞争对手也的确在为此犯愁,但此信息还属于公司机密,并不被外人知晓,竞争对手的保密工作做得很到位很充分。那么这种"真实的谎言"该如何认定其行为性质?有一种观点认为,虽然某项事实客观上是真实的,但只要行为人无法证明其真实性,此项事实依然并不真实,而是虚伪的。举例说,A公司称其竞争对手B不具有供货能力,B因此起诉A公司诋毁了自己的商业信誉,要求其承担民事责任。在诉讼中，A 必须证明 B 真的不具有供货能力，只有这样他散布的事实才是真实的。即使 B 实际上真的不具有供货能力，只要 A 无法证明这一事实，其声称的事实仍然是虚伪的。❶ 言外之意，这种"真实的虚假"亦可能构成商业诋毁。然而，对此观点笔者有点疑惑，在商业诋毁民事案件中，商业诋毁行为的实施者往往是被告一方，被告固然有证明自己所言并非虚假的责任，不过，根据谁主张谁举证的基本原则，同时原告也有证明对方所言是虚假的责任。在上面特殊的案例中，如果原告能够证明对方所言信息属于虚假信息，则其提供的证据是假的，这是违反证据法规则的，法庭不会采信；但如果原告拿出的证据恰恰证明对方所言是真的，作为原告无论如何是不愿也不会向法庭出示的。当原告不能证明对方所言信息的虚假性，而被告又无法证明自己所言属于真实的，哪一方将承担败诉的风险？换句话说，经营者的推断并传播行为是否为商业诋毁？依笔者之见，在此情况下，应该免除原告的证明责任。原因是，既然市场经济的真谛是竞争，这样的竞争就应该是公平竞争。如果允许经营者向竞争对手"泼脏水"，同时要求对手自证清白，就等于要求竞争对手交出自己的经营信息，甚至可能是商业秘密，这样的做法当然显失公平，是对不正当竞争的变相鼓励和支持。如果经营者都通过这样的方式来竞争，市场秩序岂不乱套？

第三，有损害后果。

经营者编造、传播虚假信息或者误导性信息必须损害了竞争对手的商业信誉、商品声誉才能构成商业诋毁，也即必须有损害后果。需要注意的是，这种损害并不仅仅是指实实在在已经发生的损害，而且还包括只要发生损害的可能性。换句话说，假如经营者编造、传播虚假信息或者误导性信息没有损害或不可能损害竞争对手的商业信誉、商品声誉则不构成商业诋毁。如虚假信息是正能量或有利于竞争对手的信息，虽然这样的情况很少见，但不能排除，此种情况下当然不构成商业诋毁。

---

❶ 邵建东，方小敏，王炳，唐晋伟. 竞争法学 [M]. 北京：中国人民大学出版社，2009：170-171.

四、案例分析

(一) 两家婚纱摄影公司商业诋毁案[1]

深圳市维纳斯婚纱摄影有限公司（以下简称维纳斯公司）诉深圳市米兰新娘文化发展有限公司罗湖分公司（以下简称米兰罗湖公司）、深圳市米兰新娘文化发展有限公司（以下简称米兰公司）案。

1. 案情及司法过程

维纳斯公司的经营范围包括摄影、婚庆服务。米兰公司的经营范围包括摄影、婚纱及相关设备出租、婚纱的购销等。米兰公司罗湖分公司系隶属于米兰公司的分支机构。两家公司毗邻。有一客户到米兰公司罗湖分公司，与该公司的销售人员有一段对话，这段对话内容载于原告提交的一张光盘上。对话内容包括：销售人员对其公司产品的宣传推销；在客户主动提出："在隔壁看了一下"后，销售人员在与客户的对话中涉及维纳斯公司的内容；上诉人、被上诉人均确认两家门店毗邻，该隔壁意指上诉人店铺。且，视听资料显示对话双方亦非第一次见面交流。对话中米兰分公司销售人员涉及维纳斯公司的内容有："维纳斯他们跟我们家没得比，因为在深圳的话，我们是属于一线品牌公司，他们在深圳就是属于二线到三线的……不像那些小公司，像维纳斯、金夫人那些的话，中间他的化妆师会给你推销化妆用品，就是额外要加钱啊，可能要在你定的套餐的基础上额外再加个一二千、二三千这样子，我们家的话，唯一的就是不包餐，其他的全包了……"据此，原告认为米兰公司销售人员在对不特定的消费者进行业务推销时，贬低同业竞争者，捏造事实诋毁同业竞争者有乱收费现象，以此不正当手段获取业务，给上诉人造成了无法估量的损失。维纳斯公司将米兰罗湖分公司、米兰公司起诉至法院。请求法院判令：（1）米兰罗湖分公司立即停止侵权行为；（2）米兰罗湖分公司赔偿经济损失及维权合理费用合计10万元；（3）米兰罗湖分公司消除其侵权行为对维纳斯公

---

[1] 广东省深圳市中级人民法院民事判决书（2016）粤03民终8319号。

司造成的影响；（4）米兰公司与米兰罗湖分公司对第（2）项诉讼请求承担连带赔偿责任；（5）米兰公司与米兰罗湖分公司承担该案诉讼费用。

经审查，一审法院首先对该份视听资料的真实性、合法性予以确认。其次，对于关联性法院认为：第一，该份视听资料虽真实、合法，但仍存在以下问题：（1）不足以证明对话人员的具体身份；（2）不足以证明对话人员实施的该行为系代表米兰公司、米兰罗湖分公司或是其意思的表示。第二，视听资料中涉及维纳斯公司的内容有"维纳斯他们跟我们家没得比，因为在深圳的话，我们是属于一线品牌公司，他们在深圳就是属于二线到三线的……不像那些小公司，像维纳斯、金夫人那些的话……"从上述对话的具体内容来看，仅仅是对话人员基于个人喜好、价值判断等进行的一般性或者泛泛的商业评价，按照行业内的一般理解尚不足以造成事实上确能贬低他人商誉的具体损害后果。综上，维纳斯公司提交的证据并不足以证明米兰罗湖分公司实施了法律禁止的商业诋毁行为，维纳斯公司的诉讼请求因证据不足，原审法院不予支持。

维纳斯公司不服一审法院判决，向深圳市中级人民法院提起上诉，理由是：第一，一审未审理的事实。被上诉人工作人员米某称："……像维纳斯、金夫人那些的话，中间他的化妆师会给你推销化妆用品，就是额外要加钱啊，可能要在你定的套餐的基础上额外再加个一二千、二三千这样子，我们家的话，唯一的就是不包餐，其他的全包了……"第二，事实认定错误。米某处于米兰罗湖分公司的工作场所，持有米兰公司的公章对外销售，其职务行为代表两被上诉人的意思表示，后果应由两被上诉人承担。一审两被上诉人的代理人已承认米某为米兰公司罗湖分公司的工作人员身份。

二审法院在确认光盘记录信息真实性的基础上，提出了以下观点：首先，对话是被上诉人销售人员在对方主动提起另一公司的前提下表述的；其次，从对话内容可知，双方此前曾见面交流过，存在其他对话内容；同时，上述视听资料仅是一次对话的内容。况且，上诉人亦未举证证明销售人员所述构成捏造虚假事实，并存在散布行为。综合来看，被上诉人工作人员的相关言论在主观上并无刻意诋毁他人商业信誉的故意，最多是表达对话人的个体认知和个人喜好,更多表现为个人的一种泛泛而谈的商业观点,对话内容并未超出对话人的个体情感、价值取向和判断;客观上,现有证据未证明上述言论存在捏造情形,且双方仅有的较为私下的对话内容在客观上也不构成散布,上述言论亦未达到造成上诉人商业信誉和商业声誉损害的结果。

法院在判决中从商业社会的角度对市场主体的商业道德做了进一步论证:经营者在市场交易中,市场竞争行为是普遍存在的。竞争行为的正当性是按照公认的商业道德标准进行衡量和判断的,但公认的商业道德不能理想化,不能混同于理想化的一般道德。否则会使对竞争行为的判断走向理想化和"高尚化",抬高经营者的道德标准,模糊市民社会和商业社会的界限。经营者和相关公众有进行商业评价的言论自由,但其评价自由又以不损害他人为权益边界。该案双方作为同业竞争者,被上诉人有些措辞以良好商业言论的标准衡量,或许带有同行相轻之意,但通过将上述内容的发生地点、发生原因、表达方式、影响形式、影响范围等多种因素进行综合判断,该对话并不足以造成达到行业内一般理解的损害商誉的结果。况且是否构成不正当竞争中的商业诋毁仍需要以法律观念和标准进行衡量。因此,二审法院认为上诉人的上述证据不足以证明被上诉人实施了法律禁止的商业诋毁行为,故对原告的请求不予支持,并最终作出驳回上诉、维持原判的判决。

2. 分析

该案争议的焦点无疑是米兰公司销售人员的行为是否构成商业诋毁。按照前述分析,商业诋毁行为的要件包括三个方面:主体、客观方面及损害结果。

从主体方面来看,该案中的维纳斯公司和米兰公司均为提供摄影、婚庆等服务的经营者,相互之间具有直接的竞争关系,符合主体要件。

从客观方面来看,根据上面案情中所提供的信息,维纳斯公司不能证明米兰公司销售人员所言内容为虚假,"现有证据未证明上述言论存在捏造情形,且双方仅有的较为私下的对话内容在客观上也不构成散布"。法庭从主观方面还进行了论证,认为米兰公司销售人员的"相关言论在主观上并无刻意诋毁他人商业信誉的故意,其多是表达对话人的个体认知和个人喜好,更多表现为个人的一种泛泛而谈的商业观点,对话内容并未超出对话人的个体情感、价值取向和判断"。

从结果来看,法院认为这样的言论并没有造成维纳斯公司商业信誉和商品声誉的损害后果。

综上所述,米兰公司销售人员的行为不构成商业诋毁。

法院的判决固然没有不妥,然而笔者在此想就该案中的问题做进一步的探讨。

一是商业诋毁的方式除了编造、传播虚假信息,还有引人误解的信息。维纳斯公司在该案中并没能证明米兰公司销售人员言论的虚假性,但其实还可以证明这种并非虚假的言论可能导致引人误解,维纳斯公司可能也想从这个角度为自己辩解,如其在向法院提交的要求中提到"乱收费现象",但最终由于在2016年发案,当时的《反不正当竞争法》第十四条只要求是虚假信息,并无"误导性信息"的用语,所以只能惜败。当然,即使按照现行的法律规定,是否构成误导性信息也是一个问题。因为在服务的过程中向客户不断推销产品加收额外费用属于正常的营销模式,一般不会导致客户认为是乱收费用。所以米兰公司销售人员的言论既非虚假也不具有误导性,其行为当然不构成商业诋毁。

二是商业诋毁行为的构成要件是否需要"故意"。依笔者之见,"传播"本身就带有"故意"的成分,没必要专门把"故意"作为一个要件。当然通过是否具有"故意"可以证明是否在"传播"。该案中,米兰公司销售人员是在客户提到维纳斯公司时才说出涉案言论,可以证明其不具备主动贬低对方的"故意"。其实,从经济竞争学的角度来看,竞争对手之间"故意"相互比较谈论对手的缺点或不足,同时突出讲自己的优势或长处,应是商界常见之事,亦可理解为另一种形式的商业宣传。有的甚至通过专门的比较广告来实现,只要不逾越法律的界线即可。因此,"故意"作为商业诋毁的构成要件实属多余。

三是关于商业诋毁的举证问题。按照谁主张谁举证的诉讼法原则,商业诋毁案件中的原告即认为自己商业信誉、商品声誉受到影响的经营者，毫无疑问，应该从主体、客观方面及损害后果三个方面去举证，尤其要举证证明被告所言为虚假信息或具有误导性。当然，被告应该证明自己所言属实。该案中，维纳斯公司因没能证明米兰公司销售人员所言为虚假信息而败诉。不过，当原告证明被告的信息是虚假时，势必要提供己方真实的行为或信息，在此情况下，就有可能公开自己并不想被对方所知的一些内容。当原告不愿公开这些信息时，即便是有能证明对方所言为虚假的关键证据也不愿拿出，就会承担败诉的风险；当这些证据为原告的竞争策略或竞争优势时，一旦拿出岂不是自毁江山？因此，笔者建议在商业诋毁行为案件中应该实行举证责任倒置原则，让被告承担举证责任似乎更合理。

（二）两家金融服务公司商业诋毁案[1]

1. 案情及司法过程

原告信和财富投资管理（北京）有限公司（以下简称信和财富）向法院诉称，2016年2月4日，深圳市人人聚财金融信息服务有限公司（以下简称人人聚财）在其经营的官方网站上的新闻栏目（网址：××/news/newsDetails-147537.html）发表了一篇名为《信和财富投资欺诈》的文章，文章标题及文章内容存在多处与客观事实不符的虚构内容，严重损害原告的商业信誉和产品声誉，导致原告的社会评价极速下降，造成原告一定的经济损失。首先，人人聚财在毫无事实依据的情况下直接在文章标题指出"信和财富投资欺骗"，严重诋毁原告的商业声誉；其次，文章还称"信和2012年才在工商局注册的，时间较短，每年能借出去那么多钱，风控做的怎么样，只有他们老板知道"，毫无事实依据地暗示原告风控体系存在问题，企图误导读者；再次，文章还声称原告的主要服务对象是弱势贫困人群，实际上，原告的主要服务对象为存在资金需求的一般个人及企业，并非如被告所捏造的仅针对"弱势贫困人群"，被告的描述与事实严重不符。原告与人人聚财均为从事投资管理、投资咨询、资产管理业务的企业法人

---

[1] 广东省深圳市南山区人民法院民事判决书（2016）粤0305民初6493号。

经营者，服务及产品对象均为广大的投资者和资金需求者，双方存在明显的竞争关系。鉴于行业的特殊性质，投资者对于该类企业的商业信誉和产品声誉极其看重，在投资前一般会先通过各种渠道了解意向企业的社会评价，而其中最为常用的渠道就是百度搜索，被告自公开发布上述侵权文章后，已被众多投资者阅读，且以"信和财富"为关键词在百度网站搜索引擎上检索"信和财富投资欺骗"在百度上的反馈结果排名前列，被告所捏造的虚构事实在一定程度上已误导投资者，导致原告的社会评价严重下降，商业信誉及产品声誉受到极大损害，直接影响了原告的经营销售额。因此，请求法院：（1）判令被告立即停止其商业诋毁行为，删除标题为《信和财富投资欺骗》的侵权文章；（2）判令被告于判决生效之日起15日内，分别在其官方网站××、《深圳特区报》上刊登致歉声明（内容经人民法院审核）持续30天，以消除对原告的消极影响；（3）判令被告承担原告为制止其侵权的合理费用，共人民币25,602元；主要包括律师费人民币2.4万元、公证费人民币1,602元；（4）判令被告承担本案全部诉讼费用。

被告深圳市人人聚财金融信息服务有限公司辩称，（1）本案所涉文章内容皆为事实，所用语言皆为中性语言，并无褒贬，未误导读者；（2）原告称所涉文章造成社会评价严重下降、商业信誉及产品声誉受到极大损害、直接影响原告经营销售额与事实不符；（3）原告起诉被告为恶意竞争行为；（4）原告律师费、公证费与本案无关。

法院认为本案为商业诋毁纠纷，并查明原告与被告之间存在商业竞争关系。被告在其主办的网站上发布标题为"信和财富投资欺骗"文章，并在文章内容中有意引导读者认为原告的风控体系有问题，并明确指出原告的主要服务对象为弱势贫困人群。原、被告对上述事实基本无异议，双方的争议焦点主要在于该文章的标题及内容是否存在捏造、散布虚伪事实的情形。

法院认为，在涉案当事人相互之间存在市场竞争关系的前提下，一方在其网站上发布与对方公司有关的信息，应当相当慎重，否则，发布他人企业及其服务的虚假或不当信息，甚至有时散布真实但不全面的事实都极有可能损害他人信誉或声誉。本案中，首先，上述文章中存在以下不当表述或虚假信息："信和2012年才在工商局注册的，时间较短，每年能借出去那么多钱，风控做的怎么样，只有他们老板知道""主要服务对象是弱势贫困人群"等，同时，文章的标题为"信和财富投资欺骗"。其次，被告在该文章中使用的是显然不利于同行业与其存在竞争关系公司的语气、措辞。再次，对于原告是否为投资欺骗等观点，被告并未提交任何依据予以证明。最后，被告称其在收到原告律师函（2016年4月18日）后已积极配合修改标题及文章敏感词汇，但因"信和财富投资欺骗"文章发布于2016年2月4日，在自文章发布至被告修改文章期间，已有多人点击浏览，造成对原告名誉的损害。因此，被告的行为已经构成商业诋毁，应当依法承担相关民事责任。

最终，依照原《反不正当竞争法》第十四条、《中华人民共和国民事诉讼法》第六十四条第一款之规定，法院判决被告立即停止对原告的商业诋毁行为，在其官方网站上删除标题为"信和财富投资欺骗"的文章和刊登致歉声明，并赔偿原告1.5万元。

2. 分析

该案为典型的商业诋毁案。

双方当事人均为从事投资管理、投资咨询、资产管理业务的经营者，具有直接的竞争关系，符合主体要件。

从客观方面来看，被告的行为包括两个方面，一是编造并传播了虚假信息，如毫无根据地在网站发表文章说原告投资欺骗；二是发表了事实性言论，如"信和2012年才在工商局注册的，时间较短，每年能借出去那么多钱，风控做的怎么样，只有他们老板知道"，但是却具有相当大的误导性，因为按照汉语的表述习惯和语气理解，客户从该段文字中很容易悟出诸如"原告的风投做的不好"此类含义的信息，对于靠信誉立身、竞争的金融服务领域来说，无疑是不利的，相对就会降低原告的商业信誉，很可能会失去一部分潜在的客户和市场。

从后果来看，由于被告是在自己经营的网站上发表的商业诋毁文章，传播面相对较广且迅速，从原告提供的证据来看，已有多人浏览。虽然还无法证明原告具体的实际利润损失，但"多人浏览"意味着原告在这些已经浏览过的读者心目中的商誉受损，随之而来的就是客户的减少，存在着很大的实际损害可能性。正因为如此，法院判决被告违法行为成立。

值得注意的是，虽然上述两个案例中的主体都为直接的竞争关系，但需明确的一点就是只要双方存在竞争关系即为竞争对手，间接的竞争关系主体也符合商业诋毁行为的主体要件，当然，直接的竞争关系主体更加契合。另外，就是商业诋毁的后果有两种情形，既包括已经造成损害后果，也包括可能造成损害后果，满足其中一个即为符合条件。

第七节 网络不正当竞争行为

一、2017年《反不正当竞争法》增加关于网络领域不正当竞争行为的规定

（一）规定内容及修订过程

新法第十二条对网络领域不正当竞争行为进行了规定：

第十二条　经营者利用网络从事生产经营活动，应当遵守本法的各项规定。

经营者不得利用技术手段，通过影响用户选择或者其他方式，实施下列妨碍、破坏其他经营者合法提供的网络产品或者服务正常运行的行为：

（一）未经其他经营者同意，在其合法提供的网络产品或者服务中，插入链接、强制进行目标跳转；

（二）误导、欺骗、强迫用户修改、关闭、卸载其他经营者合法提供的网络产品或者服务；

（三）恶意对其他经营者合法提供的网络产品或者服务实施不兼容；

（四）其他妨碍、破坏其他经营者合法提供的网络产品或者服务正常运行的行为。

第三章　典型不正当竞争行为的认定

不过，在此之前该条款也经过了两次变动。

原国家工商局工交商事法制司向社会征求意见而颁布的《中华人民共和国反不正当竞争法》（修订草案送审稿）第十三条规定：

经营者不得利用网络技术或者应用服务实施下列影响用户选择、干扰其他经营者正常经营的行为：

（一）未经用户同意，通过技术手段阻止用户正常使用其他经营者的网络应用服务；

（二）未经许可或者授权，在其他经营者提供的网络应用服务中插入链接，强制进行目标跳转；

（三）误导、欺骗、强迫用户修改、关闭、卸载或者不能正常使用他人合法提供的网络应用服务；

（四）未经许可或者授权，干扰或者破坏他人合法提供的网络应用服务的正常运行。

在征求社会意见的基础上，原国家工商局向全国人大常委会送审的《中华人民共和国反不正当竞争法》（修订草案）第十四条对上述规定进行了整合增减：

第十四条　经营者不得利用技术手段在互联网领域从事下列影响用户选择、干扰其他经营者正常经营的行为：

（一）未经同意，在其他经营者合法提供的网络产品或者服务中插入链接，强制进行目标跳转；

（二）误导、欺骗、强迫用户修改、关闭、卸载他人合法提供的网络产品或者服务；

（三）干扰或者破坏他人合法提供的网络产品或者服务的正常运行；

（四）恶意对其他经营者合法提供的网络产品或者服务实施不兼容。

在采纳了有些常委会组成人员和地方、部门、企业的意见建议的基础上，全国人民代表大会法律委员会经研究认为，互联网领域的不正当竞争行为，一部分属于传统不正当竞争行为在互联网领域的延伸，对此应适用本法其他相关规定进行规制；一部分属于互联网领域特有的、利用技术手段进行的不正当竞争行为，对此可通过概括加列举的形式作出规制，并增加兜底条款,以适应实践发展的需要。据此,建议对修订草案的上述规定作以下修改:一是明确规定,经营者利用网络从事生产经营活动,应当遵守本法的各项规定;二是针对互联网领域特有的不正当竞争行为作出概括性规定:经营者不得利用技术手段,通过影响用户选择或者其他方式,从事妨碍、破坏其他经营者合法提供的网络产品或者服务正常运行的行为;三是增加一项兜底条款。❶

(二) 增加该条款的原因

1993年《反不正当竞争法》,鼓励公平竞争、保护消费者权益是其核心原则,但当年无法预知互联网日新月异的发展,且互联网技术及商业模式发展变化很快,其不少规定已远远落后于现实需求。

首先,如上所述,互联网不正当竞争行为可分为传统的不正当竞争行为和互联网特有的不正当竞争行为。所谓传统的不正当竞争行为,就是可以依据旧法相应的规定加以规制的行为。对于互联网特有的不正当竞争行为法律并未直接规定,司法实践一般按照一般条款去界定。然而,一般条款本身的含义权且备受争议,法官的自由裁量权更备受考验。哪些属于技术或商业模式创新,哪些属于不正当竞争行为,对行为的定性、取证都存在难题,还容易出现司法标准不统一的情形。

其次,即便确定为不正当竞争行为,法院也只能进行利益平衡,至多让不正当竞争行为的实施者对利益受到损害的一方进行民事赔偿。因为没有相应的行政处罚,对违法者而言,违法成本相对较低。

因此,随着网络技术应用的普遍性,互联网企业间的竞争日趋白热化,网络市场竞争秩序乱象丛生。如何规范日益受到社会关注的网络市场成为一个不得不解决的焦点问题。这次增加对网络领域不正当竞争行为的规制恰恰是对现实的回应,使得消费者的屏幕不再成为企业间竞争的战场,竞争不应损害消费者和社会公共利益。

---

❶ 参见2017年8月28日全国人民代表大会法律委员会关于《中华人民共和国反不正当竞争法(修订草案)》修改情况的汇报。

二、网络不正当竞争行为的分类

网络不正当竞争行为就是经营者利用互联网平台采用专业网络技术实施的违反诚信和商业道德的竞争行为。从法律适用的角度可将网络不正当竞争行为分为两类：

一类属于传统不正当竞争行为在互联网领域的延伸。如商业诋毁行为、虚假宣传、混淆行为等典型的传统不正当竞争行为。这些行为只是利用网络平台或媒介，表现形式有所不同，其实质并无不同。针对这些行为，司法实践中往往会根据第二章列举的相应具体禁止性规定进行处理。如百度诉搜狗假冒商标案、东方京宁诉睿达华通擅自使用他人企业名称案等。

另一类属于网络领域特有的、利用专业网络技术手段实施的不正当竞争行为。这类行为并不能被旧《反不正当竞争法》所涵盖，以前在司法实践中一般会根据旧法第二条对其进行处理和认定。新《反不正当竞争法》则对此进行了专门规定，今后该条将成为对互联网领域特有不正当竞争行为的"一般条款"。

三、网络不正当竞争行为的法律适用

互联网领域并非法外之地，网络只是生产经营的手段，经营者利用网络进行生产经营活动同样应该遵守法律的规定。正如十二条第一款所规定："经营者利用网络从事生产经营活动，应当遵守本法的各项规定。"其中，"本法的各项规定"从广义的角度来看是指《反不正当竞争法》所有条文，即所有33条的规定，但结合上下文考察，应该具体包括三个方面：

第一，本法第二章第六条至第十一条关于传统类型的不正当竞争行为规制的规定。如果网络竞争行为符合上述规定的构成要件，则应承担相应的法律后果，互联网不能成为经营者不正当竞争的挡箭牌。

第二，本条第二款的规定，这是关于网络领域特有不正当竞争行为的规制，理应被通过网络进行生产经营的经营者所遵守。

第三，本法第二条关于不正当竞争行为的定义规定。这一条是对所有未被《反不正当竞争法》列举的具体不正当竞争行为的兜底条款，互联网领域的经营者若违反了诚信原则和商业道德，自不该成为例外。因此，针对第十二条未列举的互联网领域的其他不正当竞争行为，只要符合该法第二条不正当竞争行为的构成要件，当然要受到法律的制裁。

四、网络特有不正当竞争行为的认定

网络特有的不正当竞争行为的认定依据如上所述应有两个：一是第十二条第二款，二是本法第二条。由于第二条已经在前面进行了分析，所以下面仅说明第一种情况。

（一）依据第十二条第二款的规定认定时的构成要件

1. 主体

与其他不正当竞争行为的主体要件相同，网络特有不正当竞争行为的主体要件也是经营者。经营者既可能是网络企业，也可能是线下公司利用网络进行不正当竞争。这些经营者之间并不要求是同业竞争者，从目前的技术及商业模式来看，因为在网络世界经营者其实争夺的是客户浏览量，所以即使是不同行业的经营者，也可能形成竞争关系。

2. 客观方面

与其他不正当竞争行为不同的是，网络特有不正当竞争行为是利用技术手段，通过影响用户选择或其他方式，实施妨碍、破坏其他经营者合法提供的网络产品或者服务正常运行的行为。

依笔者之见，"通过影响用户选择或其他方式"可包含在"利用技术手段"的内涵之中，是"利用技术手段"的一部分应有之义，因此，网络特有的不正当竞争行为可表述为"经营者利用技术手段，妨碍、破坏其他经营者合法提供的网络产品或服务正常运行的行为"。[1] 其中，"妨碍、破坏其他经营者合法提供的网络产品或服务正常运行"是不正当竞争实施者

---

[1] 依笔者之见，下次修订时完全可以将"通过影响用户选择或其他方式"去掉，此处多余。

的目的或结果。应当注意的是，作为其他经营者，如果认为自己提供的网络产品或服务被他人妨碍、破坏，必须证明自己的产品是合法的，否则如果其他经营者提供的网络产品或服务本身是非法的，则妨碍、破坏其正常运行的主体不承担法律责任。如经营者专门设计并传播计算机病毒的程序，被其他人破坏，不能正常运行，不管那个破坏该程序者出于何种目的，对整个计算机领域来说是一大善事，当然不应该受到处罚和承担法律责任，相反，设计传播程序的人可能涉嫌违法犯罪，应该受到追究。

在认定客观方面时，重点需要认定"妨碍""破坏"和"正常运行"。"妨碍"的意思是"使事情不能顺利进行"❶，在此即为使其他经营者合法提供的网络产品或服务不能正常、顺利运行，不是不能运行，是运行起来不那么顺利，不能像经营者最初设定的那样运行，用户体验不那么痛快，借用一句时尚用语即"不爽"。如在其他经营者提供的网页上插入自己的广告，使用户无法顺利地浏览想看的界面。破坏具有损坏之意，使事物失去其本来的功能，在此即指使其他经营者合法提供的网络产品或服务不能运行，不是不能正常顺利运行，而是彻底瘫痪，改头换面。那么何谓"正常运行"？依笔者之见，"正常运行"就是经营者给用户的网络产品或服务按照既定的程序呈现，包括安装、使用或下载等，一旦有所改变即为不能正常运行。

（二）列举的三个典型网络特有不正当竞争行为

列举的三个典型网络特有不正当竞争行为实际上是对"妨碍、破坏其他经营者合法提供的网络产品或者服务正常运行"的列举。

（1）未经其他经营者同意，在其合法提供的网络产品或者服务中，插入链接、强制进行目标跳转。这是一种典型的网络搭便车行为，是利用他人产品达到推销自己产品的目的，属于不正当竞争行为。如用户在使用某款搜索引擎进行关键词搜索时，其他经营者在搜索结果页面出现前插入广告页面并持续数秒。其间，若不点击，则数秒后其自动展现搜索结果页

---

❶ 中国社会科学语言研究所词典编辑室. 现代汉语词典［M］. 北京：商务印书馆，1999：356.

面；若点击该广告页面，有时即使是想要关闭该页面，也会跳转至广告宣传网站窗口；或者点击关闭按钮，并不会马上关闭，而是要持续数秒。当然，将这种行为定性为不正当竞争行为的前提是未经其他经营者同意，若其他经营者同意，即便用户体验不佳，也属于合法行为。

（2）误导、欺骗、强迫用户修改、关闭、卸载其他经营者合法提供的网络产品或者服务。除了极个别的用户具备专业网络技术知识，一般的用户并不了解和掌握网络专业知识，只是网络产品或服务的消费者，在这种情况下，很容易被误导、欺骗，自觉或自动地、或被迫不得不修改、关闭、卸载自己正在使用的其他经营者合法提供的网络产品或服务。这种行为利用了用户的无知和无奈，违背了诚信原则和商业道德，侵犯了消费者的知情权和选择权。同时，通过间接破坏其他经营者合法提供的网络产品或服务又不当侵占了其他经营者的市场，损害了其合法权益。实践中曾出现过这样的案例，如用户安装某款安全软件后，该软件自动对某款社交软件进行体检，以红色字体警示用户该软件存在严重的健康问题（实际上并不存在），并以绿色字体提供"一键修复"帮助。用户点击"一键修复"后，该安全软件即禁用了该社交软件的部分插件，并将该社交软件的安全沟通界面替换成自己的相应界面。❶ 如腾讯诉奇虎案中，最高人民法院认为：奇虎针对QQ软件专门开发了"扣扣保镖"，诱导使用该软件的用户进行相应操作，使QQ软件的相关功能无法使用，并取代QQ软件的相应功能推广自己的产品，不正当地减少了腾讯的交易机会，损害了腾讯的合法权益。❷

（3）恶意对其他经营者合法提供的网络产品或者服务实施不兼容。互联网以互联互通为基础，强调共享、共治、开放、包容。经营者恶意对他人的网络产品或服务实施不兼容，不仅违反互联网开放、包容的精神，也构成对他人网络产品或服务的妨碍、破坏，使其不能正常运行，属于不正

---

❶ 王瑞贺. 中华人民共和国反不正当竞争法释义 [M]. 北京：法律出版社，2018：45.

❷ 参见最高人民法院民事判决书（2013）民三终字第5号。

竞争行为。❶

在认定时重点应该关注"恶意不兼容"。到目前为止，还没有出台相应的司法解释，也没有相应的指导案例。"兼容"的本意是"同时容纳几个方面"。❷ 在计算机术语中，兼容是指几个硬件之间、几个软件之间或是几个软硬件之间的相互配合的程度。兼容的概念比较广，相对于硬件来说，几种不同的电脑部件，如 CPU、主板、显示卡等，如果在工作时能够相互配合、稳定地工作，就说它们之间的兼容性比较好，反之就是兼容性不好。另一种就是软件共享，几个软件之间无需复杂的转换，即能方便地共享相互间的数据，也称为兼容。❸ 依笔者之理解，我们在此处讨论的应该是后者。不过，网络市场的竞争更多地体现为平台竞争，平台之间是否兼容，完全取决于经营者利益的考量，是市场机制作用的结果。如果经营者认为兼容其他经营者的网络产品或服务有利可图，自然会考虑兼容，否则如果得不偿失，"卧榻之旁不容他人安睡"，当然会选择不兼容。谁的地盘谁作主，这本来是一个你情我愿的意思自治范畴，但如果是恶意的不兼容，却要承担相应的法律后果，所以"恶意"的确定很重要。但是，由于竞争天然的不友好，更多地是损人利己，甚至损人不利己，因此，从竞争者之间去探讨"恶意"并无实质意义。是故，在对经营者是否存在恶意的判断上，不能单纯地考虑其他经营者是否受有损害，而更多地应从该经营者实施的不兼容行为是否违背诚信原则、商业道德、消费者权益、社会公共利益、相关市场竞争秩序等要求进行综合考量，也给网络领域的产品或服务创新留下足够的法律包容空间。可见，认定"恶意"需要具体问题具体分析，有待法律实践的进一步探索和完善。

其实，对其他经营者合法提供的网络产品或者服务实施不兼容是一种

---

❶ 王瑞贺. 中华人民共和国反不正当竞争法释义 [M]. 北京：法律出版社, 2018：45.

❷ 中国社会科学语言研究所词典编辑室. 现代汉语词典 [M]. 北京：商务印书馆, 1999：614.

❸ 360 百科词条. 兼容 – 计算机术语. [2018 – 09 – 12]. https：//baike. so. com/doc/5731854 – 10416323. html.

拒绝交易行为，若互联网经营者具有市场支配地位，又有恶意的故意，则可能涉嫌滥用市场支配地位的垄断行为，此时发生了不正当竞争行为和垄断行为的竞合。当然，此时的恶意相对比较容易确定，经营者的目的就是利用其市场支配地位来排除、限制竞争。

（三）兜底条款：其他妨碍、破坏其他经营者合法提供的网络产品或者服务正常运行的行为。

有学者认定该条规定本身在字面上就没有划清正当与不正当的界限。因为，"其他妨碍、破坏其他经营者合法提供的网络产品或者服务正常运行的行为"，很可能就是市场竞争的常态，或者说实现创新、颠覆和超越的必由之路。将其泛泛地给予普遍禁止，恰恰可能背离国家奉行"非公益不干预"的竞争自由精神和谦抑态度。❶不过，依笔者之见，互联网经济技术发展迅速，商业模式变换日新月异，在保证网络经济创新的法律环境的同时，也要防止发生扰乱市场正常竞争秩序的行为，及时对其进行查处和纠正。该兜底条款恰好起到一个防止挂一漏万的作用，可以依据本法第二条来进行判断和认定。

既然是兜底条款，就涉及一个认定权利主体的问题，即谁有权利来认定市场上形形色色的行为是其他妨碍、破坏其他经营者合法提供的网络产品或者服务正常运行的行为。从逻辑上来看，相关主体都有权利，包括行为的实施者、权益受到损害的经营者、行政机关及司法机关。但是，具有法律效力的认定主体应该是行政机关和司法机关。当双方将分歧诉讼到法院，法院自然有权利来进行判定。那么，关于行政机关是否也具有这样的认定权呢？可能存在异议。依笔者之见，根据新法第二十四条的规定："经营者违反本法第十二条规定妨碍、破坏其他经营者合法提供的网络产品或者服务正常运行的，由监督检查部门责令停止违法行为，处十万元以上五十万元以下的罚款；情节严重的，处五十万元以上三百万元以下的罚款。"监督检查部门应该具有对包括兜底条款在内的网络不正当竞争行为

---

❶ 孔祥俊.新修订反不正当竞争法释评［EB/OL］.（2017-11-06）［2017-12-01］.http://law.sjtu.edu.cn/.

第三章　典型不正当竞争行为的认定

的处罚权，而处罚权的基础是认定权，否则该条规定就形同虚设，难以执行，因此，行政机关是有认定权的。

五、案例：优酷信息技术（北京）有限公司诉杭州硕文软件有限公司不正当竞争纠纷

（一）案情及司法过程[1]

原告优酷信息技术（北京）有限公司（简称优酷公司）提交证据证明被告杭州硕文软件有限公司（简称硕文公司）开发并向互联网用户提供"乐网－广告拦截，视频广告过滤、应用、网页广告屏蔽神器"APP（以下简称乐网软件），且引诱用户安装。用户使用该软件可以跳过优酷视频前广告，损害了优酷公司的合法权益。故优酷公司提起诉讼，请求判令硕文公司立即停止向互联网用户提供及运营"乐网－广告拦截，视频广告过滤、应用、网页广告屏蔽神器"APP，在相关网站主页上刊登声明，消除影响，并赔偿相应的经济损失以及合理费用，共计人民币106万元。

被告硕文公司答辩称：（1）优酷公司与硕文公司之间不存在竞争关系；（2）屏蔽广告行为使得广告主花费的单位广告成本降低，而广告效果更好，且有利于消费者利益；（3）优酷公司的"免费视频＋广告"的商业模式没有可受保护的法益，互联网广告商业模式不属于反不正当竞争法保护的客体；（4）硕文公司发布乐网软件系技术中立，硕文公司无法干预用户安装软件。在二审中，被告还提出了自己的行为并未给对方造成实质性的损害。

该案经过了一审和二审，因为一审和二审在几个焦点问题上的观点基本一致，所以综合来看，该案中双方的争议焦点可概括为以下四点：（1）优酷公司和硕文公司之间是否存在竞争关系；（2）优酷公司是否存在反不正当竞争法所保护的合法权益；（3）硕文公司是否实施了不正当竞争行为；（4）硕文公司的行为是否造成了实质性损害。

对于第一个争议焦点，虽然双方各执一词，优酷公司认为存在竞争关

---

[1] 浙江省杭州市中级人民法院民事判决书（2018）浙01民终231号.

系，硕文公司认为不具有对应的竞争关系。法院认为，虽然双方的主营业务不同，两者之间不存在直接的竞争关系，但是在互联网环境下对于竞争关系的考察应当立足于被控侵权行为本身的属性，即是否属于一种为追求个人利益而可能损害他人利益的市场竞争行为。硕文公司通过开发软件屏蔽视频贴片广告，以此吸引用户进行下载使用，并获取现实或潜在的商业利益，而优酷公司作为视频网站的经营者，其正是通过视频贴片广告来获取广告收益，由此可见，硕文公司的该种行为存在损人利己的可能性，构成对于优酷公司的竞争行为，二者具有竞争关系。

对于第二个争议焦点，硕文公司认为优酷公司的视频贴片广告违反了我国广告法第四十四条第二款的规定，同时"免费视频+广告"的商业模式并不存在可保护的合法权益。对此法院认为，《中华人民共和国广告法》第四十四条第二款规定："利用互联网发布、发送广告，不得影响用户正常使用网络。在互联网页面以弹出等形式发布的广告，应当显著标明关闭标志，确保一键关闭。"本案中，优酷公司所经营的是视频网站，其需要为购买或制作视频资源而支出高额的经营成本，因此无论是传统的电视台，还是现在的视频网站，在视频节目前播出商业广告都属正常的经营活动，本案中硕文公司并未举证证明优酷网的视频贴片广告违反了广告法的相关禁止性规定，其既不属于弹出式广告，也不属于其他严重影响用户正常使用网络的情形。虽然商业模式本身并不是反不正当竞争法所保护的客体，反不正当竞争法要保护的是蕴含在该商业模式背后的经营者的合法经营利益。优酷网的视频贴片广告并未违反我国法律禁止性规定，又属于互联网行业惯常的经营方式，对于其合法提供的视频网络服务，包括针对非会员在视频片头播放广告的服务模式，享有合法的经营利益，受到反不正当竞争法保护。

对于第三个争议焦点，硕文公司以技术中立原则作为抗辩理由，认为其既未直接实施广告屏蔽行为，也未实施帮助、教唆行为，故不构成不正当竞争行为。对此法院认为，知识产权中的技术中立，一般是指如果技术具有实质性的合法用途，那么该技术的提供者不因用户将其用作侵权用途而承担侵权责任，除非提供者知情而未采取任何措施。然而，任何技术的发明创造都不可避免地体现开发者的主观意志，本案中，硕文公司是涉案广告屏蔽软件的开发者和经营者，无论是从硕文公司在其官方网站对乐网软件的介绍，还是从乐网软件安装后实际效果的演示，均可以发现该软件的主要功能在于拦截包括视频广告在内的各类广告，硕文公司并未提供证据证明乐网软件存在其他合法用途，因此硕文公司在明知用户安装乐网软件后必然会屏蔽视频广告的情况下，仍然向用户提供乐网软件进行下载，主观上具有通过乐网软件屏蔽视频广告的故意，客观上利用用户安装乐网软件实施了屏蔽视频广告的行为，其系广告屏蔽行为的实施者，应对此承担直接的法律责任。至于该行为是否违反了诚实信用原则和公认的商业道德而具有不正当性，法院认为，在互联网环境下，经营者不得利用技术手段，妨碍、破坏其他经营者合法提供的网络产品或服务的正常运行。本案中，优酷公司为付费会员提供无广告的视频服务，同时针对普通用户在免费观看视频前播放广告，均是其在提供网络视频服务的同时获取合理的经济回报的方式，系优酷公司正常开展的经营活动。硕文公司对于自身业务的开发不应当破坏、妨碍其他互联网经营者在合法商业模式下的正常经营活动，但涉案广告屏蔽软件使得优酷公司正常播放的视频贴片广告被过滤，无疑破坏了优酷公司的正常经营活动，在缺乏合理理由的情况下难谓正当。

对于第四个争议焦点，硕文公司称乐网软件无论从短期还是长远来看，均不会对优酷公司造成损害，反而会促成多方共赢。对此法院认为，硕文公司开发经营乐网软件的行为，无论是对于公平有序的市场竞争秩序，还是对于消费者利益，以及对于优酷公司的经营利益，都造成了实质性的损害。优酷公司通过支付高额的版权费或制作费，为用户提供丰富的网站视频资源，并通过用户付费或投放广告的方式进行营利，硕文公司作为市场的后入者，为了快速获得用户和流量，开发和经营乐网软件用以屏蔽优酷公司的视频广告，属于不正当利用其他经营者经营利益的行为，破坏了公平竞争的市场秩序。对于消费者而言，虽然短期来看其可以在优酷网上免费观看不加任何广告的视频，但是乐网软件并没有提供一种可替代的网络视频服务，从长远来看，反而会减少消费者的选择，消费者可能不得不成为付费用户方能观看优酷网的视频,或者在视频网站没有足够的经济回报的情况下,消费者只能在互联网上观看到低质量的视频。对于优酷公司而言,乐网软件使得优酷公司的广告客户在优酷网上投放的商业广告,无法向观看优酷网视频的用户进行展示,影响广告投放效果,使得广告客户不再选择在优酷网上投放广告,从而直接损害了优酷公司原本应有的广告收益。

综上所述,法院在综合考虑到侵权行为发生的范围、侵权所造成的影响、持续时间、侵权人的主观过错、权利人为制止侵权所支付的合理费用等因素,酌情确定赔偿数额及合理费用为32万元。

(二) 评析

该案发生在2017年,正好是新旧法交接时期,不过,法院还是主要援引适用旧法,同时,在法院的判决中也引用了新法关于互联网不正当竞争的内容,而且从认定上也基本上依据新法规定的逻辑。

首先是主体方面,如前所述,互联网不正当竞争行为侵权与被侵权经营者间并不要求具有直接的竞争关系,只要存在竞争关系即可。在旧法没有规定互联网不正当竞争行为的前提下,主要是适用旧法中的第二条原则规定,即"本法所称的不正当竞争,是指经营者违反本法规定,损害其他经营者的合法权益,扰乱社会经济秩序的行为。"由此并不能推断出"经营者"和"其他经营者"之间的关系一定是直接的竞争关系,相反,从该法立法目的反而可推断出他们之间只要有利益冲突或竞争就符合条件。新法第二条也秉持了相同的理念。优酷公司和硕文公司毫无疑问都是经营者,优酷公司经营范围为技术开发;销售电子产品;门票销售代理;代理、发布广告;医学研究与试验发展;医院管理(不含诊疗服务);互联网信息服务业务(除新闻、出版、教育、医疗保健、药品、医疗器械以外的内容);第二类增值电信业务中的信息服务业务(不含固定网电话信息服务和互联网信息服务);经营演出及经纪业务(营业性演出许可证有效期至2017年07月27日)等。其经营的优酷网,据"百度百科"网页介绍,由剧集、综艺、电影、动漫四大头部内容矩阵和资讯、纪实、文化财经、时尚生活、音乐、体育、游戏、自频道八大垂直内容群构成，在视频分享领域具有较大影响力。硕文公司经营范围为：技术开发、技术服务；计算机软件；销售；本公司开发的自产产品；服务：移动通讯设备测试，移动通讯设备软硬件维护。二者的经营范围虽有交错，但主营业务还是有区别的，不能算作同行。但这并不影响竞争关系的成立。硕文公司从传统的用户流向是否由此及彼来判断是否具有竞争关系，这种观念在互联网环境下已经不合时宜，正如一审法院所言："互联网环境中产品和服务之间的界限并非泾渭分明，传统的行业界线已经变得模糊，将提供同类商品或服务的经营者视为具有竞争关系已经不能满足维护互联网经济正当竞争秩序的需要，不具有直接替代可能性的经营者之间也会发生直接的竞争关系，因此，反不正当竞争法调整的竞争关系的判断应当重点考量竞争行为的性质及后果，即应当根据具体行为属性、商业利益上是否存在此消彼长等方面，而非经营者的主营业务或所处行业出发来界定经营性和竞争性。如果经营者的行为对其他经营者的利益造成损害，且同时基于这一行为获得现实或潜在的客户群体、商业交易机会等经济利益，形成此消彼长的市场份额，则可以认定二者具有竞争关系。"法院实际上是从利益流向是否由此及彼来判断是否具有竞争关系的。优酷公司因向优酷视频用户播放广告而获取广告收益，硕文公司因吸引与观看优酷视频相重合的用户使用乐网软件而获得利益。虽然硕文公司声称乐网软件不产生任何收益，即便硕文公司暂时无盈利，但是互联网经济是"眼球经济""注意力经济"，互联网服务运营者在市场立足、获取市场竞争优势的关键在于锁定用户的深度与广度，用户数量、市场占有率等是互联网企业谋求商业利益的重要基石，硕文公司在向用户免费提供软件的同时，事实上已经扩张了乐网软件的市场，已经具有了收获潜在利益的可能。相反，由于硕文公司向用户免费提供屏蔽优酷公司视频广告的软件行为，使得优酷公司的广告收入减少，故二者具有反不正当竞争法规制的竞争关系。

其次是行为或客观方面，即利用技术手段，通过影响用户选择或其他方式，实施妨碍、破坏其他经营者合法提供的网络产品或者服务正常运行的行为。该案中，硕文公司利用屏蔽优酷公司视频广告的软件，通过向用户免费提供的方式，妨碍、破坏优酷公司合法提供的网络视频按照既定的模式正常运行和获取收益。这是一种典型的互联网不正当竞争行为的表现，只不过，法院是依据旧法第二条第一款认为硕文公司违反了诚实信用原则和公认的商业道德，在未能证明优酷公司违法的情形下，也不能提供其他正当理由，硕文公司的行为属损人利己的不当竞争行为。

不过，有一个问题需要注意，那就是优酷公司提供的网络产品或者服务的合法性。产品或服务合法是法律保护的前提条件，所谓的合法就是没有违反法律的禁止性规定或侵害到特定经营者的合法利益。该案中涉及的"免费视频＋广告"模式是我国现阶段视频行业普遍的经营模式，该案中法院明确说明并不是在保护商业模式，而是在保护商业模式所蕴含的合法利益。然而，基于这种商业模式产生的合法利益是否受到反不正当竞争法的保护在司法实践中有不同的看法，如北京市朝阳区人民法院审理的"腾讯诉世纪星辉"案法院作出支持屏蔽广告者的判决，而在"腾讯诉世纪星辉案"一案中，法官认为，"法律对经营模式的保护要谨慎，要给予市场最大的竞争环境。应当注意严格把握适用条件，以避免不适当干预而阻碍市场自由竞争。市场竞争具有创造性破坏的属性，是一种创造性破坏的过程。市场经济越发达，这种创造性破坏越激烈。如果经营者经营依托的产品或者服务确实有利于消费者、广大的网络用户，保护该利益同时也不至于损害公共利益，则该行为不应受到法律的禁止。"❶ 也有学者认为商业模式产生的合法利益应更多地让市场自行解决自身问题，才是市场和竞争的正常生态。❷ 当然，"腾讯诉世纪星辉"案与该案在客观上存在不同情形，世界之窗浏览器"设置"中有"强力拦截页面广告"选项和"不过滤任何广告"选项，且默认选项为"仅拦截弹出窗口"，被告没有刻意宣传、引导用户使用。而在该案中，被告明确宣传乐网软件"能拦截主流视频App的视频广告，优酷、腾讯等"，通过步骤引导用户进行设置屏蔽广告，并在首页显示当日屏蔽内容，具有明确的针对性，利益冲突显然具备"非

---

❶ 北京市朝阳区人民法院民事判决书（2017）京 0105 民初 70786 号.
❷ 孔祥俊.论反不正当竞争的基本范式［J］.法学家，2018（1）50.

此即彼"的特点,不正当性很突出。那么,针对同样的商业模式蕴含的合法利益究竟是否予以法律保护?依笔者之见,只能根据对方的行为来判定,这就是具体问题具体分析了。这方面,亦可以参考德国的做法。在德国,Eyeo 公司作为中立第三方设定了允许 Adblock Plus 插件显示网页广告的名单,只有达到该组织对网页广告要求的"可接受广告"并且交费后才能进入该白名单。2018 年 4 月,德国联邦法院宣布在现有德国法律体系下,Adblock Plus 的做法"并不构成侵略性的商业行为",而 Eyeo 公司也不会干扰媒体行业的自由。[1]

---

[1] 小宝. 德国:广告屏蔽插件 Adblock Plus 不违反竞争法 [EB/OL]. (2018 – 04 – 21) [2019 – 04 – 28] https://tech.sina.com.cn/i/2018 – 04 – 21/doc – ifznefkf9773851.shtml。

第四章　对涉嫌不正当竞争行为的监督调查

在这一章中将会探讨三个问题：与对不正当竞争行为监管有关的原则规定、对涉嫌不正当竞争行为的监管以及社会监督。

一、原则规定

2017年《反不正当竞争法》在总则中用了三条内容对与不正当竞争行为有关的国家、政府及其部门、行业组织的职能及社会监督作出了原则规定：

第三条　各级人民政府应当采取措施，制止不正当竞争行为，为公平竞争创造良好的环境和条件。

国务院建立反不正当竞争工作协调机制，研究决定反不正当竞争重大政策，协调处理维护市场竞争秩序的重大问题。

第四条　县级以上人民政府履行工商行政管理职责的部门对不正当竞争行为进行查处；法律、行政法规规定由其他部门查处的，依照其规定。

第五条　国家鼓励、支持和保护一切组织和个人对不正当竞争行为进行社会监督。

国家机关及其工作人员不得支持、包庇不正当竞争行为。

行业组织应当加强行业自律，引导、规范会员依法竞争，维护市场竞争秩序。

1993年《反不正当竞争法》在总则中对相应的规定用了两条的篇幅：

第三条　各级人民政府应当采取措施，制止不正当竞争行为，为公平竞争创造良好的环境和条件。

县级以上人民政府工商行政管理部门对不正当竞争行为进行监督检查；法律、行政法规规定由其他部门监督检查的，依照其规定。

第四条 国家鼓励、支持和保护一切组织和个人对不正当竞争行为进行社会监督。

国家机关工作人员不得支持、包庇不正当竞争行为。

（三）变化及解析

变化主要体现在以下三个方面。

第一，从条文数量上来看，由原来的两条变为三条，这是因为增加了规定内容导致的分化，改变之后的条文之间篇幅更加均衡，内容更加清晰和集中。第三条规定宏观上的环境和机制协调，第四条规定具体执法部门，第五条则对社会监督作出了原则规定。

第二，增加了两款内容：一是修订后的第三条在原来的基础上规定了建立反不正当竞争工作协调机制，在一定程度上借鉴了《反垄断法》的相关规定。《反垄断法》第九条规定了"国务院设立反垄断委员会，负责组织、协调、指导反垄断工作"，由于反垄断执法由三家机构执行，为了更好地协调执法工作，《反垄断法》规定了协调机制，相关重大问题可以通过反垄断委员会进行沟通协调解决。不过，2018年根据国务院机构改革方案，将原国家工商行政管理总局的职责，国家质量监督检验检疫总局的职责，国家食品药品监督管理总局的职责，国家发展改革委的价格监督检查与反垄断执法职责，商务部的经营者集中反垄断执法以及国务院反垄断委员会办公室等职责整合，新组建了国家市场监督管理总局，作为国务院的直属机构。其主要职责是，负责市场综合监督管理，统一登记市场主体并建立信息公示和共享机制，组织市场监管综合执法工作，承担反垄断统一执法，规范和维护市场秩序，组织实施质量强国战略，负责工业产品质量安全、食品安全、特种设备安全监管，统一管理计量标准、检验检测、认证认可工作等。[1] 随着反垄断执法的统一，反垄断委员会有无存在的必要尚且存疑。新《反不正当竞争法》虽然规定了协调机制，但目前暂未设立专门的协调机构，相关协调规则还有待进一步细化和落实。

---

[1] 参见王勇于2018年3月13日向十三届全国人大一次会议第四次会议上所作的《关于国务院机构改革方案的说明》。

二是增加了关于行业组织自律性的规定。行业组织是同一行业的经营者在自愿基础上，基于保护和增进共同的利益要求，根据章程开展活动的一种非营利性的民间社会团体。这一规定同样受《反垄断法》的影响。《反垄断法》第十一条规定："行业协会应当加强行业自律，引导本行业的经营者依法竞争，维护市场竞争秩序。"并就垄断协议的达成，通过第十六条规定了行业协会的具体义务："行业协会不得组织本行业的经营者从事本章禁止的垄断行为。"且在第四十六条❶规定了针对行业协会的惩罚机制。此次《反不正当竞争法》虽然强调行业组织应在市场竞争秩序的维护中发挥积极作用，加强行业自律，引导、规范会员的竞争行为，但并未规定具体的义务，亦未规定相应的处罚措施。故，对行业组织只能进行行政监管，具有法律上的象征意义，完全依靠行业组织的自觉履行。

第三，把对不正当竞争行为的"监督检查"修改为"查处"，强调相关调查部门不得随意对经营者进行检查，只有在发现经营者涉嫌不正当竞争后，才能依法进行调查处理。

（四）对原则规定的进一步阐释

从法律制定的完整性来说，对一些原则规定应该给予进一步的细化，否则，其只有象征意义。就第三、四、五条而言，本法通过第三章对第四条和第五条第一款做了细化规定。第三条第一款是一条综合性、倡导性的规定，需要政府各个部门加以配合才能完成；该条第二款是一个新条款，则需要国务院制定新的细则。第五条其余两款则交给行政部门去细化规则，关于包庇行为甚至由刑法进行规制。

也正因为是原则规定，所以对主体没有规定相应的法律责任。

---

❶ 《反垄断法》第四十六条规定："经营者违反本法规定，达成并实施垄断协议的，由反垄断执法机构责令停止违法行为，没收违法所得，并处上一年度销售额百分之一以上百分之十以下的罚款；尚未实施所达成的垄断协议的，可以处五十万元以下的罚款。经营者主动向反垄断执法机构报告达成垄断协议的有关情况并提供重要证据的，反垄断执法机构可以酌情减轻或者免除对该经营者的处罚。行业协会违反本法规定，组织本行业的经营者达成垄断协议的，反垄断执法机构可以处五十万元以下的罚款；情节严重的，社会团体登记管理机关可以依法撤销登记。"

二、对涉嫌不正当竞争行为的监管

此处的监管具有监督、管理、调查、查处之意,根据本法第三、四、五条和第三章的规定,对涉嫌不正当竞争行为的监管主体包括宏观和微观两方面的监管主体,前者是指各级人民政府及县级以上人民政府履行工商行政管理职责的部门,后者是指其他组织、个人。

(一) 各级人民政府及其职责

根据第三条的规定,各级人民政府应当采取措施,制止不正当竞争行为,为公平竞争创造良好的环境和条件。其中,各级人民政府是指从最基层的乡镇政府到国务院,涉及五级政府。每一级政府都应该在自己的管辖区域内负责为公平竞争创造良好的环境和条件。至于各级政府应当采取什么样的措施制止不正当竞争行为则因地制宜,大体应该有以下三点:

第一,各级政府应根据本法的规定,结合本地的特点,制定符合本地区需要的法规、规章、办法,确保法律法规的一致并落到实处。

第二,各级政府应支持、监督检查和协调相关行政部门对不正当竞争行为的监督检查工作,为他们创造必要的执法环境和条件,排除来自方方面面的阻力。

第三,各级政府应大力宣传反不正当竞争法及相应的规章制度,使其成为全社会尤其是各类经营者的行为准则,营造一个知法、守法、执法的良好环境。

(二) 不正当竞争行为的监督检查部门

1. 反不正当竞争执法体制

反不正当竞争执法体制是指反不正当竞争法规定的对不正当竞争行为的执法或查处主体及其之间的关系。根据第四条的规定,不正当竞争行为的查处部门包括人民政府中履行工商行政管理职责的部门和其他部门。[1]由于不正当竞争行为牵涉面广,常常存在于多个行业、多个领域中,有时

---

[1] 监督检查部门一般都是行政执法部门,因此,为了行文的方便,下文中有时用监督检查部门,有时用行政执法部门,有时直接用执法部门。前文中的行政执法机关或行政机关与此同义。

又相互交织，错综复杂，查处时需要更加专业的人员，因此，当法律、行政法规规定由其他部门查处的，依据其规定。显然，此处对履行工商行政职能的部门做了谦抑性的规定。这种谦抑主要表现在两点：一是只要法律、行政法规规定由其他部门查处的，工商行政管理部门就不过问；二是反不正当竞争法作为法律让位于法律效力较低的行政法规规定。当然，这样的规定也可以理解为，如果法律、行政法规没有规定对所涉领域不正当竞争行为的查处部门，则工商行政管理部门作为一个查处不正当竞争行为的兜底管理部门就只能由其"挺身而出"，不能出现执法的空白。

2. 具体执法部门及层级

2018年国务院机构改革后，政府中履行工商行政职能的部门是市场监督管理局。从执法层级上来看，根据本法第四条的规定，只有县级以上的市场监督管理局才能查处不正当竞争行为，乡镇级别的市场监督管理部门没有此项权力。至于拥有查处不正当竞争行为的各个层级之间的管辖权限划分，原国家工商总局2007年9月发布的《工商行政管理机关行政处罚程序规定》❶作出了明确规定。第六条规定："县（区）、市（地、州）工商行政管理机关依职权管辖本辖区内发生的案件。省、自治区、直辖市工商行政管理机关依职权管辖本辖区内发生的重大、复杂案件。国家工商行政管理总局依职权管辖应当由自己实施行政处罚的案件及全国范围内发生的重大、复杂案件。"当然，这也只是原则性的规定，遇到特殊情形，第十二条规定："上级工商行政管理机关认为必要时可以直接查处下级工商行政管理机关管辖的案件，也可以将自己管辖的案件移交下级工商行政管理机关管辖。法律、行政法规明确规定案件应当由上级工商行政管理机关管辖的，上级工商行政管理机关不得将案件移交下级工商行政管理机关管辖。下级工商行政管理机关认为应

---

❶ 《工商行政管理机关行政处罚程序规定》于2007年9月4日以国家工商行政管理总局令第28号公布，根据2011年12月12日中华人民共和国国家工商行政管理总局令第58号公布的《国家工商行政管理总局关于按照〈中华人民共和国行政强制法〉修改有关规章的决定》修改。该规定分总则；行政处罚的管辖；行政处罚的一般程序；行政处罚的简易程序；期间、送达；行政处罚的执行；立卷；监督；附则，共9章九十条，自2007年10月1日起施行。

第四章 对涉嫌不正当竞争行为的监督调查

当由其管辖的案件属重大、疑难案件，或者由于特殊原因，难以办理的，可以报请上一级工商行政管理机关确定管辖。"

其他法律、行政法规往往针对某一个领域进行专门性的规定，国家也相应的有专门的行政管理部门。如《中华人民共和国商业银行法》（简称《商业银行法》）规定❶由国务院银行业监督管理机构❷对不正当竞争行为作出处罚。《中华人民共和国律师法》（简称《律师法》）规定政府司法行政部门对律师和律师事务所的相关不正当竞争行为进行处罚。❸ 国务院第58次常务会议通过

---

❶《商业银行法》规定："商业银行有下列情形之一，由国务院银行业监督管理机构责令改正，有违法所得的，没收违法所得，违法所得五十万元以上的，并处违法所得一倍以上五倍以下罚款；没有违法所得或者违法所得不足五十万元的，处五十万元以上二百万元以下罚款；情节特别严重或者逾期不改正的，可以责令停业整顿或者吊销其经营许可证；构成犯罪的，依法追究刑事责任：（一）未经批准设立分支机构的；（二）未经批准分立、合并或者违反规定对变更事项不报批的；（三）违反规定提高或者降低利率以及采用其他不正当手段，吸收存款，发放贷款的；（四）出租、出借经营许可证的；（五）未经批准买卖、代理买卖外汇的；（六）未经批准买卖政府债券或者发行、买卖金融债券的；（七）违反国家规定从事信托投资和证券经营业务、向非自用不动产投资或者向非银行金融机构和企业投资的；（八）向关系人发放信用贷款或者发放担保贷款的条件优于其他借款人同类贷款的条件的。"

❷ 2018年国务院机构改革后由中国银行保险监督管理委员会担任。

❸《律师法》第四十七条规定："律师有下列行为之一的，由设区的市级或者直辖市的区人民政府司法行政部门给予警告，可以处五千元以下的罚款；有违法所得的，没收违法所得；情节严重的，给予停止执业三个月以下的处罚：（一）同时在两个以上律师事务所执业的；（二）以不正当手段承揽业务的；（三）在同一案件中为双方当事人担任代理人，或者代理与本人及其近亲属有利益冲突的法律事务的；（四）从人民法院、人民检察院离任后二年内担任诉讼代理人或者辩护人的；（五）拒绝履行法律援助义务的。"第五十条规定："律师事务所有下列行为之一的，由设区的市级或者直辖市的区人民政府司法行政部门视其情节给予警告、停业整顿一个月以上六个月以下的处罚，可以处十万元以下的罚款；有违法所得的，没收违法所得；情节特别严重的，由省、自治区、直辖市人民政府司法行政部门吊销律师事务所执业证书：（一）违反规定接受委托、收取费用的；（二）违反法定程序办理变更名称、负责人、章程、合伙协议、住所、合伙人等重大事项的；（三）从事法律服务以外的经营活动的；（四）以诋毁其他律师事务所、律师或者支付介绍费等不正当手段承揽业务的；（五）违反规定接受有利益冲突的案件的；（六）拒绝履行法律援助义务的；（七）向司法行政部门提供虚假材料或者有其他弄虚作假行为的；（八）对本所律师疏于管理，造成严重后果的。律师事务所因前款违法行为受到处罚的，对其负责人视情节轻重，给予警告或者处二万元以下的罚款。"

的《彩票管理条例》为了维护彩票市场的竞争秩序，规定了多个监管部门：对彩票发行机构、彩票销售机构的不正当竞争行为由财政部门查处；❶对彩票代销者的不正当竞争行为由民政部门和体育行政部门查处；❷公安机关和工商行政管理机关，在各自的职责范围内，依法查处非法彩票。作出类似规定的其他法律法规还有《中华人民共和国保险法》《中华人民共和国证券法》《中华人民共和国旅游法》《中华人民共和国电影产业促进法》及《对外承包工程管理条例》等。关于执法层级依照相关法律、行政法规确定。如《彩票管理条例》第五条规定："国务院财政部门负责全国的彩票监督管理工作。国务院民政部门、体育行政部门按照各自的职责分别负责全国的福利彩票、体育彩票管理工作。省、自治区、直辖市人民政府财政部门负责本行政区域的彩票监督管理工作。省、自治区、直辖市人民政府民政部门、体育行政部门按照各自的职责分别负责本行政区域的福利彩票、体育彩票管理工作。县级以上各级人民政府公安机关和县级以上工商行政管理机关，在各自的职责范围内，依法查处非法彩票，维护彩票市场秩序。"由以上规定可知，针对不同的对象，由不同层级的各个政府部门来执法。《律师法》规定由设区的市级或者直辖市的区人民政府司法行政部门查处不正当竞争行为。《商业银行法》规定的不正当竞争行为的查处部门级别是国务院银行业监督管理机构。

---

❶ 《彩票管理条例》第四十条规定："彩票发行机构、彩票销售机构有下列行为之一的，由财政部门责令改正；有违法所得的，没收违法所得；对直接负责的主管人员和其他直接责任人员，依法给予处分：（一）采购不符合标准的彩票设备或者技术服务的；（二）进行虚假性、误导性宣传的；（三）以诋毁同业者等手段进行不正当竞争的；（四）向未成年人销售彩票的；（五）泄露彩票中奖者个人信息的；（六）未将逾期未兑奖的奖金纳入彩票公益金的；（七）未按规定上缴彩票公益金、彩票发行费中的业务费的。"

❷ 《彩票管理条例》第四十一条规定："彩票代销者有下列行为之一的，由民政部门、体育行政部门责令改正，处2000元以上1万元以下罚款；有违法所得的，没收违法所得：（一）委托他人代销彩票或者转借、出租、出售彩票投注专用设备的；（二）进行虚假性、误导性宣传的；（三）以诋毁同业者等手段进行不正当竞争的；（四）向未成年人销售彩票的；（五）以赊销或者信用方式销售彩票的。彩票代销者有前款行为受到处罚的，彩票发行机构、彩票销售机构有权解除彩票代销合同。"

（三）对涉嫌不正当竞争行为的调查

这部分内容由《反不正当竞争法》第三章予以规定。

1. 调查权及程序规则

（1）1993年《反不正当竞争法》相对应的规定。

第十七条　监督检查部门在监督检查不正当竞争行为时，有权行使下列职权：

（一）按照规定程序询问被检查的经营者、利害关系人、证明人，并要求提供证明材料或者与不正当竞争行为有关的其他资料；

（二）查询、复制与不正当竞争行为有关的协议、帐册、单据、文件、记录、业务函电和其他资料；

（三）检查与本法第五条规定的不正当竞争行为有关的财物，必要时可以责令被检查的经营者说明该商品的来源和数量，暂停销售，听候检查，不得转移、隐匿、销毁该财物。

（2）2017年《反不正当竞争法》第十三条的规定。

第十三条　监督检查部门调查涉嫌不正当竞争行为，可以采取下列措施：

（一）进入涉嫌不正当竞争行为的经营场所进行检查；

（二）询问被调查的经营者、利害关系人及其他有关单位、个人，要求其说明有关情况或者提供与被调查行为有关的其他资料；

（三）查询、复制与涉嫌不正当竞争行为有关的协议、账簿、单据、文件、记录、业务函电和其他资料；

（四）查封、扣押与涉嫌不正当竞争行为有关的财物；

（五）查询涉嫌不正当竞争行为的经营者的银行账户。

采取前款规定的措施，应当向监督检查部门主要负责人书面报告，并经批准。采取前款第四项、第五项规定的措施，应当向设区的市级以上人民政府监督检查部门主要负责人书面报告，并经批准。

监督检查部门调查涉嫌不正当竞争行为，应当遵守《中华人民共和国行政强制法》和其他有关法律、行政法规的规定，并应当将查处结果及时向社会公开。

（3）变化及解析。

由以上两条规定可知，新修订的《反不正当竞争法》增加了执法部门的权力，包括进入经营场所权、查封、扣押财物权及查询银行账户权。同时，也增加了两款执法程序性的规定。这说明，国家一方面加大了对经营者不正当竞争行为的打击力度，增强有效性。比如，原来执法机关没有查封、扣押与涉嫌不正当竞争行为有关的财物权力，致使有些经营者在执法人员离开现场后，把一些暂停销售、听候检查的商品悄悄转移、隐藏或销毁，有的甚至销售出去、流入市场，难以追回，造成很坏的影响，即使对其加以处罚，也难以弥补给社会造成的严重损失。另一方面，又透过对行政执法部门的程序约束，提高执法的规范性和透明度，对经营者的涉嫌不正当竞争行为慎重执法，给经营者以很大的创新竞争空间。

（4）具体执法权限。

监督检查部门的具体执法权限体现为可采取的措施，根据第十三条第一款的规定，有五种调查权。

一是现场检查权，即进入经营者涉嫌实施不正当竞争行为的经营场所进行检查。这是执法人员通过自己的亲眼查看掌握第一手资料、查清事实、了解真相的必要手段和必经步骤。当然，是否进入现场进行检查，不是执法部门擅自想当然的决定，必须有一定的初步证据和线索，达到了涉嫌的程度。而且进入的场所也应该是与涉嫌不正当竞争行为有关的场所，而不是无关的场所。现场检查权就是使执法人员能获得目视和实物证据。

二是询问权。通过赋予执法人员向有关人员进行询问的权力，可以使他们获得言辞证据。被询问人包括被调查的经营者、利害关系人及其他有关单位、个人。其中，被调查的经营者是指涉嫌实施不正当竞争行为的法人、自然人或其他经济组织。利害关系人是指与不正当竞争行为者存在法律上的权利义务的法人、个人或其他组织，如经营者业务往来客户，经营者的主管部门、被侵害人等。其他有关单位、个人是指直接或间接了解涉嫌不正当竞争行为及其实施者的任何组织和自然人，包括外国组织或外国人。

三是查阅复制权。此权力赋予执法部门人员查询、复制与涉嫌不正当竞争行为有关的协议、账簿、单据、文件、记录、业务函电和其他资料，这样可以了解被调查的经营者的有关经济活动，如业务往来、资金流向、活动真实目的等，从而取得相关的书面证据或有关的视听资料，以确定被调查的对象是否涉嫌违法，有利于案件的正确处理。

四是查封扣押权。执法部门人员根据此条可以查封、扣押与涉嫌不正当竞争行为有关的财物，其中财物包括财产和物品，如仓库里的商品、涉嫌违法使用的设备工具等等，这些财物既不能复制，又容易被损坏变形或处分，一旦被经营者转移、隐匿、销毁，则很难恢复原样，对今后的查证工作带来很大的困难。查封主要以加贴封条的方式限制被调查人对其不动产或者其他不便移动的财物进行移动或者其他使用，是一种短期内在原地保持财物原样的强制措施。扣押是行政执法机关对被调查人的动产财物依法取得并占有和保管，使其脱离原主人的控制范畴，限制对其进一步的处分。查封和扣押是针对被调查人的财物有可能留有违法证据或者本身就是违法证据而采取的行政强制措施。

五是查询账户权。该权力是指监督检查部门有权查询涉嫌不正当竞争行为的经营者的银行账户及与存款有关的会计凭证、账簿、对账单等，目的是为了获得经营者的资金往来、获利情况，一方面是查询证据，另一方面也是为后续的工作做铺垫，一旦违法行为被证实，则为下一步的处罚奠定基础。需要注意的是，这里的权力只是查询权，有获得账户信息的权力，不是查封权，没有限制账户使用的权力。

在五项权力中，前三项是非强制措施，后两项是强制措施，而且是《反不正当竞争法》修订后新赋予行政执法机关的两种执法权力。所有的措施都是为调查经营者的行为是否违法而设，并不是最终的制裁手段，因此，监督检查部门采取上述调查措施时，应当遵循适当原则，即尽量选择适当的调查措施。何为适当？就是对被调查的经营者造成损害最小的调查措施。比如，在非强制措施和强制措施都可以实现调查目的的情况下，监督检查部门应当采用非强制措施；即使采取查封扣押等强制措施，也应当是与不正当竞争行为有关的财物，一旦事实查清或者采取查封扣押措施不当,则应当立即解除这些强制措施。

(5) 执法程序。

程序合法是保证正义的前提。依据本条的规定,监督检查部门在调查不正当竞争行为采取相应的措施时,首先应当遵守书面报告制度。无论采取非强制措施还是强制措施,都会对经营者的生产经营活动造成或多或少的影响,因此都应该履行书面报告并经过批准才能实施。只是相对而言,非强制性措施影响小一些,所以监督检查部门只需要向本部门主要负责人书面报告并经批准即可实施;强制措施影响较大,应当对其实施予以谨慎,需要监督检查部门向设区的市级以上人民政府监督检查部门主要负责人书面报告,并经批准。当然,从这条规定能推断出县级监督检查部门主要负责人是没有对强制措施的批准权力的,县级监督检查部门采取强制措施时需要向市级人民政府监督检查部门主要负责人书面报告并经批准。那么,市一级监督检查部门采取强制措施时,是向本部门主要负责人书面报告还是向上级人民政府监督检查部门主要负责人书面报告并经批准,依笔者之见,应具体问题具体分析,经营者的行为影响面大或者案件重大复杂时,需要向上级汇报,否则本部门就可批准实施。省级监督检查部门应同理。其次,还应当遵守《中华人民共和国行政强制法》(简称《行政强制法》)和其他有关法律、行政法规的规定,并应当将查处结果及时向社会公开。《行政强制法》是一部对行政强制措权进行全面规范的法律,对行政强制权的设定、实施、监督、救济等都作出了明确的规定,其本来就是监督检查部门采取行政强制措施应当遵循的一般法,因此,《反不正当竞争法》未做规定的有关强制措施方面的实体和程序性事项自然不得违背一般法。对非强制措施的实施若其他有关法律、行政法规作出更加具体细致规定的,当然也应该遵守。监督检查部门如若有了调查结果,应该及时向社会公布,满足社会公众的知情权,同时对被调查的经营者也是一种交代,对其是否违法也作出确定的结论,以便其根据调查结果采取相应的必要措施,维护自己的合法权益。同时,也有利于社会对监督检查部门的执法监督。

(6) 调查中所涉人员的义务。

监督检查部门在调查不正当竞争行为时,要想查出事实真相,就需要相关被调查者的配合；要想维护涉嫌不正当竞争经营者的合法权益，也需要监督检查部门人员的配合。因此，无论是被调查者还是调查人员，都应该履行法律赋予的相关义务。

第一，被调查者的义务。

2017年《反不正当竞争法》由第十四条作出规定："第十四条　监督检查部门调查涉嫌不正当竞争行为，被调查的经营者、利害关系人及其他有关单位、个人应当如实提供有关资料或者情况。"

1993年原法由第十九条作出规定："第十九条　监督检查部门在监督检查不正当竞争行为时，被检查的经营者、利害关系人和证明人应当如实提供有关资料或者情况。"

关于本条的修改，全国人民代表大会法律委员会向全国人民代表大会常务委员会所做的关于《反不正当竞争法》的修改意见的三次报告中均没有单独提及，而是被包括在"个别文字修改"中一带而过。说明这不是予以关注的重点内容，但从个别词句的修改中，也可看出行政理念的一些变化。首先，把"监督检查""检查"改成"调查"，就是一个主动变被动的过程。行政执法机关由原来的主动积极执法变为被动消极执法，体现了对市场主体的尊重，即如果没有证据，行政机关不要主动出击监督检查或者找茬，更不能以权谋私。除非获得一定的证据进行调查，否则就是干涉经营者的生产经营活动，经营者可依法维护自己的合法权益，要求行政机关立即终止类似的行为，或者提出其他的合理要求。其次，在"不正当竞争行为"前面加上了"涉嫌"二字，则体现了行政执法摈弃了先入为主的"先定罪后调查"的错误理念。说明调查前只是存有嫌疑，并非最终结论。调查的目的就是为了澄清事实。最后，规定中把"证明人"改成了"其他有关单位、个人"，除了明确增加"其他有关单位"为被调查对象外，最主要的是纠正了一个逻辑错误。因为有了结论才需要"证明"，而"调查"过程中怎么可能有结论？结论只有在"调查"完毕之后才能获得，此处只是"如实提供有关资料或者情况"罢了，并不能"证明"什么，因此，这样的修改合情合理。

由上可知，被调查的对象与"询问权"的对象一致，包括"被调查的经营者、利害关系人及其他有关单位、个人"。他们的义务是"如实提供有关资料或者情况"。所谓"如实",就是不能弄虚作假,要真实、客观、全面。"资料或者情况"应当是与涉嫌不正当竞争行为有关的,否则无益于调查目的的实现。如对利害关系人来说,其提供的应该是其权益受到涉嫌不正当竞争行为侵害的相关材料或者情况,或者是其因不正当竞争行为而获益的有关资料或情况。要不然,只会徒增执法机关人员的劳动强度,浪费行政资源。

第二,调查部门及其人员的保密义务。

由于在调查过程中,被调查者有"如实提供有关资料或者情况"的义务,这些资料当中有可能包括其商业秘密。根据本法第九条第三款的规定,商业秘密是指不为公众所知悉、具有商业价值并经权利人采取相应保密措施的经营信息和技术信息。这些信息一旦被泄露,会给权利人带来不可估量的重大损失,甚至会使权利人丧失核心竞争力,以至于被淘汰出局。因此,不管被调查者最终是否违法,都应该有商业秘密或其他依法不便公开的信息不被公众知晓的权利,调查部门及其人员当然应该予以配合,履行相应的保密义务。

第五章　法律责任

《反不正当竞争法》在第四章对违反本法的行为规定了法律责任，包括民事责任、行政责任和刑事责任，其中，关于行政责任的条文是最多的，可见其处于核心地位。不过，由于三种责任属于不同性质，独立存在，并行不悖，因此，一种法律行为可能导致行为主体同时承担不同的法律责任。由于行政责任和刑事责任都是违法主体对国家和社会承担的责任形式，有时违法主体承担了刑事责任就不会承担与其性质相似的行政责任，如承担了罚金就不会被处以行政罚款，有时也会以已经承担的行政责任折抵刑事责任，如行政拘留日可折抵一定的刑期。[1]

一、民事责任

本法对从事不正当竞争行为的经营者所应承担的民事责任进行了集中规定。

（一）条文修订前后对比及解析

1. 1993年《反不正当竞争法》规定

该法第二十条对民事责任进行了规定。

第二十条　经营者违反本法规定，给被侵害的经营者造成损害的，应当承担损害赔偿责任，被侵害的经营者的损失难以计算的，赔偿额为侵权人在侵权期间因侵权所获得的利润；并应当承担被侵害的经营者因调查该

---

[1] 参见《行政处罚法》第二十八条规定："违法行为构成犯罪，人民法院判处拘役或者有期徒刑时，行政机关已经给予当事人行政拘留的，应当依法折抵相应刑期。违法行为构成犯罪，人民法院判处罚金时，行政机关已经给予当事人罚款的，应当折抵相应罚金。"

经营者侵害其合法权益的不正当竞争行为所支付的合理费用。

被侵害的经营者的合法权益受到不正当竞争行为损害的，可以向人民法院提起诉讼。

2. 修订后的法律规定

关于民事责任的问题，因为涉及商业秘密，所以也伴随有时间上比较接近的两次修改。

（1）2017年第一次修订时第十七条对此作出的规定。

第十七条　经营者违反本法规定，给他人造成损害的，应当依法承担民事责任。

经营者的合法权益受到不正当竞争行为损害的，可以向人民法院提起诉讼。

因不正当竞争行为受到损害的经营者的赔偿数额，按照其因被侵权所受到的实际损失确定；实际损失难以计算的，按照侵权人因侵权所获得的利益确定。赔偿数额还应当包括经营者为制止侵权行为所支付的合理开支。

经营者违反本法第六条、第九条规定，权利人因被侵权所受到的实际损失、侵权人因侵权所获得的利益难以确定的，由人民法院根据侵权行为的情节判决给予权利人三百万元以下的赔偿。

（2）2019年第二次修订后的规定。

第十七条　经营者违反本法规定，给他人造成损害的，应当依法承担民事责任。

经营者的合法权益受到不正当竞争行为损害的，可以向人民法院提起诉讼。

因不正当竞争行为受到损害的经营者的赔偿数额，按照其因被侵权所受到的实际损失确定；实际损失难以计算的，按照侵权人因侵权所获得的利益确定。经营者恶意实施侵犯商业秘密行为，情节严重的，可以在按照上述方法确定数额的一倍以上五倍以下确定赔偿数额。赔偿数额还应当包括经营者为制止侵权行为所支付的合理开支。

经营者违反本法第六条、第九条规定，权利人因被侵权所受到的实际损失、侵权人因侵权所获得的利益难以确定的，由人民法院根据侵权行为的情节判决给予权利人五百万元以下的赔偿。

第三十二条 在侵犯商业秘密的民事审判程序中，商业秘密权利人提供初步证据，证明其已经对所主张的商业秘密采取保密措施，且合理表明商业秘密被侵犯，涉嫌侵权人应当证明权利人所主张的商业秘密不属于本法规定的商业秘密。

商业秘密权利人提供初步证据合理表明商业秘密被侵犯，且提供以下证据之一的，涉嫌侵权人应当证明其不存在侵犯商业秘密的行为：（一）有证据表明涉嫌侵权人有渠道或者机会获取商业秘密，且其使用的信息与该商业秘密实质上相同；（二）有证据表明商业秘密已经被涉嫌侵权人披露、使用或者有被披露、使用的风险；（三）有其他证据表明商业秘密被涉嫌侵权人侵犯。

3. 变化及解析

通过前后对比，新法的变化主要有以下几点：

第一，重要的一点是，新法不仅规定了民事责任，而且新增加一条[1]关于民事举证责任的程序性规定，在侵权方与被侵权方的举证责任承担上进行了详细的规定。在实践中，民事诉讼中的权利人胜诉率往往很低，原因就是因为认定侵犯商业秘密的行为时权利人存在举证困难的情况，如此就造成明知侵权人侵权但侵权人仍逍遥法外的现象时有发生，法律也无可奈何。然而现在不同了，法律规定加重了侵权人举证责任。在一定的情形下，权利人只要提供初步证据证明其商业秘密被侵犯，涉嫌侵权人则应当证明其不存在侵犯商业秘密的行为。这样更有利于保护商业秘密权利人的合法权益不受侵害。同时，关于民事责任规定的第十七条从形式上看，由两款规定变成了四款，原则规定和具体细则相表里，更加详细，更加明确。

---

[1] 实际上2017年《反不正当竞争法》规定有"第三十二条：本法自2018年1月1日起施行"，2019年修订时已把这条规定内容删除。本书对此不做详细解析。

第二，扩大了损害对象范围，由"给被侵害的经营者造成损害"改为"给他人造成损害的"。司法实践中虽然"他人"中大部分依然是"经营者"，但也有可能是消费者或者其他非经济组织，如有一定影响的公益组织等。通过扩大救济范围，从而在更大范围上限制了经营者的经营行为，促使其正当竞争。

第三，增加了民事责任承担方式，不再局限于损害赔偿，救济途径多元化，实际上是强化了对经营者的不利法律后果。这从"应当承担损害赔偿责任"改为"应当依法承担民事责任"可见一斑，后者的民事责任范围要比损害赔偿责任大得多。同时，增加了"依法"二字，这里的"依法"不仅指《反不正当竞争法》，还包括其他相关法律、法规，如《民法总则》《侵权责任法》《产品质量法》以及《消费者权益保护法》等。

第四，在"经营者的合法权益受到不正当竞争行为损害的"一句中的"经营者"前删除了"被侵害的"一词，语言表达更加精炼。

第五，在关于赔偿数额的规定表述上更加符合逻辑，也更加完善，且突出加大了对商业秘密权利人的保护力度：表现之一，原来的条款把赔偿数额和"被侵害的经营者因调查该经营者侵害其合法权益的不正当竞争行为所支付的合理费用"作为两个不同性质的法律责任予以规定，新法则把二者均视为赔偿数额的一部分。实际上，被侵权者的损失都是由侵权者的侵权行为导致，最终都是由侵权者来承担，因此作为赔偿数额统一规定是合情合理的。表现之二，就是明确规定赔偿数额确定依据的先后顺序，首先应当依据因被侵权受到的实际损失，当实际损失难以确定的，才按照侵权人因侵权所获得的利益来确定。表现之三，2019年修法时专门针对商业秘密增加了一个惩罚性赔偿的规定。表现之四，和1993年旧法相比，新法增加了关于第六条（市场混淆行为）和第九条（侵犯商业秘密行为）的法定最高赔偿额的规定，2017年修法时规定为300万元，2019年又改为500万元，明显在加大对这类违法行为的处罚力度。当然，前提条件是被侵权者的损失和侵权者因侵权所获利益均难以确定的情况下才由法院根据情节最终确定500万元以下的赔偿额，从而为易被侵犯的商业标识主体和商业秘密的权利人提供了更大力度的法律保护。为何单单对这两类不正当竞争行为进行了特殊保护？原因在于无论是易被侵犯的具有一定市场影响的商业标识，还是商业秘密，对其主体而言堪称市场竞争力之核心，一旦被侵犯有时是权利主体无法承受之重，而且这样的行为相当于无耻的盗窃，明显违背商业道德，是典型的破坏市场竞争秩序的不正当竞争行为。法定最高额也比以往比照适用《商标法》的 50 万元❶高出许多，大大激励了被侵权者维权的积极性。

（二）承担民事责任的构成要件

第十七条第一款对经营者承担民事责任进行了原则规定，也说明了承担民事责任的构成要件。要件应该包括以下几点：一是主体要件是经营者；二是主体行为要件，即"经营者违反本法规定"；三是结果要件，即"给他人造成损害"；四是因果关系要件，主体行为是结果的原因，即"经营者违反本法规定"是"给他人造成损害"的原因。

1. 主体要件：经营者

民事责任的承担者只能是经营者，非经营者不能成为合格的主体，如公益组织、行政机关等。由于本书前面已对此进行了详细的分析，在此不再赘述。

2. 主体行为要件："经营者违反本法规定"

主体行为要件也叫客观方面要件。从体系解释的视角来看，此条中的"违反本法规定"和本法中其他条款❷中的"违反本法规定"应为一致的含义，但从功能解释的角度来看，笔者认为，此条中的"违反本法规定"由于是经营者承担民事责任的条件之一，因此从整部法律来看，经营者实施不正当竞争行为才会给他人造成损害，需要承担民事责任，故"违反本

---

❶ 《商标法》第五十六条规定："侵犯商标专用权的赔偿数额，为侵权人在侵权期间因侵权所获得的利益，或者被侵权人在被侵权期间因被侵权所受到的损失，包括被侵权人为制止侵权行为所支付的合理开支。前款所称侵权人因侵权所得利益，或者被侵权人因被侵权所受损失难以确定的，由人民法院根据侵权行为的情节判决给予五十万元以下的赔偿。销售不知道是侵犯注册商标专用权的商品，能证明该商品是自己合法取得的并说明提供者的，不承担赔偿责任。"

❷ 包括第二条、第二十四条、第二十五条、第二十六条和第三十一条。

法规定"就是指实施不正当竞争行为。而不正当竞争行为不仅包括本法第二章列举的典型不正当竞争行为，也包括本法未列举的非典型或新型不正当竞争行为。这与本书此前关于第二条中"违反本法规定"的解释有所不同。

3. 结果要件："给他人造成损害"

"给他人造成损害"中的"他人"指什么人，本条并没有明示。所以，"他人"当指除了实施不正当竞争行为的经营者之外的任何自然人或单位。这也就排除了受到损害的"他人"没必要与加害者必须是同业竞争者的苛刻条件。其中的"损害"是仅指现实的损害还是包括损害的可能性或危险性，本条同样没有明确，依笔者之见，从"应当依法承担民事责任"可倒推出"损害"应该包括后者，因为民事责任的承担方式里面有的并不要求有具体的实际损害，比如停止侵害并不以权利人遭受直接的实际损害为前提。针对现实的损害，既包括物质损害，也包括精神损害。

司法实践中，损害的情形比较复杂。通常情况下，对其他经营者而言，可能会失去部分交易机会。如擅自使用他人有一定影响的商品名称、包装、装潢等相同或者近似的标识的不正当竞争行为，对于同行业的经营者来说，假如违法者的产品是假冒伪劣产品，还会影响到被侵权者的商业信誉，失去未来的潜在客户；❶若非直接竞争者，即使生产的产品是合格产品，依然会淡化被侵权者的品牌，使消费者对其品牌专业信誉产生怀疑，从而影响交易机会；对于非经营的社会组织或个人则影响其社会声誉；对消费者而言，选择了非心仪品牌的真品也是一件苦恼烦心的事情。

4. 因果关系要件

只有经营者的不正当竞争行为给他人造成损害的情况下才承担民事责任。经营者实施不正当竞争行为，没有给特定的他人造成实质损害，或者

---

❶ 有一种特殊情况，假如一个新的经营者起初为了打开销路，借船出海，擅自使用他人有一定影响的商品名称、包装、装潢等相同或者近似的标识的，即使其产品优于被侵权者的产品，对消费者而言也许没有实际损害，但对被侵权者而言，其依然失去了交易机会。

他人的损害有可能是其他原因造成的。此时，经营者不承担民事责任。至于是直接造成的损害还是间接造成的损害，笔者认为应该是直接的因果关系。间接的因果关系就说明经营者的不正当竞争行为在构成损害的原因方面已经"相距比较遥远"，不应该负担民事责任。一种特殊情况是，当他人的损害是由包括不正当竞争行为在内的几个原因直接造成的，则根据原因的大小由经营者承担民事责任。

5. 讨论：过错是否承担民事责任的构成要件？

根据第十七条的规定，并没有明示。但是仔细分析其中的字眼，会发现经营者是"应当依法承担民事责任"，所以笔者认为，如果相关法律规定需要过错，则过错是构成要件；否则就不是。所以，过错是否承担民事责任的构成要件因法而异。

一个特殊的情形就是关于商业秘密侵犯案件，侵犯他人的商业秘密是典型的侵犯他人的知识产权，属于侵权行为。在我国《侵权责任法》中并没有明确商业秘密是一项民事权利，但有暗含，其第二条第二款规定："本法所称民事权益，包括生命权、健康权、姓名权、名誉权、荣誉权、肖像权、隐私权、婚姻自主权、监护权、所有权、用益物权、担保物权、著作权、专利权、商标专用权、发现权、股权、继承权等人身、财产权益。"商业秘密被包括在了"等"字当中。同时，依据《侵权责任法》第六条规定："行为人因过错侵害他人民事权益，应当承担侵权责任。"侵犯商业秘密行为认定时从主观方面来看，经营者应该具有过错，或故意或过失，当然这应属于被侵权人举证范围。如果被侵权人主张惩罚性赔偿时，除了要证明经营者存在恶意或故意外，还需要证明达到一个标准，即"情节严重"。何谓"情节严重"？《反不正当竞争法》没有明确说明和规定，是否可以和刑法中有关商业秘密犯罪条款中的"重大损失"划等号，这些有待于有关部门进一步解释。依笔者之见，二者是可以等同视之，以保证法律适用上的统一。❶

---

❶ 参见后面有关商业秘密罪的相关论述。

(三) 承担民事责任的性质和形式

我国《民法总则》第一百七十六条规定："民事主体依照法律规定和当事人约定，履行民事义务，承担民事责任。"据此可知，民事责任是民事主体违反民事义务应承担的法律后果，民事义务分为民事当事人之间的约定义务和法律规定的义务，因此，民事责任亦可分为由违约行为产生的违约责任和由民事违法行为即侵权行为产生的侵权责任。❶由《反不正当竞争竞争法》第十七条的规定用语可知，经营者实施不正当竞争行为是违反法律规定的，并非违反当事人之间的约定义务，其承担的民事责任当然是一种侵权责任。

根据我国《侵权责任法》第十五条的规定："承担侵权责任的方式主要有：（一）停止侵害；（二）排除妨碍；（三）消除危险；（四）返还财产；（五）恢复原状；（六）赔偿损失；（七）赔礼道歉；（八）消除影响、恢复名誉。以上承担侵权责任的方式，可以单独适用，也可以合并适用。"其中，赔偿损失是经营者实施不正当竞争行为后常见的承担责任方式。

(四) 民事救济途径和诉讼主体

根据第十七条第二款的规定，经营者的合法权益受到不正当竞争行为损害的，向人民法院提起诉讼是经营者的一项权利，其可以行使，也可以放弃。其可以寻求公力救济，也可以寻求合法的私力救济，如直接找侵权者赔偿，也可以找第三方调解，当然其也可以保持缄默或忍气吞声。因为我国实行不告不理原则，只有合法权益受到侵害的经营者向人民法院提起诉讼的，人民法院才能受理并作出裁判。经营者作为不正当竞争案件的诉讼主体毫无疑问，由于此条只规定了经营者的诉权，那么是否意味着其他受到不正当竞争行为侵害的主体不能依据《反不正当竞争法》提起诉讼呢？当然不是，假如消费者或社会公益组织受到不正当竞争行为的侵害，同样可依据该法提起不正当竞争之诉，只不过要想获得赔偿还是要依据其他相关法律法规，如《消费者权益保护法》《侵权责任法》等，因为第十

---

❶ 沈宗灵. 法理学［M］. 北京：北京大学出版社，2000：516.

七条只规定了对经营者的赔偿数额。

(五) 赔偿数额的确定

第十七条第三款规定了赔偿数额的内容和确定顺序。据此,赔偿数额包括两部分,一是经营者因被侵权所受到的实际损失,二是经营者为制止侵权行为所支付的合理开支。其中,经营者的实际损失一定是因被侵权直接造成的,因其他原因导致的损失不能计算在内。如一个经营者遭受到了同行业另一经营者的商业诋毁,前者对其经营额所有下降额度主张赔偿,那么就要分清是否所有下降额度都是由商业诋毁行为造成的,如果该商业诋毁言论仅仅是在诋毁者的个人博客中发布,那就要看有多少人和什么人浏览了该博客内容,这些人是否为被侵权者的客户,是否影响被侵权者的业务和经营额,据此来确定被侵权者的实际损失。否则,由其他原因导致的经营额下降由侵权者承担赔偿责任显失公平。合理开支包括为制止侵权行为支付的交通费、调查费、鉴定费、复印费、律师费等。同样,为制止侵权行为所支付的开支也应该具有合理性。如专门聘请律师来调查不正当竞争行为和经营者常年聘请的法律顾问调查不正当竞争行为的费用,前者可以计算在赔偿数额内,后者则不具有合理性,因为即使没有侵权者的不正当竞争行为,被侵权的经营者也要负担这笔费用。

当经营者因被侵权受到的实际损失难以计算时,按照侵权人因侵权所获得的利益确定。实际上是用侵权人因侵权所获利益代替被侵权人因被侵权所受到的实际损失。由此可见,在确定赔偿数额时,首先应该计算被侵权者的实际损失,当其难以计算时,才会考虑计算侵权者所获利益。这样既遵循了民事责任关于赔偿的填平原则,也与其他法律法规也保持了一致的表述。❶ 问题在于,在计算损失或者利益时,是否包括税收额,是指税前还是税后,是利润还是市场价值,这些都需要法律法规进一步的细化。

---

❶ 《侵权责任法》第二十条规定:"侵害他人人身权益造成财产损失的,按照被侵权人因此受到的损失赔偿;被侵权人的损失难以确定,侵权人因此获得利益的,按照其获得的利益赔偿;侵权人因此获得的利益难以确定,被侵权人和侵权人就赔偿数额协商不一致,向人民法院提起诉讼的,由人民法院根据实际情况确定赔偿数额。"

惩罚性赔偿责任只针对商业秘密侵权案件，如上所述，要求被侵权人的举证责任也比较重，必须证明侵权者是故意，而不是过失，还必须达到情节严重的标准，获得的赔偿基础数额是被侵权方因受到侵权而遭受的损失，当这部分损失难以确定时，以侵权方因侵权获得的利益为准，获赔数额是基础数额的一倍以上五倍以下。由此可知，惩罚性赔偿数额最高是基础数额的四倍。需要注意的是，在进行惩罚性赔偿时，基础数额不包括"经营者为制止侵权行为所支付的合理开支"。

（六）法定赔偿额

第十七条第四款针对第六条和第九条规定的不正当竞争行为设置了法定最高赔偿额度，说明其他不正当竞争行为在涉及赔偿时依然根据填平原则进行赔偿，也是对该款适用范围的一个限定。

如果说第十七条第三款规定的是受到任何不正当竞争行为侵害的所有经营者赔偿数额的确定方法，则第十七条第四款规定的是第六条的市场混淆行为和第九条的侵犯商业秘密行为的所有受到侵害的主体即权利人的法定赔偿最高额，额度为500万元。商业秘密的权利人只能是经营者，但市场混淆行为侵犯的权利人既包括经营者，也包括其他非经营者，如非经营的自然人或公益组织、社会组织等，如此规定，很明显就是为了加大打击此两类严重侵犯他人权利的不正当竞争行为的力度，规范市场竞争秩序，保护正当竞争行为。

500万元仅仅是法定最高赔偿额，至于具体赔偿额的确定由法院根据侵权行为的情节做最后的判决，主要考虑侵权行为人的主观过错程度、采用的侵权手段和方式、行为持续的时间长短、给权利人造成的损害程度以及事后是否积极配合调查、是否承认错误、对受害人造成的损害是否采取措施予以补救等。

（七）侵犯商业秘密民事案件举证责任的承担

关于民事案件举证责任承担的一般原则是谁主张谁举证，特殊情况下会存在举证责任倒置，即法律规定由一方（通常是由被告方）承担举证不能的责任。以往关于侵犯商业秘密的不正当竞争行为，根据《最高人民法院关于审理不正当竞争民事案件应用法律若干问题的解释》第十四条规定:"当事人指称他人侵犯其商业秘密的,应当对其拥有的商业秘密符合法定条件、对方当事人的信息与其商业秘密相同或者实质相同以及对方当事人采取不正当手段的事实负举证责任。其中,商业秘密符合法定条件的证据,包括商业秘密的载体、具体内容、商业价值和对该项商业秘密所采取的具体保密措施等。"因此,权利人要证明自己的商业信息首先是商业秘密,其次还须证明对方有侵权行为。具体证明责任有:(1)证明自身是商业秘密的权利人;(2)证明该信息具有秘密性、价值性、保密性,构成法律意义上的商业秘密;(3)证明侵权人实施了侵犯商业秘密的行为;(4)证明自身因商业秘密泄露遭受的损失。对此,一方面,商业秘密本不想公之于众,为了维权不得不违心地道出其中的秘密,与保护商业秘密的初衷背道而驰;另一方面,说出其中的秘密不算,作为权利人还必须证明对方有侵权行为,这是何等之难?如果对方也把这样的商业信息当作商业秘密看待时,岂不是鼓励权利人冒违法之大不韪?因此,司法实践中作为权利人胜诉的相对较少。[1]根据现行法律的规定,相信今后局面会有所改观。

依据第三十二条的规定,在举证时可分为两个层次:

第一个层次,确定商业秘密权利人。在证明一项商业信息是否属于法律规定的商业秘密时,此条第一款规定了双方的证明责任,"商业秘密权利人提供初步证据,证明其已经对所主张的商业秘密采取保密措施,且合理表明商业秘密被侵犯,涉嫌侵权人应当证明权利人所主张的商业秘密不属于本法规定的商业秘密。"据此,笔者认为权利人的证明责任有三:一是需要证明商业秘密的大概内容,是经营信息、技术信息还是其他商业信息需要明确,否则人们无从知晓权利人的商业秘密究竟指的是什么,但并不需要出示详细的具体内容,如对于拟交易的价格信息,并不需要说明具体的价格是多少等;二是对商业秘密的三个要件要进行证明,即秘密性、

---

[1] 根据裁判文书网公布的商业秘密侵权案件,在2013~2017年,法院审判的侵犯商业秘密案件中,败诉率达到63.19%,部分胜诉占27.54%,胜诉仅占9.27%。

价值性和保密性，从而证明自己才是该商业秘密的所有权人；三是"提供初步证据，证明其已经对所主张的商业秘密采取保密措施，且合理表明商业秘密被侵犯"，也就是说，在证明对商业秘密已采取保密措施和合理表明商业秘密被侵犯方面只要提供初步证据即可，无需提供更详细的充分证明。何为"初步证据"和"合理表明"？依笔者之见，从相关公众来看，"初步证据"就是能够说明权利人的措施与商业秘密基本相适应；"合理表明"从上下文可知，在此主要是从保密措施这个角度合理表明商业秘密被侵犯，也即保密措施失效，如权利人与员工签署了保密协议，但员工违背了保密义务，就说明商业秘密已被侵犯。然而，与此相反，"涉嫌侵权人应当证明权利人所主张的商业秘密不属于本法规定的商业秘密"。

从表面上看，权利人只要提供初步证据，且合理表明商业秘密被侵犯，举证责任就算完成，这似乎减轻了举证负担，然而，权利人仍应提供初步证据证明涉案信息符合商业秘密的"三要件"，才能发生举证责任的转移。❶而且由于法律规定商业秘密需要三个要件，缺一不可，所以涉嫌侵权人只要证明有一个条件不符合即可轻而易举地推翻权利人的主张。所以，权利人的义务实质上并没有减轻多少，权利人还须一如既往地竭尽全力证明自己才是某项商业秘密的权利人。"立法之所以强调采取保密措施这一要件，是因为司法实务对其余两个要件的证明标准较低，权利人通常能较为轻易完成证明，因此权利人的证明责任主要体现在采取保密措施。不为公众所知悉属于消极事实，权利人只需提供初步证据证明涉案信息不为相关人员普遍知悉或者不易获得即可，主要由涉嫌侵权人证明涉案信息已经为公众所知悉的积极事实。具有商业价值并不要求相关信息已经实际产生利润，能够带来竞争优势或者提供潜在交易机会就能宽泛认定为具有商业价值。"❷

第二个层次，在商业秘密权利人确定的基础上，再证明侵权行为是否成立。此时，商业秘密权利人有两点需要证明，一是提供初步证据合理表

---

❶ 陈健淋. 商业秘密民事诉讼的举证责任 [N/OL]. 中国知识产权报, (2019 – 05 – 09) [2019 – 05 – 20]. http://ip.people.com.cn/n1/2019/0509/c179663 – 31075715.html.

❷ 同❶.

明商业秘密被侵犯,二是提供以下证据之一:(1)有证据表明涉嫌侵权人有渠道或者机会获取商业秘密,且其使用的信息与该商业秘密实质上相同;(2)有证据表明商业秘密已经被涉嫌侵权人披露、使用或者有被披露、使用的风险;(3)有其他证据表明商业秘密被涉嫌侵权人侵犯。作为权利人的举证责任,第一种情形下的举证实质上是对司法实践中采纳的"实质相同加接触原则"的法定化。商业秘密的侵犯不同于其他侵权行为的"显而易见",如果严格要求原告证明被告实施侵犯商业秘密的经过、行为人主观上的过错等,原告一般很难证明。因此,法院在司法审判实践中,适用的是实质相同加接触的原则,原告只要证明:(1)被告接触了原告的商业秘密或存在接触商业秘密的可能;(2)原被告的技术信息或经营信息相同或实质相同,即可以认定被告侵犯了原告商业秘密。❶ 第二种情形下的举证责任是有证据表明商业秘密已经被涉嫌侵权人披露、使用或者有被披露、使用的风险。由此可知,权利人既可以证明被告具有披露、使用行为,也可以证明涉嫌侵权人具有披露、使用的风险,只要举证其一,举证责任即告完成。所谓风险,即遭受侵犯的可能性,而非现实中已经发生的直接侵权行为。涉嫌侵权人为实施侵犯商业秘密而成立公司、招聘人员、租赁场地、添置设备这些经营准备行为都会造成商业秘密被使用的可能,当然属于商业秘密被使用的风险。甚至从广义上理解,只要商业秘密处于涉嫌侵权人掌控之中,就会产生被披露、使用的风险。❷ 而第三种情形下的兜底条款则最大限度地保证了权利人举证商业秘密被侵犯的可能证据。

而涉嫌侵权人应当证明其不存在非法获取、非法使用商业秘密等侵犯商业秘密行为,或者证明通过自行开发研制或者反向工程❸、客户自愿交

---

❶ 刘国斌. 浅谈侵犯商业秘密民事纠纷案件的办理 [EB/OL]. (2017-10-22) [2019-06-01]. http://china.findlaw.cn/lawyers/article/d597168.html.

❷ 陈健淋. 商业秘密民事诉讼的举证责任 [N/OL]. 中国知识产权报, 2019-05-09 [2019-05-20]. http://ip.people.com.cn/n1/2019/0509/c179663-31075715.html.

❸ 根据《最高人民法院关于审理不正当竞争民事案件应用法律若干问题的解释》第十二条规定:"'反向工程',是指通过技术手段对从公开渠道取得的产品进行拆卸、测绘、分析等而获得该产品的有关技术信息。"

易等合法手段获取该商业秘密。

由上可知,商业秘密权利人的举证达到基本的逻辑合理性即可,可谓"点到为止";涉嫌侵犯商业秘密人相较以往的举证责任要重得多,提高了侵权的败诉风险。从这个角度说,该项规定将不存在侵权行为的证明责任主要分配给了涉嫌侵权人。

二、行政责任

行政责任是指违反法律、法规或者规章的行为主体依法应承担的由行政机关施加的不利法律后果。行政责任和刑事责任一样,实质上是对社会承担的法律责任,只不过是实施于一些轻微的违法行为或违纪行为。我国现阶段正处于向健全的社会主义市场经济体制过渡的进程中,行政责任在整个反不正当竞争法律制度中占有突出的地位和明显的特征:一是行政责任的条文比重较大,相对于民事责任和刑事责任各一个条文而言,有关行政责任的条文数量有12条之多;二是《反不正当竞争法》针对第二章所列举的所有典型不正当竞争行为都规定了经营者的行政责任,说明法律还是赋予国家行政机关在维护市场竞争秩序方面重要的查处及干预职责。

行政责任的主体既包括经营者,也包括行政执法人员。在《反不正当竞争法》中,经营者的行政责任既可能因实施不正当竞争行为而承担,也可能因其他违法行为而承担。经营者承担的行政责任称为行政处罚,行政执法人员承担的行政责任称为行政处分或处分❶。根据《行政处罚法》第八条的规定:"行政处罚的种类:(一)警告;(二)罚款;(三)没收违法所得、没收非法财物;(四)责令停产停业;(五)暂扣或者吊销许可证、暂扣或者吊销执照;(六)行政拘留;(七)法律、行政法规规定的其他行政处罚。"在《反不正当竞争法》中规定较多的是罚款,其次是吊销

---

❶ 《中华人民共和国监察法》中称为"处理",如第六十二条规定:"有关单位拒不执行监察机关作出的处理决定,或者无正当理由拒不采纳监察建议的,由其主管部门、上级机关责令改正,对单位给予通报批评;对负有责任的领导人员和直接责任人员依法给予处理。"其他条款如第六十三条、第六十四条、第六十五条也使用了同样的用语。

营业执照，当然还有其他行政处罚方式。

（一）经营者的行政责任

1. 经营者实施市场混淆行为的行政责任

（1）2017年修订前的规定。

1993年《反不正当竞争法》第二十一条对此做了规定：

第二十一条　经营者假冒他人的注册商标，擅自使用他人的企业名称或者姓名，伪造或者冒用认证标志、名优标志等质量标志，伪造产地，对商品质量作引人误解的虚假表示的，依照《中华人民共和国商标法》《中华人民共和国产品质量法》的规定处罚。

经营者擅自使用知名商品特有的名称、包装、装潢，或者使用与知名商品近似的名称、包装、装潢，造成和他人的知名商品相混淆，使购买者误认为是该知名商品的，监督检查部门应当责令停止违法行为，没收违法所得，可以根据情节处以违法所得一倍以上三倍以下的罚款；情节严重的，可以吊销营业执照；销售伪劣商品，构成犯罪的，依法追究刑事责任。

（2）2017年修订后的规定。

2017年《反不正当竞争法》第十八条对此做了规定：

第十八条　经营者违反本法第六条规定实施混淆行为的，由监督检查部门责令停止违法行为，没收违法商品。违法经营额五万元以上的，可以并处违法经营额五倍以下的罚款；没有违法经营额或者违法经营额不足五万元的，可以并处二十五万元以下的罚款。情节严重的，吊销营业执照。

经营者登记的企业名称违反本法第六条规定的，应当及时办理名称变更登记；名称变更前，由原企业登记机关以统一社会信用代码代替其名称。

（3）变化及解析。

第一，行政处罚规定是否统一方面不同。虽然从形式上看修订前后同样都有两款规定，但内容大不一样。旧法的市场混淆行为由于包括"假冒他人的注册商标"和"伪造或者冒用认证标志、名优标志等质量标志，伪造产地，对商品质量作引人误解的虚假表示"两种行为，与《商标法》和《产品质量法》的规定有重合之处，为了处罚上的一致性，连同"擅自使用他人的企业名称或者姓名"进行了转致适用的规定，而对"经营者擅自使用知名商品特有的名称、包装、装潢"则专门做了处罚规定。新法则对所有的市场混淆行为一视同仁，统一做了处罚规定。新法的第二款则不属于行政处罚，只是为了配合实施行政处罚，执行过程中应该采取的一种行政措施。

第二，没收对象发生了变化。旧法是"没收违法所得"，新法变成"没收违法商品"。如此修改符合立法对该行为的处罚目的。因为仅仅没收违法所得，并不能有效阻止违法商品流入市场，这些流入市场的违法商品还是会引起消费者的混淆，没有起到维护市场正常竞争秩序的作用，而没收违法商品则直接切断可能混淆的源头，不失为一种釜底抽薪的处罚手段。

第三，处罚的表述更加清晰，力度也加大了。一是把"违法所得"修改为"违法经营额"，使得处罚的基数增加了；二是罚款的倍数由"一倍以上三倍以下"改为"五倍以下"；三是当"情节严重"时，法律直接命令监督检查部门"吊销营业执照"，不再是赋予监督检查部门自由裁量权的"可以"的表达。

第四，新法取消了关于刑事责任的表达，❶ 而统一由第三十一条规定进行规定，使行政处罚条款更纯粹。

（4）经营者违反第六条规定应承担的行政责任及适用。

经营者违反本法第六条规定实施混淆行为，不仅使消费者对商品来源产生混淆，侵害了在同一市场上竞争的其他经营者的合法权益，而且对市场竞争秩序造成了损害。因此，由监督检查部门给予下列行政处罚：

其一，责令停止违法行为，没收违法商品。这是经营者实施混淆行为必然会受到的首当其冲的基本处罚。责令违法的经营者立即停止混淆行

---

❶ 其他不正当竞争行为可能构成犯罪的责任条款也做了类似的修改，在对其他条款解析时不再赘述。

为，因为混淆是一种持续性的违法行为，如果不责令停止该行为，势必会生产出更多的易导致混淆的商品。违法商品是经营者因实施混淆行为所生产或者经营的引人误认为是他人商品或者与他人存在特定联系的侵权商品，是引起消费者混淆的直接媒介，也是消费者购买的对象，没收违法商品是为了防止损害后果的进一步扩大。

其二，罚款。这是经营者实施混淆行为可能受到的或然性行政处罚，因为法条中规定用语是"可以"而非"应当"，且分为两个档次，即违法经营额五万元以上的，可以并处违法经营额五倍以下的罚款；没有违法经营额或者违法经营额不足五万元的，可以并处二十五万元以下的罚款。其中的"违法经营额"是指经营者生产经营全部侵权产品的市场价值。全部侵权产品既包括已经销售了的，也包括还在仓储、运输和正在销售过程中的。市场价值应该按照经营者所售价格来计算，并非按照被侵权商品价格计算。至于是否并处罚款以及罚款多少，则由监督检查部门根据违法行为的事实、性质、情节、造成的损害后果等因素来决定。根据《行政处罚法》第三十八条第二款的规定，对违法行为情节轻微的，可以不予行政处罚。

其三，吊销营业执照。这是经营者实施混淆行为情节严重时必然受到的行政处罚。处罚的关键要件是具备情节严重的前提。那么，何谓情节严重？法律并没有对此进行具体规定，而是交由监督检查部门自由裁量。比如，对被侵权的经营者造成了重大损害甚至倒闭破产，或者违法经营额巨大，又或者构成犯罪等均可认为是情节严重。吊销营业执照应该是行政处罚当中相对较重的经营性的法律责任了，因为没有了营业执照，无论是自然人还是法人都意味着经营能力和资格的丧失，不得、也不能再进行类似的经营活动了。需要强调的是，实施混淆行为情节严重的经营者若没有达到犯罪的程度，必然也同时会受到前述三种行政处罚，否则应予追究刑事责任，绝不能以行政处罚代替刑事责任。

其四，指示行政措施。针对经营者登记的企业名称违反第六条规定的，擅自使用他人有一定影响的名称的，除了承担民事责任和行政责任外，还应当及时办理名称变更登记。由于我国企业名称目前实行的是登记注册制度,❶ 企业所登记的企业名称必须经负责登记行政机关核准后才能使用,这需要一个过程一定的时间,因此在名称依法变更前,为了不影响企业的正常经营活动,由原企业登记机关以统一社会信用代码代替其名称。统一社会信用代码和相关基本信息作为法人和其他组织的"数字身份证",❷ 是企业身份识别的一种有效手段,用统一社会信用代码暂时代替企业名称是一种切实可行的措施。

2. 经营者实施商业贿赂行为的行政责任

(1) 2017年修订前的规定。

第二十二条 经营者采用财物或者其他手段进行贿赂以销售或者购买商品,构成犯罪的,依法追究刑事责任;不构成犯罪的,监督检查部门可以根据情节处以一万元以上二十万元以下的罚款,有违法所得的,予以没收。

(2) 2017年修订后的规定。

2017年《反不正当竞争法》第十九条对此做了规定:

第十九条 经营者违反本法第七条规定贿赂他人的,由监督检查部门没收违法所得,处十万元以上三百万元以下的罚款。情节严重的,吊销营业执照。

(3) 变化及解析。

新法在商业贿赂责任方面的变化主要体现在以下三个方面:

第一,取消了关于构成犯罪追究刑事责任的规定。这说明了一种立法态度的转变。旧法针对商业贿赂行为,首先考虑的是是否犯罪行为,如若不是,才考虑予以行政处罚。有一种鼓励有罪推定的意味。新法只规定了行政处罚,刑事责任统一作出规定,相对比较理性。

---

❶ 国家市场监督管理总局2018年7月9日发布了《关于就〈企业名称登记管理条例(征求意见稿)〉公开征求意见的公告》,应该不久就会取消企业名称登记注册制,而只实行登记制。(参见国家市场监督管理总局网站. [2018-12-17]. http://www.samr.gov.cn/djzcj/zyfb/zjfb/201807/t20180711_282238.html.)

❷ 王瑞贺. 中华人民共和国反不正当竞争法释义 [M]. 北京:法律出版社, 2018:64.

第二，提高了罚款的额度及范围。由原来的"一万元以上二十万元以下"改为"十万元以上三百万元以下"。随着整个社会技术的发展，企业经营规模的扩大及营利水平的提高，法律也相应增加了企业违法的成本，这也符合法经济学的理念。❶

第三，增加了行政处罚的种类，即在商业贿赂行为情节严重时，监督检查部门应当吊销经营者的营业执照。这样就使得对经营者的行政处罚措施更加完善。

（4）经营者违反第七条规定应承担的行政责任及适用。

经营者违反第七条第一款规定实施商业贿赂行为，是不正当地抢夺了市场交易机会，影响了市场正当竞争秩序，尤其对同行业正当的经营者利益造成损害，而正当竞争的经营者难以据此主张损害赔偿，故应对这种行为进行行政处罚。

其一，没收违法所得。经营者行贿的目的就是为了获得不正当利益，因此，没收因商业贿赂所获得的利益是直击其痛点，让经营者竹篮打水一场空，使其不敢再犯。当然，假如经营者进行商业贿赂后还没有获得预期的违法利益，不能以其他合法所得代替违法所得予以没收。

其二，罚款。不管经营者是否因商业贿赂行为获得不当利益，监督检查部门都应当予以罚款，根据情节轻重，在10万元至300万元之间选定罚款额度。相对于没收违法所得，罚款是商业贿赂的经营者必然会受到的行政处罚。有无违法所得以及违法所得多少会影响罚款数额。

其三，吊销营业执照。行贿行为情节严重的经营者会被吊销营业执照。这里的"情节严重"包括行贿多次多人、行贿数额较大、所获利益巨大及造成的社会影响恶劣等。其中，行贿数额较大时可能构成犯罪，毫无疑问这也是情节严重的情形之一。和市场混淆行为一样，如若涉及犯罪，监督检查部门应移交司法部门，不能以没收违法所得、罚款等行政处罚手段代替刑事责任，但可吊销营业执照。

---

❶ 新法在针对其他不正当竞争行为的行政处罚额度都相应地提高了，虽然调整幅度有区别，但理由都一样，所以下面将不再赘述。

3. 经营者实施虚假宣传行为的行政责任

（1）2017年修订前的规定。

旧法第二十四条对此进行了规定：

第二十四条 经营者利用广告或者其他方法，对商品作引人误解的虚假宣传的，监督检查部门应当责令停止违法行为，消除影响，可以根据情节处以一万元以上二十万元以下的罚款。

广告的经营者，在明知或者应知的情况下，代理、设计、制作、发布虚假广告的，监督检查部门应当责令停止违法行为，没收违法所得，并依法处以罚款。

（2）2017年修订后的规定。

新法第二十条对此作出了规定：

第二十条 经营者违反本法第八条规定对其商品作虚假或者引人误解的商业宣传，或者通过组织虚假交易等方式帮助其他经营者进行虚假或者引人误解的商业宣传的，由监督检查部门责令停止违法行为，处二十万元以上一百万元以下的罚款；情节严重的，处一百万元以上二百万元以下的罚款，可以吊销营业执照。

经营者违反本法第八条规定，属于发布虚假广告的，依照《中华人民共和国广告法》的规定处罚。

（3）变化及解析。

新法与旧法的变化体现在以下几个方面：

第一，规定行政责任的分类标准不同。新法依据的是不同的虚假宣传方式，实际上是把特殊的虚假宣传方式即虚假广告作为第二款单独作出了规定，并规定依据《广告法》进行处罚；旧法依据的是不同的经营者，实际上是把广告的经营者作为特殊的一类作为第二款单独进行了规定。随着《广告法》于2015年的修订，旧的《反不正当竞争法》关于虚假广告的相应规定与新的《广告法》并不一致，如处罚数额不同。所以，对此条进行修订属于情理之中。

第二，针对虚假广告外的其他虚假宣传行为的行政处罚方式中取消了

"消除影响",这与《行政处罚法》第八条的规定保持了一致,因为此条并没有"消除影响"的处罚方式。同时,若非广告,一般的虚假宣传方式造成的社会影响也较小,故《广告法》针对虚假广告保留了"消除影响"的处罚方式,此处取消也顺理成章。

第三,针对虚假广告外的其他虚假宣传行为的罚款额度提高及依情节有了区分。罚款额度由原来的"一万元以上二十万元以下"变为了"二十万元以上一百万元以下",原来的高限值变成了低限值,而且罚款也由原来的"可以"变为了直接处以罚款,无疑提高了制裁的力度,也限制了行政机关的自由裁量权,行政机关不再有可罚可不罚的权力,而是必须罚。另外,增加了情节严重时的处罚规定。如此,与《广告法》的规定基本保持了一致,体现了法律对同为虚假宣传行为的公平对待。

第四,增加了对《广告法》的转致适用规定,填补了法律的漏洞,避免了法律间的不协调给经营者适用时带来的钻营和投机。

(4)经营者违反第八条规定应承担的行政责任及适用。

经营者的虚假宣传行为不仅欺骗、误导消费者,而且可能造成"劣币驱除良币"的结果,影响整个市场经济的良好运作,因此,理应对这样的经营者进行行政处罚,让其承担社会责任。

其一,责令停止违法行为。一旦发现经营者对其商品作虚假或者引人误解的商业宣传,或者通过组织虚假交易等方式帮助其他经营者进行虚假或引人误解的商业宣传,为了防止损害后果的进一步扩大,监督检查部门应立即责令其停止违法行为,如对商品作现场虚假宣传的,令其马上撤离现场;在网上组织虚假交易炒信的,责令其消除虚假的销售状况及用户评价等信息等。这是经营者必然受到的行政处罚。

其二,罚款。罚款也是虚假宣传的经营者必然会受到的行政处罚,只不过分为两种情况:如果是一般的虚假宣传行为,则由监督检查部门处以"二十万元以上一百万元以下的罚款";如果情节严重,则处以"一百万元以上二百万元以下的罚款"。其中,对何谓"情节严重"法律没有给出明确的规定,可以参照《广告法》的规定,如两年内有三次虚假宣传行为的、造成消费者因虚假宣传作出错误购买决定导致身体健康甚至生命权受到严重损害的情况等，可定性为情节严重。

其三，吊销营业执照。这是或然性的行政处罚方式，只有当经营者虚假宣传行为情节严重时，除了上述两种行政处罚外，由监督检查部门根据违法情节的严重程度决定可以并处吊销营业执照。依笔者之见，既然情节严重，就说明经营者在商业宣传方面严重失信，不应当再保留其经营资格，应当直接吊销营业执照，剔除市场，腾笼换鸟。

其四，转致适用《广告法》处罚。商业广告是商业宣传的的一种重要方式，也是经营者经常采用的方式，因此，国家专门制定适用于商业广告的《广告法》。相对于《反不正当竞争法》中的商业虚假宣传而言，《广告法》是特殊法。为与《广告法》相衔接，本条第二款规定，经营者违反本法第八条规定，属于发布虚假广告的，依照《广告法》的规定处罚。《广告法》第二十八条规定："广告以虚假或者引人误解的内容欺骗、误导消费者的，构成虚假广告。广告有下列情形之一的，为虚假广告：（一）商品或者服务不存在的；（二）商品的性能、功能、产地、用途、质量、规格、成分、价格、生产者、有效期限、销售状况、曾获荣誉等信息，或者服务的内容、提供者、形式、质量、价格、销售状况、曾获荣誉等信息，以及与商品或者服务有关的允诺等信息与实际情况不符，对购买行为有实质性影响的；（三）使用虚构、伪造或者无法验证的科研成果、统计资料、调查结果、文摘、引用语等信息作证明材料的；（四）虚构使用商品或者接受服务的效果的；（五）以虚假或者引人误解的内容欺骗、误导消费者的其他情形。"同时，《广告法》第五十五条规定了相应的行政处罚措施："违反本法规定，发布虚假广告的，由工商行政管理部门责令停止发布广告，责令广告主在相应范围内消除影响，处广告费用三倍以上五倍以下的罚款，广告费用无法计算或者明显偏低的，处二十万元以上一百万元以下的罚款；两年内有三次以上违法行为或者有其他严重情节的，处广告费用五倍以上十倍以下的罚款，广告费用无法计算或者明显偏低的，处一百万元以上二百万元以下的罚款，可以吊销营业执照，并由广告审查机关撤销广告审查批准文件、一年内不受理其广告审查申请。医疗机构有前款规定违法行为，情节严重的，除由工商行政管理部门依照本法处罚外，卫生行政部门可以吊销诊疗科目或者吊销医疗机构执业许可证。广告经营者、广告发布者明知或者应知广告虚假仍设计、制作、代理、发布的，由工商行政管理部门没收广告费用，并处广告费用三倍以上五倍以下的罚款，广告费用无法计算或者明显偏低的，处二十万元以上一百万元以下的罚款；两年内有三次以上违法行为或者有其他严重情节的，处广告费用五倍以上十倍以下的罚款，广告费用无法计算或者明显偏低的，处一百万元以上二百万元以下的罚款，并可以由有关部门暂停广告发布业务、吊销营业执照、吊销广告发布登记证件。"

4. 经营者实施侵犯商业秘密行为的行政责任

经营者在侵犯他人商业秘密的同时，也损害了国家对竞业管理的秩序。权利人在商业秘密没有被侵犯的正常情况下，往往有一定的市场竞争力，也能够为消费者提供凝聚着其家族传承及集体心血的优良产品。然而一旦商业秘密被不法的经营者获得，权利人就会失去一定的竞争优势和消费者市场，如果任由这种现象发展，则会极大地挫伤商业秘密权利人的创新信心，所以法律应当坚决制止这种商业偷盗行为，使侵权者不仅承担民事责任，而且承担行政责任，加大其违法成本。

（1）2017年修订前的规定。

1993年《反不正当竞争法》第二十五条对此进行了规定：

第二十五条　违反本法第十条规定侵犯商业秘密的，监督检查部门应当责令停止违法行为，可以根据情节处以一万元以上二十万元以下的罚款。

（2）2017年修订后的规定。

2017年第一次修订时第二十一条的规定：

第二十一条　经营者违反本法第九条规定侵犯商业秘密的，由监督检查部门责令停止违法行为，处十万元以上五十万元以下的罚款；情节严重的，处五十万元以上三百万元以下的罚款。

2019年第二次修订时即现行法第二十一条的规定：

第二十一条　经营者以及其他自然人、法人和非法人组织违反本法第九条规定侵犯商业秘密的，由监督检查部门责令停止违法行为，没收违法所得，处十万元以上一百万元以下的罚款；情节严重的，处五十万元以上五百万元以下的罚款。

（3）变化及解析。

通过对比，第一次修订时的变化主要有两点：一是取消了"可以根据情节处以罚款"的范式用语，意味着罚款不再是或然性的行政处罚，一个"处"字就使其成为必然性的行政处罚。二是罚款的额度提高了，由原来的"一万元以上二十万元以下"增加到了"十万元以上五十万元以下"，情节严重时罚款更高，"处五十万元以上三百万元以下"。

第二次修订时有两点变化，一是与前面有关条款相呼应，增加了侵犯商业秘密责任主体，除了经营者外，还有其他不是经营者身份的自然人、法人和非法人组织。二是对于违法行为，在第一次修订的基础上增加了"没收违法所得"的处罚，并将罚款的上限由50万元、300万元分别提高到100万元、500万元，具有很强的震慑作用，不但可以增加侵权人违法成本，防止侵权行为发生，而且有利于严厉打击侵犯商业秘密行为。

（4）经营者违反第九条规定应承担的行政责任及适用。

经营者侵犯他人商业秘密，应当承担的行政责任包括：

其一，责令停止违法行为。与责令停止前述违法行为一样，令经营者停止侵犯他人商业秘密也是为了防止权利人损害的进一步扩大，但也有不同的地方，侵犯商业秘密行为的停止更加复杂。侵权人既不能向其他不知晓商业秘密的相关人再泄露此秘密，也不能再按照商业秘密的信息继续经营，如停止生产产品、停止与使用该秘密的用户签署合同等。

其二，没收违法所得。侵权人之所以侵权，目的各有不同。有的为了报复，如仅仅向外界披露其所知悉的商业秘密，意图降低权利人的竞争优势，并没有相应的经济获利；有的则是冲着利益而去，这也是大部分侵权者的追求，在这种情况下，对其获利予以没收符合法律维护商业秘密权利人权益的根本目的。不过，针对的一定是违法所得，其所得如果不是由该侵权行为所得，那就不能没收。例如，为了侵权而购买的设备，但还没来得及使用商业秘密生产出产品就被查获，此时的设备不属于违法所得，不能没收。如若构成犯罪,至多这些设备属于犯罪预备工具。

其三,罚款。分两种情况:一是对情节不严重的侵犯商业秘密行为,由监督检查部门处以10万元以上100万元以下的罚款;二是对情节严重的侵犯商业秘密行为,处以50万元以上500万元以下的罚款。法律依然没有对"情节严重"作出明确界定,依笔者之见,诸如多次侵犯他人商业秘密、侵犯多人商业秘密,或者给权利人造成较大损失等,均为"情节严重"。需要注意的是,此处的"情节严重"不应该包括给权利人造成重大损失的情形,因为一旦给权利人造成重大损失则构成犯罪,应当受到刑法的规制,不能以行政责任的承担代替刑事责任。至于"较大损失"和"重大损失"的界限,依据刑法的有关规定,从量化的角度考虑,50万元人民币以下的损失是"较大损失",在该数额以上则为"重大损失"。❶

就行政处罚的两个档次而言,仔细琢磨会让人觉得这样的规定多少有给侵权者预留寻租空间的嫌疑和出现不公平的现象。因为,第一个档次规定由监督检查部门处以10万元以上100万元以下的罚款,当情节严重时,规定了第二个档次的罚款,即处50万元以上500万元以下的罚款。情节严重时,本来应该罚得更重,在50万元以上,情节较轻时应该低于50万元,然而事实是却可能高于50万元,很明显不公平;于前者情形下,有些企业可能就会"走后门"或进行贿赂,使得行政执法人员在不违法的情况下对其处以较低的罚款。所以,两个档次的规定实际上应该是无缝衔接才对。当然,也有的人可能会说,针对有些小企业,侵犯他人商业秘密情节严重时没有那么多的钱交纳罚款,或被处罚后可能就会破产,从主体数量上来说不利于市场竞争,笔者认为这种观点杞人忧天,对一开始就不想遵守市场竞争规则的企业,无论大小都不应该同情,完全交给市场去处理符合市场竞争规律,大可不必从法律上开绿灯。

需要注意的是,虽然法律规定了对侵犯商业秘密行为的行政处罚,但监督检查部门如何认定一经营者是否侵犯了他人的商业秘密实属难事,主

---

❶ 后面的刑事责任条款解析部分将会详细分析不正当竞争行为可能构成犯罪的要件。

要是监督检查部门并不掌握和知悉他人的商业秘密，权利人也不会把自己的商业秘密主动交给监督检查部门去保管，所以对他人商业秘密不熟悉的行政部门又如何在执法过程中去认定其他经营者侵犯权利人的商业秘密，继而又能作出行政处罚？因此，监督检查部门一般不会主动查处侵犯商业秘密行为，正像国家工商行政管理局颁布的《关于禁止侵犯商业秘密行为的若干规定（修订）》❶中规定只有当权利人向工商行政管理机关申请并提交有关证据材料时，工商行政管理机关才会进行查处。权利人能证明被申请人所使用的信息与自己的商业秘密具有一致性或者相同性，同时能证明被申请人有获取其商业秘密的条件，而被申请人不能提供或者拒不提供其所使用的信息是合法获得或者使用的证据的，工商行政管理机关可以根据有关证据，认定被申请人有侵权行为。❷对被申请人违法披露、使用、允许他人使用商业秘密将给权利人造成不可挽回的损失的，应权利人请求并由权利人出具自愿对强制措施后果承担责任的书面保证，工商行政管理机关可责令被申请人停止销售使用权利人商业秘密生产的产品。❸

5. 经营者实施违法有奖销售行为的行政责任

经营者进行有奖销售并非都违法，只有违反了《反不正当竞争法》第十条规定的三种情形时才被定为违法，即（1）所设奖的种类、兑奖条件、奖金金额或者奖品等有奖销售信息不明确，影响兑奖；（2）采用谎称有奖或者故意让内定人员中奖的欺骗方式进行有奖销售；（3）抽奖式的有奖销

---

❶ 1995年11月23日国家工商行政管理局令第41号发布，根据1998年12月3日发布的《国家工商行政管理局修改〈经济合同示范文本管理办法〉等33件规章中超越〈行政处罚法〉规定处罚权限的内容》进行修改。

❷ 参见《关于禁止侵犯商业秘密行为的若干规定（修订）》第五条规定："权利人（申请人）认为其商业秘密受到侵害，向工商行政管理机关申请查处侵权行为时，应当提供商业秘密及侵权行为存在的有关证据。被检查的单位和个人（被申请人）及利害关系人、证明人，应当如实向工商行政管理机关提供有关证据。权利人能证明被申请人所使用的信息与自己的商业秘密具有一致性或者相同性，同时能证明被申请人有获取其商业秘密的条件，而被申请人不能提供或者拒不提供其所使用的信息是合法获得或者使用的证据的，工商行政管理机关可以根据有关证据，认定被申请人有侵权行为。"

❸ 此为《关于禁止侵犯商业秘密行为的若干规定（修订）》第六条规定内容。

售，最高奖的金额超过五万元。违法的有奖销售行为不仅侵害了消费者的知情权，而且不当抢占了同类经营者的客户资源，使其失去了交易机会，影响了市场竞争秩序，故应承担行政责任。

（1）2017年修订前的规定。

1993年《反不正当竞争法》第二十六条对此进行了规定：

第二十六条　经营者违反本法第十三条规定进行有奖销售的，监督检查部门应当责令停止违法行为，可以根据情节处以一万元以上十万元以下的罚款。

（2）2017年修订后的规定。

1997年《反不正当竞争法》第二十二条对此作出了规定：

第二十二条　经营者违反本法第十条规定进行有奖销售的，由监督检查部门责令停止违法行为，处五万元以上五十万元以下的罚款。

（3）变化及解析。

变化有两点：一是罚款数额及幅度加大，从"一万元以上十万元以下"调整到"五万元以上五十万元以下"；二是罚款由原来的可有可无修改为必然处罚，加大了对该不正当竞争行为的打击力度。

（4）经营者违反第十条规定应承担的行政责任及适用。

经营者违反第十条实施违法有奖销售行为会受到两种行政处罚：

一是责令停止违法行为，即由监督检查部门责令经营者立即停止违法的有奖销售行为。这种处罚方式是针对持续性的还没有结束的有奖销售行为而采取的措施，如果违法有奖销售行为已经结束了，则再采取该措施已没有实际意义。需要注意的是针对不同的违法有奖销售行为，应该采取不同的停止违法的措施，不能搞一刀切，否则不公平。对于"所设奖的种类、兑奖条件、奖金金额或者奖品等有奖销售信息不明确，影响兑奖"和"采用谎称有奖或者故意让内定人员中奖的欺骗方式进行有奖销售"两种违法行为，不论是违法行为进行前、还是进行中，一旦发现，就应该责令经营者立即停止，因为这是一种赤裸裸的借有奖的幌子引诱消费者前来购买商品，同时又不想"出血"的经营者，按照正常的有奖销售行为逻辑，消费者根本不可能获得心目中预期的奖项，利益受到了侵害，同时这种行为又不当抢夺了同业竞争者的客户，损害了正常的市场竞争秩序，所以理应受到法律的纠正。而对于"抽奖式的有奖销售，最高奖的金额超过五万元"的违法行为，其实只要令其降低最高奖的金额即可，该有奖销售行为还可继续进行。无论监督检查部门责令经营者停止上述哪一种违法行为，经营者的兑换义务是不能停止的，尤其是对那些并非即时开奖的违法的有奖销售行为。既然能够兑奖，说明经营者给出的信息是明确的，受到奖项利益驱动购买商品的消费者就没有利益损害。即使最高奖金额超过五万元的奖项被抽中，由于经营者并没有透露该消息，有奖销售活动依然在进行，监督检查部门应责令其停止该活动，但不等于免除经营者对抽中者的兑奖义务。这属于民事性质的合同关系，应该得到履行，否则对抽奖人不公平。

二是罚款。对一些正在进行中的违法有奖销售行为，监督检查部门在责令经营者停止违法行为的同时，应并处"五万元以上五十万元以下的罚款"。对一些已经结束的违法有奖销售行为，则只能处以上述罚款。[1] 至于处罚的具体数额，则由监督检查部门根据违法情节及后果、社会影响等自由裁量。

6. 经营者实施商业诋毁行为的行政责任

旧法第十四条规定"经营者不得捏造、散布虚伪事实，损害竞争对手的商业信誉、商品声誉。"这属于名誉侵权行为。被侵权者固然可以依据有关条款提出让侵权者承担民事责任，如民事赔偿、赔礼道歉、消除影响等，但旧法并没有规定侵权者的行政责任。与其他不正当竞争行为相比，也许该行为在过去还不足以影响到整个社会经济竞争秩序，原法律对此行为相对"宽容"一些，然而在某种程度上却暴露了法律的自失公平。这次修订弥补了这一缺陷，从法律规范的结构上来看也更加完整了，也增强了对商业诋毁行为的惩治力度。

---

[1] 根据《行政处罚法》第二十九条规定："违法行为在二年内未被发现的，不再给予行政处罚。法律另有规定的除外。"据此，如果违法有奖销售行为结束两年后，经营者将不会受到行政处罚。

（1）2017年《反不正当竞争法》第二十三条规定。

第二十三条　经营者违反本法第十一条规定损害竞争对手商业信誉、商品声誉的，由监督检查部门责令停止违法行为、消除影响，处十万元以上五十万元以下的罚款；情节严重的，处五十万元以上三百万元以下的罚款。

（2）经营者违反第二十三条的行政责任及适用。

经营者违反本法第十一条规定编造、传播虚假信息或者误导性信息，损害竞争对手商业信誉、商品声誉的，由监督检查部门给予下列行政处罚：

一是责令停止违法行为。该处罚方式只有在经营者在传播虚假信息或者误导性信息时才适用，不适用于编造环节，因为编造虚假信息或者误导性信息在法律上是瞬间行为，编造过程中还不会损害到竞争对手的商业信誉和商品声誉，所以不会承担法律上的后果。而且，也不是对所有的"传播"行为都可适用，只有该"传播"处于持续状态时才适用。如口头传播就不适用，因为一旦说完，传播即告完成，不存在责令停止的问题。但如在媒体上持续性地刊登声明或相关文章传播竞争对手的虚假信息或误导性信息，则可以责令停止违法行为，防止声誉或信誉进一步受到伤害。虽然从法律条文的规定上来看，这种行政处罚方式是必然性，但实际上是或然性的。

二是消除影响。一个企业主要依靠自己的商品或服务立足市场，以此树立自己的信誉，即企业的名声。一旦企业信誉受到其他因素的影响，尽管不是商品或服务本身造成的，势必会影响到商品的销售和市场份额的减少，最终会影响到企业的生存发展。所以，当一经营者的商业信誉或商品声誉受到影响时，监督检查部门应要求侵权方在一定范围内采取适当方式消除对被侵权方商业信誉或商品声誉的不利影响。至于在多大的范围内采取何种适当方式则应当根据侵权方编造传播的虚假或误导性信息范围和内容而定。如侵权方向受害方的客户散布谣言，则令其向这些客户说明实情以消除影响；如侵权方在报刊或者网络上发布虚假信息或者误导性信息，则应当令其在该报刊或网站上发表书面声明进行更正；如在个人微博上发布不实信息,那就令其在微博上澄清相应的事实消除影响。消除影响应该是一种必然性的行政处罚方式。当然,如果受害方已经要求法院判处加害方承担消除影响的民事责任,行政机关就没有作出该处罚的必要了。

三是罚款。和大多数不正当竞争行为一样,对商业诋毁行为法律也规定了情节罚款。一般情节或情节不严重时,违法的经营者会被处以10万元以上50万元以下的罚款,情节严重的,处50万元以上300万元以下的罚款。由于两个幅度相差还是较大的,所以,对情节严重的认定还是比较重要的,但法律并没有直接界定。因为我国《刑法》第二百二十一条[1]规定了损害商业信誉、商品声誉罪,其中也要求"情节严重",那么是否可以作同样的理解呢?依笔者之见,不可以。如果令其具有同样的含义,则这一条的规定就形同虚设。因为当情节严重时就构成犯罪,监督检查部门应当将其交由相应的司法部门去处理,就没有罚款的必要了,否则有以行政罚款代替刑事处罚的违法之嫌疑。因此,第二十三条中的"情节严重"应该是还不到犯罪的程度。然而,没有犯罪却又"情节严重",对监督检查部门来说的确又很难拿捏,所以为了有效执法需要相关部门对此予以进一步的细化解释。

其实,商业信誉和商品声誉是经营者最为看重的东西,与商业秘密一样,一旦遭到侵害,受害方往往会首先站出来维护自己的权益,作为监督检查部门并没有主动执法的动力源泉,也没有主动执法的有力证据,大多数情况下,还是由受害方向监督检查部门申请才能去查处。由于第二十三条是新增加的条款,至于受害方应该提交哪些证据才能得到监督检查部门的查处,则需要法律法规的进一步完善。不过,在笔者看来,如果只有受害方提交相应的证据才能查处的话,与到法院起诉又有何异?某种程度上还不如到法院更有利,还可以获得赔偿,而且有时还徒增一些行政寻租行为,利害自现。除非在申请行政查处时提交的证据不如到法院起诉时要求

---

[1] 《刑法》第二百二十一条规定:"捏造并散布虚伪事实,损害他人的商业信誉、商品声誉,给他人造成重大损失或者有其他严重情节的,处二年以下有期徒刑或者拘役,并处或者单处罚金。"

那般严谨充分，否则，下次修改法律时可以考虑取消行政处罚条款。更重要的是，当受害方直接去法院起诉时，法院也认定侵权方的违法行为且判处了民事责任时，监督检查部门是否可以根据法院的判决要求侵权方承担行政责任呢？

7. 经营者实施网络不正当竞争行为的行政责任

网络不正当竞争行为是这次《反不正当竞争法》修订时新增加的一种新型不正当竞争行为，毫无疑问对其行政处罚规定也是新增加的。

（1）2017年《反不正当竞争法》第二十四条的规定。

第二十四条　经营者违反本法第十二条规定妨碍、破坏其他经营者合法提供的网络产品或者服务正常运行的，由监督检查部门责令停止违法行为，处十万元以上五十万元以下的罚款；情节严重的，处五十万元以上三百万元以下的罚款。

（2）经营者违反第二十四条实施网络不正当竞争行为应承担的行政责任。

在网络时代，有些不法经营者不仅利用网络作为平台实施传统的不正当竞争行为，而且利用现代技术进行不正当竞争。需要注意的是，如果仅是利用网络作为平台从事不正当竞争，符合其他不正当竞争行为的构成要件则应该按照其他相应的行政责任规定去处罚。如果利用网络技术手段妨碍、破坏其他经营者合法提供的网络产品或者服务正常运行，使竞争对手处于不平等的竞争地位的行为，对此，违法经营者需要承担以下行政责任。

一是责令停止违法行为。在此，主要是责令违法的经营者立即停止妨碍、破坏其他经营者合法提供的网络产品或者服务正常运行的行为，标准就是其他经营者合法提供的网络产品或者服务能够不受妨碍地正常运行，网络消费者能够正常地浏览或购买到他们的产品或服务。当然，如果其他经营者合法提供的产品或者服务已经完全被破坏，无法恢复，则不存在责令停止违法行为的问题，因为破坏行为已经结束。所以，责令停止违法行为是针对可以恢复正常运行的情况下作出的。很显然，这也是一种或然性的行政处罚方式。

二是罚款。和其他大多数不正当竞争行为一样，对该行为的罚款是一种必然性的处罚方式，也根据情节是否严重而不同。当情节不严重时，处 10 万元以上 50 万元以下的罚款；情节严重的，处 50 万元以上 300 万元以下的罚款。同样地，情节严重也是需要执法者自由裁量的问题。同时，由于法律规定的网络不正当竞争行为主要涉及侵害他人合法提供的网络产品或者服务正常运行的问题，属于侵权行为，对此类行为的查处是否需要被侵权人提交与商业秘密类似的申请才能启动监督检查部门的调查，这有待于法律法规进一步的细化。

8. 经营者因妨害调查承担的行政责任

（1）新旧法均在第二十八条给予了规定。

1993 年《反不正当竞争法》第二十八条：经营者有违反被责令暂停销售，不得转移、隐匿、销毁与不正当竞争行为有关的财物的行为的，监督检查部门可以根据情节处以被销售、转移、隐匿、销毁财物的价款的一倍以上三倍以下的罚款。

2017 年《反不正当竞争法》第二十八条：妨害监督检查部门依照本法履行职责，拒绝、阻碍调查的，由监督检查部门责令改正，对个人可以处五千元以下的罚款，对单位可以处五万元以下的罚款，并可以由公安机关依法给予治安管理处罚。

（2）变化及解析。

变化主体体现在两点：

第一，行政责任针对的违法行为不同。依据旧法第十七条第三款规定，检查与第五条规定的不正当竞争行为❶有关的财物，必要时可以责令被检查的经营者说明该商品的来源和数量，暂停销售，听候检查，不得转移、隐匿、销毁该财物。经营者一旦违反上述行政措施，则会被处以相应的罚款。新法并没有专门针对哪一类不正当竞争行为作出规定，而是笼统

---

❶ 即指本书中所说的市场混淆行为。

地规定妨害监督检查部门依照本法履行职责，拒绝、阻碍调查的，会被进行相应的行政处罚，这显然是针对所有的不正当竞争行为而言，范围更加广泛，保障了监督检查部门行政执法权的的顺利实施。

第二，行政处罚种类设置不同。旧法只作出了罚款的行政措施，新法则比较全面，包括责令改正、罚款和给予治安管理处罚。❶

（3）适用。

经营者因妨害调查承担以下行政责任：

首先是责令改正，这是必然性的、也是首当其冲直接采取的行政措施。

其次是罚款，如果不听劝阻，依然我行我素拒绝、妨碍监督检查部门履职调查，则由检查部门给予罚款。这是或然性的行政处罚措施，若是个人，可以处以五千元的处罚，若是单位，可以处以五万元的罚款。不过，这两者应该并行不悖，可以单处，也可以并处，也就是说，既可以对单位进行罚款，同时也对单位的职工进行处罚。

再次是治安管理处罚。这也是或然性的行政措施，并且由公安机关实施。根据《中华人民共和国治安管理处罚法》（简称《治安管理处罚法》）第五十条的规定，阻碍国家机关工作人员依法执行职务的，处警告或者200元以下罚款；情节严重的，处五日以上十日以下拘留，可以并处500元以下罚款。❷ 据此，公安机关有多种处罚方式。但就对个人的处罚而言，依笔者之见，《反不正当竞争法》第二十八条规定由公安机关给予治安管理处罚只能是情节严重时的处罚，即对个人处行政拘留，并处罚款。不过，罚款应是附带性的，不是主要的。因为从罚款的数额来看，监督检查

---

❶ 《治安管理处罚法》第十条规定："治安管理处罚的种类分为：（一）警告；（二）罚款；（三）行政拘留；（四）吊销公安机关发放的许可证。对违反治安管理的外国人，可以附加适用限期出境或者驱逐出境。"

❷ 《治安管理处罚法》第五十条规定："有下列行为之一的，处警告或者二百元以下罚款；情节严重的，处五日以上十日以下拘留，可以并处五百元以下罚款：（一）拒不执行人民政府在紧急状态情况下依法发布的决定、命令的；（二）阻碍国家机关工作人员依法执行职务的；（三）阻碍执行紧急任务的消防车、救护车、工程抢险车、警车等车辆通行的；（四）强行冲闯公安机关设置的警戒带、警戒区的。阻碍人民警察依法执行职务的，从重处罚。"

部门可处罚的最高金额是公安机关可处罚的最高金额的十倍，警告与200元以下罚款等效，所以可理解为当罚款还不足以阻止经营者的妨碍行为，则可以由公安机关依据《治安管理处罚法》给予更严厉的处罚，那就只有行政拘留了。

（二）行政执法人员的行政责任

监督检查部门的工作人员在执法过程中因违法行为应承担行政责任，无论新法还是旧法都予以了规定，且新法对部分内容也进行了修订。

1. 1993年《反不正当竞争法》规定

该法用了两条对此予以了规定：

第三十一条　监督检查不正当竞争行为的国家机关工作人员滥用职权、玩忽职守，构成犯罪的，依法追究刑事责任；不构成犯罪的，给予行政处分。

第三十二条　监督检查不正当竞争行为的国家机关工作人员徇私舞弊，对明知有违反本法规定构成犯罪的经营者故意包庇不使他受追诉的，依法追究刑事责任。

2. 2017年《反不正当竞争法》的规定

该法第三十条对此作出了规定：

第三十条　监督检查部门的工作人员滥用职权、玩忽职守、徇私舞弊或者泄露调查过程中知悉的商业秘密的，依法给予处分。

3. 变化及解析

对比两版的规定，变化还是比较明显的，从形式上看由两条变成了一条；从内容上看，更加精炼，主要体现为以下四点：

第一、去掉了有关刑事责任的规定内容，只规定了行政处分的问题。

第二、新法增加了徇私舞弊行为的行政处分规定，旧法只规定了该行为的刑事责任。

第三、新法还增加规定了泄露商业秘密行为的行政处分，加大了对经营者的利益保护力度。

第四、去掉了"工作人员"前的"国家机关"四个字，变为了"监督检查部门的工作人员"，事实上行政处分只能针对国家机关工作人员，所以，前后含义并无大的改变。

4. 适用

《反不正当竞争法》第三章授予了监督检查部门诸多权限或职责、规定了可以采取的行政措施、应当遵循的程序等，第十五条专门规定了监督检查部门及其工作人员对调查过程中知悉的商业秘密负有保密义务。当监督检查部门的工作人员违反这些规定，即滥用职权、玩忽职守、徇私舞弊或者泄露调查过程中知悉的商业秘密的，应当给予相应的行政处分。

滥用职权是指履行职务时违反法律规定或者超越法律规定的职责权限行使职权；玩忽职守是指不履行或者不完全、不正确履行法律规定的职责；徇私舞弊是指为了私情或者私利，故意违反法律，不尊重事实，作出枉法处理或者枉法决定；泄露调查过程中知悉的商业秘密的，被视为侵犯商业秘密。对于这些行为，如果没有构成犯罪，则依据《公务员法》的相关规定，给予警告、记过、记大过、降级、撤职或开除等处分。至于会给什么样的处分，则由有权机关根据违法情节轻重作出决定。

需要注意的一点是，针对以上监督检查部门的工作人员所实施的违法行为中，泄露调查过程中知悉的商业秘密的行为，违法人员不仅要承担行政责任，还会因此承担对商业秘密权利人的民事责任。不过，应该如何承担，亦或该违法工作人员没有能力承担相应的赔偿时，其所在的行政机关是否应该代为赔偿等这些问题，法律并没有给出明确的规定，这需要在以后的法律法规中予以补充完善。否则，当有些行政人员受到行政处分后，商业秘密权利人的损失不能因此而不了了之，不闻不问。

（三）和行政处罚相关的一些规定

和行政处罚相关的一些规定指的是行政处罚应当如何作出或当行政处罚作出后应该如何执行的法律规定，这方面的变化还是较大的。

1. 1993 年《反不正当竞争法》的规定

该法只用了一条做了相应的规定：

第二十九条 当事人对监督检查部门作出的处罚决定不服的，可以自收到处罚决定之日起十五日内向上一级主管机关申请复议；对复议决定不服的,可以自收到复议决定书之日起十五日内向人民法院提起诉讼;也可以直接向人民法院提起诉讼。

2. 2017年《反不正当竞争法》的规定

该法用四个条款规定了相关内容,分别是:

第二十五条 经营者违反本法规定从事不正当竞争,有主动消除或者减轻违法行为危害后果等法定情形的,依法从轻或者减轻行政处罚;违法行为轻微并及时纠正,没有造成危害后果的,不予行政处罚。

第二十六条 经营者违反本法规定从事不正当竞争,受到行政处罚的,由监督检查部门记入信用记录,并依照有关法律、行政法规的规定予以公示。

第二十七条 经营者违反本法规定,应当承担民事责任、行政责任和刑事责任,其财产不足以支付的,优先用于承担民事责任。

第二十九条 当事人对监督检查部门作出的决定不服的,可以依法申请行政复议或者提起行政诉讼。

3. 变化及解析

由以上规定可看出变化还是明显的:

首先,1993年《反不正当竞争法》用了四个条文,而2017年《反不正当竞争法》仅仅只用了一个条文,数量上有所增加。

其次,2017年版比1993年版在内容上更加全面翔实,对有些方面做了"加法",增加了三个方面的规定:一是关于减轻、从轻或不予行政处罚的情形,二是处理行政处罚与民事责任、刑事责任的关系问题,三是社会信用公示方面。这些规定在本法中是新增的内容,其实在其他法律中也有类似的规定,用语有时完全一样,如关于第一种情形,即减轻、从轻或不予行政处罚的情形,《行政处罚法》第二十七条规定:"当事人有下列情形之一的,应当依法从轻或者减轻行政处罚:(一)主动消除或者减轻违法行为危害后果的;(二)受他人胁迫有违法行为的;(三)配合行政机关查处违法行为有立功表现的;(四)其他依法从轻或者减轻行政处罚的。违法行为轻微并及时纠正,没有造成危害后果的,不予行政处罚。"可以说，《反不正当竞争法》只是《行政处罚法》类似条款的简要表述。又如关于第二种情形，即关于如何处理行政责任和民事责任、刑事责任的承担矛盾关系问题确立的民事责任优先原则，我国法律最早规定这一原则的，是2000年的《产品质量法》第六十四条规定："违反本法规定，应当承担民事赔偿责任和缴纳罚款、罚金，其财产不足以同时支付时，先承担民事赔偿责任。"2009年2月的食品安全法第九十七条规定："违反本法规定，应当承担民事赔偿责任和缴纳罚款、罚金，其财产不足以同时支付时，先承担民事赔偿责任。"2009年12月26日通过的《侵权责任法》第四条规定："侵权人因同一行为应当承担行政责任或者刑事责任的，不影响依法承担侵权责任。因同一行为应当承担侵权责任和行政责任、刑事责任，侵权人的财产不足以支付的，先承担侵权责任。"2013年修订通过的《消费者权益保护法》第五十八条规定："经营者违反本法规定，应当承担民事赔偿责任和缴纳罚款、罚金，其财产不足以同时支付的，先承担民事赔偿责任。"2017年3月15日通过的《民法总则》第一百八十七条规定："民事主体因同一行为应当承担民事责任、行政责任和刑事责任的，承担行政责任或者刑事责任不影响承担民事责任；民事主体的财产不足以支付的，优先用于承担民事责任。"尽管表述略有不同，但《反不正当竞争法》与这些法律规定体现的精神是一致的。再如第三种情形，即社会信用公示方面，根据2014年8月7日中华人民共和国第654号国务院令公布并自当年10月1日起施行的《企业信息公示暂行条例》第六、七条规定，❶ 工商行

---

❶《企业信息公示暂行条例》第六条规定："工商行政管理部门应当通过企业信用信息公示系统，公示其在履行职责过程中产生的下列企业信息：（一）注册登记、备案信息；（二）动产抵押登记信息；（三）股权出质登记信息；（四）行政处罚信息；（五）其他依法应当公示的信息。前款规定的企业信息应当自产生之日起20个工作日内予以公示。"

第七条规定："工商行政管理部门以外的其他政府部门（以下简称其他政府部门）应当公示其在履行职责过程中产生的下列企业信息：（一）行政许可准予、变更、延续信息；（二）行政处罚信息；（三）其他依法应当公示的信息。其他政府部门可以通过企业信用信息公示系统，也可以通过其他系统公示前款规定的企业信息。工商行政管理部门和其他政府部门应当按照国家社会信用信息平台建设的总体要求，实现企业信息的互联共享。"

政管理部门和其他政府部门应当公示其在履行职责过程中产生的一些企业信息，其中包括行政处罚信息。因此《反不正当竞争法》做这样修订的目的，更多的是为了保持法律、法规内部的统一性。

与此同时，对有些方面又做了"减法"，对有关行政复议、行政诉讼的规定进行了精练，用"依法"二字概括了原有的内容，因为"依法"其实就是依据《行政复议法》和《行政诉讼法》的相关规定，其所表达的意思并没有改变，这体现了立法技巧的进步与娴熟。但是如若以这样的观点来考察前面的"加法"，似乎这次看似保持统一性的增加又有些画蛇添足了，如，《行政处罚法》作为一般法律已经规定了从轻、减轻或不予处罚的情形，《反不正当竞争法》再做类似的规定，就显得有些多余了。依笔者之见，立法者可能更多考虑的是，两部法具有同等效力，为了避免执法者过于机械，在《反不正当竞争法》再次作出规定，便于监督检查部门工作人员灵活执法，也有利于经营者以此作为不接受行政处罚的抗辩理由，更好地维护自己的合法权益，根本上有利于市场正当竞争。另外，《企业信息公示暂行条例》作为法律效力低于《反不正当竞争法》的行政法规，为了使其得到落实，有必要在高位法中作出规定，否则其权威性或会被大打折扣，起不到应有的规范效果。

4. 适用

（1）依法从轻或者减轻行政处罚、不予行政处罚。

从轻或者减轻行政处罚和不予行政处罚是两个决定性质不同的行政行为，前者是作出行政处罚的决定，后者是不予行政处罚的决定。然而他们的前提是一样的，均实施了不正当竞争行为且构成违反《反不正当竞争法》的违法行为。至于监督检查部门会作出什么样的行政处罚决定，则和违法行为主体的主观态度以及造成的客观后果有关。

根据第二十五条的规定，作出从轻或者减轻行政处罚的决定时应具备的条件包括：其一，客观要件，即经营者从事不正当竞争违法行为造成了危害后果；其二，主观要件，即有主动消除或者减轻违法行为危害后果等法定情形，从经营者的行为可知其有认识到自身行为错误并愿意减少给他人或社会造成危害的主观良好意愿。由于《行政处罚法》是规范行政处罚行为的一般法律,所以二十五条中的"等法定情形"依据《行政处罚法》第二十七条的规定还应该包括其他两种情形,受他人胁迫实施不正当竞争行为和配合行政机关查处违法行为有立功表现。从轻或减轻行政处罚的关键是经营者对不正当竞争行为的正确的主观认识态度,具体而言,当经营者消除或减轻违法行为危害后果时一定是主动积极的,不是被动消极的,更不是他人强迫的;实施不正当竞争行为时是受到他人胁迫不得不为,需要有充分的证据,才能证明其主观上是不情愿违法的;配合行政机关查处不正当竞争行为有立功表现,如提供行政机关还没有掌握的重要证据使得行政机关快速查获了其他重大违法行为,挽回了国家、社会或他人重大损失等。当经营者有上述情形之一时,监督检查部门就应当作出从轻或减轻行政处罚的决定。当然,是否具备上述情形以及作出从轻还是减轻则属于监督检查部门的自由裁量权范围了。监督检查部门在具体运用这一权力时,必须遵循公正和适当原则。根据《行政处罚法》第四条规定:"行政处罚遵循公正、公开的原则。设定和实施行政处罚必须以事实为依据,与违法行为的事实、性质、情节以及社会危害程度相当。"既不能对不符合条件的经营者利用手中的权力随意从轻或减轻行政处罚,也不能对符合条件的经营者不予从轻或减轻行政处罚;对符合条件的,该从轻的就从轻,该减轻的就减轻,不能相互错用。所谓从轻,是指在同一个法定处罚幅度内对经营者适用较轻的处罚;所谓减轻,就是指存在两个以上的法定处罚种类,根据实际的违法情形,本应按照较高的处罚种类去处罚,但由于经营者的主观认错态度较好,监督检查部门可按照较低的法定处罚种类去处罚。如甲企业明知同行乙企业的员工丙掌握乙企业的商业秘密仍然雇佣丙,并使用丙掌握的乙企业的商业秘密,导致乙企业破产。根据《反不正当竞争法》第二十一条的规定:经营者违反本法第九条规定侵犯商业秘密行为,由监督检查部门责令停止违法行为,处10万元以上50万元以下的罚款;情节严重的,处50万元以上300万元以下的罚款。甲企业的行为显然属于情节严重的,应处50万元以上300万元以下的罚款。如果甲企业认识到自身的错误,主动联系乙企业负责人,予以积极赔偿,并许可乙企业使用自己的专利技术，使乙企业重新开业，则监督检查部门据此应适用从轻或减轻行政处罚的决定。若监督检查部门处以甲企业六十万元的罚款，属于"情节严重的，处 50 万元以上 300 万元以下的罚款"该法定幅度内的从轻处罚；若监督检查部门处以 40 万元的罚款，属于比"情节严重"较轻的一种处罚，即"处 10 万元以上 50 万元以下的罚款"这一档，是减轻处罚了。所以，对确有悔改的经营者适用从轻还是减轻，差别还是有的，有时还挺大，监督检查部门应依法行使好自身的自由裁量权，不要成为寻租的对象。

作出不予行政处罚的决定也应包括三个要件：一是违法行为轻微并及时纠正，二是没有造成危害后果，三是正是由于违法行为轻微并及时纠正才没有造成危害后果。三个要件同时具备才能免除处罚。这里其实也主要考虑的是经营者的主观态度，即是否"及时纠正"。实践中有的不正当竞争行为轻微时也不会造成危害后果，此种情形下经营者当然不会免除处罚，因为没有危害后果是由于违法行为轻微的客观结果，不是由于经营者的主观认识主动防止的结果，相反，由于没有造成危害后果，可能会刺激经营者实施更严重的违法行为，因此，"及时纠正"及因果关系的要件很重要也很必要。

在这里，需要明确的一点就是，不予行政处罚的"危害后果"和从轻、减轻行政处罚的"危害后果"内涵是不完全一样的。依笔者之见，如前所述，由于任何不正当竞争行为都会导致危害后果，即都会破坏市场正当的竞争秩序，这本身就是一种危害后果，所以，不予行政处罚时要求的"没有造成危害后果"，可以理解为只是没有造成对其他经营者的危害，是一种相对的含义，不是绝对的。但对从轻或减轻行政处罚要求的"主动消除或者减轻违法行为危害后果"理解时，既可以理解为对市场竞争秩序的社会危害，也可以理解为对其他经营者造成的危害，因为这两种危害都可以成为主动消除和减轻的对象。

（2）社会信用公示规定。

依据《中华人民共和国政府信息公开条例》（以下简称《政府信息公开条例》）、《企业信息公示暂行条例》等法律法规、规章的有关规定，原国家工商行政管理总局[1]主办构建了国家企业信用信息公示系统，并于2014年2月上线运行。公示的主要内容包括：市场主体的注册登记、许可审批、年度报告、行政处罚、抽查结果、经营异常状态等信息。《反不正当竞争法》修订时为了和已有的法律、行政法规相衔接，也为了充分发挥信用在市场竞争中的特殊重要作用和约束机制，增加了第二十六条的规定，在经营者的公示信息中依法公开其受到行政处罚的内容，使经营者遵守法律法规，正常、正当竞争。这一条规定当然可看作是对经营者的信用惩戒，然而实际上是对监督检查部门提出的要求，适用时需要注意以下几点：

其一，信用公示的内容或前提是经营者从事不正当竞争行为并受到一定的行政处罚。如果经营者虽然从事不正当竞争行为，但由于特殊情况没有受到行政处罚，则监督检查部门不能公示。特殊情况既包括《反不正当竞争法》第二十五条规定的违法行为轻微并及时纠正，没有造成危害后果，行政机关不予行政处罚的情形，也包括一些民事案件中经营者因不正当竞争行为与他人产生民事纠纷，但行政部门并没有介入的情形，还包括一些新型不正当竞争行为，法律并没有规定如何行政处罚，自然行政部门也不能给予行政处罚的情形等等。换句话说，只要没有行政处罚，就不能公示。

其二，信用管理的方式包括两种，一是记入信用记录，二是依法公示。前者是在监督检查部门内部管理的信用帐簿上要记录在案，以备内部核查。后者是通过一定的网络系统向社会公布，以便任何人查阅，达到信用信息共享，真正达到信用联合惩戒的最大功效。依据《企业信息公示暂行条例》第六条规定，工商行政管理部门应当通过企业信用信息公示系统

---

[1] 2018年3月13日，根据国务院总理李克强提请第十三届全国人民代表大会第一次会议审议的国务院机构改革方案的议案，将原国家工商行政管理总局的职责、国家质量监督检验检疫总局的职责、国家食品药品监督管理总局的职责、国家发展和改革委员会的价格监督检查与反垄断执法职责、商务部的经营者集中反垄断执法以及国务院反垄断委员会办公室等职责整合，组建国家市场监督管理总局，作为国务院直属机构。

公示经营者所受到的行政处罚信息，且要求在经营者受到行政处罚后 20 个工作日内完成公示。该条例第七条规定，其他政府部门可以通过企业信用信息公示系统，也可以通过其他系统公示经营者受到的行政处罚信息，但没有作出执法时间上的要求。

其三，信用公示的依据是有关法律、行政法规的规定。这样的法律用语弹性比较大，既包括已经制定的法律法规，也包括将来可能制定的法律法规，为法律适用预留了一定的空间，体现了立法的前瞻性。现有的法律法规包括前已述及的《政府信息公开条例》《企业信息公示暂行条例》，还有《公司法》《国务院关于印发社会信用体系建设规划纲要（2014—2020年）的通知》《失信企业协同监管和联合惩戒合作备忘录》《关于对违法失信上市公司相关责任主体实施联合惩戒的合作备忘录》《关于清理长期停业未经营企业工作有关问题的通知》、《企业经营异常名录管理暂行办法》《对失信被执行人实施联合惩戒的合作备忘录》、《严重违法失信企业名单管理暂行办法》等。

（3）优先承担民事责任。

《反不正当竞争法》第二十七条的规定体现了民事责任优先原则，即在经营者违反本法规定，包括但不限于从事不正当竞争行为，应当承担民事责任、行政责任和刑事责任，其财产不足以支付的，优先用于承担民事责任。

民事责任、行政责任和刑事责任是法律责任理论划分中最基本的三种类型，是按照主体违反的法律类型或引起主体行为的性质为标准而区分的；民事责任是由于违反民事法律、违约或者由于民法规定所应承担的一种法律责任；行政责任是因违反行政法或因行政法规而应承担的法律责任；刑事责任是指行为人因其犯罪行为所必须承受的，由司法机关代表国家所确定的否定性法律后果。❶ 通常情况下，三种责任独立存在，并行不悖，互不影响，但是当同一违法主体的行为同时要承担民事责任、行政责任或刑事责任的财产责任时，当事人的财产又有限，不足以同时承担民事

---

❶ 沈宗灵. 法理学［M］. 北京：北京大学出版社，2000：513-521.

赔偿责任、行政罚款、没收责任或刑事罚金、没收责任,此时三种责任就会发生冲突。鉴于行政责任和刑事责任都是行为人向国家负责,其中的财产最终都进入国库,而且一旦触犯了刑法,相关法律都规定不得以行政处罚代替刑事责任的承担,所以一个行为要么承担行政责任,要么承担刑事责任,因此三种责任的冲突实质上是民事责任和行政责任或刑事责任的冲突,是两种责任的冲突,如何解决这种责任冲突?民事责任优先原则应运而生。具体到《反不正当竞争法》而言,确立这一原则有如下考虑:一是鼓励功能。不正当竞争违法行为固然会损害市场竞争秩序,但往往会同时损害与其具有竞争关系的其他经营者的合法权益。然而,不可否认的是代表市场竞争秩序和社会公共利益的行政部门受到损害的感受万万不能与作为个体利益受到损害的经营者的感受相提并论,后者的感受显然更加深切痛彻,具有更加强烈的维权动力。假如不确定民事赔偿优先原则。那么,当受到不正当竞争行为的受害者千方百计拿出证据要求加害方赔偿损失时,受害方以已经缴纳行政罚款或刑事罚金为由举证不能履行时,对受害方而言,岂不是前功尽弃,备受打击。因此,需要民事赔偿优先,调动其他经营者制止不正当竞争行为的积极性。❶ 二是维护市场竞争秩序的需要。制止不正当竞争行为的根本目的就是维护市场正常的竞争秩序,发挥市场的优胜劣汰调节作用,使不诚信、靠旁门左道违法经营取胜的经营者出局,使合法正当经营的市场主体继续留下来,保持市场的清洁性。这也是国家制定《反不正当竞争法》的目的所在。如果国家以违法为由提前罚没了从事不正当竞争行为的违法经营者的财产,使其剩余的财产不足以或不再有财产赔偿受到损害的其他经营者的损失,则影响的不仅是其他经营者的财产,更重要的影响是其在市场上的竞争力会因此大为降低,有的甚至一蹶不振走向破产的覆灭之路。这显然与立法的初衷背道而驰。相反,通常情况下,国家不会因为没有罚没一些经营者的财产而衰落,更不会因此

---

❶ 张茅. 关于《中华人民共和国反不正当竞争法(修订草案)》的说明——2017年2月22日在第十二届全国人民代表大会常务委员会第二十六次会议上[R/OL]. (2017-11-07)[2018-06-01]. http://www.npc.gov.cn/npc/xinwen/2017-11/07/content_2031329.htm

灭亡，二者在承受财产损失方面的能力差别很大。❶更何况，违法的经营者在向国家承担法律责任时，财产责任不是唯一的形式，还有人身责任（例如判处徒刑或者行政拘留），就制裁不正当竞争行为而言，后者力度更大，或许更易达到目的。再者，对从事不正当竞争行为的违法经营者而言，无论其财产进行民事赔偿交付其他经营者，还是最终以罚款或罚金的形式流入国库，总之，其财产已经合法地易主，不在其掌控之下，这就是他实施不正当竞争行为付出的物质上的代价，使其认识到今后不敢或不能再进行该种不正当竞争行为，否则得不偿失。制裁不法行为的目的业已达到。最后，民事责任优先原则的核心价值在于国家不与民争利，体现了很强的社会价值和亲民理念。❷因此，同一个违法行为人既要承担刑事责任、行政责任，同时又要承担民事责任的，如果民事主体的财产不足以支付全部这些责任，那么，就首先用该责任人的财产承担民事责任。这就是民事责任优先于刑事责任或者行政责任。

民事责任优先原则适用时应满足以下几个条件：其一，只有在财产性的责任上发生了刑事责任、行政责任和民事责任冲突时，才适用民事责任优先原则。在这种情况下，民事责任是向受到损害的受害人承担的责任，使其优先受到民事责任的救济，更好地保护民事主体的民事权利，对受到损害的权利的救济得到优先权的保障。如果是人身性质的刑事责任或行政责任，与民事责任本来也不会发生冲突，当然也就不存在孰先孰后的问题。其二，只有在同一违法行为人同时承担民事赔偿责任、刑事责任或行政责任中的财产责任时，其名下的财产不足以支付时，才会优先赔偿民事主体，否则不适用。除此之外，民事责任、行政责任或刑事责任必须是已经法律效力的，比如，民事责任一定是合法有效的，其产生的依据必须是违约或违反法律规定，行政责任必须是有效的行政处罚决定书，刑事责任基于已经发生法律效力的法院判决书等。

---

❶ 王瑞贺. 中华人民共和国反不正当竞争法释义［M］. 北京：法律出版社，2018：77.

❷ 杨立新. 规定民事责任优先原则是亲民之举［N/OL］. 光明日报，（2017-04-21）［2018-10-01］. http://news.gmw.cn/2017-04/21/content_24257015.htm.

在此，再讨论另外两个问题：第一个问题民事责任优先原则的适用是否必须基于同一违法行为人的同一违法行为，这实际上是产生民事责任、行政责任或刑事责任的前提。若是同一违法行为引起的三种责任的冲突，毫无疑问应该适用。《民法总则》第一百八十七条规定也是基于同一违法行为的前提。毋庸置疑，前文的讨论也暗含着这样的基础。那么在适用《反不正当竞争法》第二十七条时是否也必须是同一违法行为人的同一违法行为呢？依笔者看来，并非如此，其和《民法总则》相应条文的适用还是有区别的。因为按照《反不正当竞争法》第二十七条的规定：经营者违反本法规定，应当承担民事责任、行政责任和刑事责任，其财产不足以支付的，优先用于承担民事责任。在这一条中，并没有说明经营者必须是违反本法的同一违法行为，但如果从体系解释的角度理解，应该解释为与其他法律法规存在一致性，即也应该是同一违法行为导致三种责任冲突。如此，笔者会产生一个疑问：当同一经营者同时从事多种不正当竞争行为时可能会导致不同的法律责任，如实施市场混淆行为导致需要承担民事赔偿责任，实施侵犯商业秘密行为导致刑事责任的罚金，实施虚假宣传导致行政责任中的罚款，那么该违法经营者并没有能力全部支付时，又该如何处理？是适用民事责任优先原则还是民事赔偿责任让位于行政责任或刑事责任？依笔者之见，此时依然应该适用民事责任优先原则。因为该原则主要考虑的是违法行为人的财产承受能力，并不是其违法行为的性质，所以无论是行政机关对违法当事人实施行政处罚时还是法院在执行判决时，都应考虑当事人的承担责任的能力。如果承担行政法律责任或刑事法律责任后，再无力承担民事赔偿责任，则应优先考虑民事赔偿责任，先保障作为个体的利益实现之后，按照承担责任的能力决定其承担的对国家的财产责任。否则，就会让一个与违法行为没有关系的其他经营者替违法者买单，这有违公平的法理价值。需要说明的是，当事人是否具有承担责任的能力，不能仅凭其自己说，应当提供正当的证据证明。行政执法机关或司法机关也不能凭想象，或者以此为借口，任意减轻或者从轻对违法行为的处罚。

第二个问题是违法行为人因为没有同时支付能力，所以在进行民事赔偿后或者连民事赔偿都没有完成时，就不承担其他法律责任了吗？从法理上来看，也不公平，其违法行为没有得到相应的处罚。事实上有鼓励违法之嫌。这确实是一个尴尬无奈的问题。现实是先进行民事赔偿，如果民事赔偿完毕后，还有财产可执行，执法机关根据实际情况，能执行多少就执行多少，等到将来发现还有可执行的财产再继续执行。否则也只好终止执行。

（3）当事人的行政救济权。

行政复议是由行政系统内部的行政机关对下级或者所属带的行政机关作出的违法或者不当的具体行政行为实施的一种监督和纠错行为，属于行政机关内部自我纠错机制；❶ 行政诉讼是审判机关对行政机关具体行政行为的司法审查，是一种独立于行政机关的外部监督制度，是国家司法权对行政权实行制约和监督的机制，目通过最终的司法决断，保障行政机关依法进行行政管理，实现司法审查的终极目的。❷ 它们的共同目标都是对行政行为的合法性进行审查并解决行政争议。两者的根本区别在于纷争解决的机关不同以及依据的程序不同。我国制定的《行政复议法》和《行政诉讼法》分别对行政复议和行政诉讼相关事宜作出了详细的规定。《反不正当竞争法》第二十九条规定了当事人对监督检查部门作出的决定不服的，可以依法申请行政复议或者提起行政诉讼。这是当事人认为监督检查部门的决定侵害了自己的合法权益时，法律赋予当事人的行政救济权利，是对监督检查部门行政执法的法律监督，当然也可以理解为是监督检查部门必须接受监督的一项义务。在适用该条时需要注意以下几点。

其一，行政救济权的主体是当事人。纵观《反不正当竞争法》第四章"法律责任"全部条文，可以发现监督检查部门主要对从事不正当竞争行为的"经营者"作出处罚决定，所以当事人主要是指经营者。但根据第二

---

❶ 姜明安.行政法与行政诉讼法［M］.北京：北京大学出版社、高等教育出版社，1999：280.

❷ 同❶，296.

十八条的规定，即妨害监督检查部门依照本法履行职责，拒绝、阻碍调查的，由监督检查部门责令改正，对个人可以处5000元以下的罚款，对单位可以处5万元以下的罚款，并可由公安机关依法给予治安管理处罚。根据该条规定，只要拒绝、阻碍调查的个人或单位，都会由监督检查部门给予相应的处罚决定，虽然根据上下条文可推断出拒绝、阻碍调查的个人或单位大部分都应该是经营者，但也不能排除与经营者利益相关的一些个人或单位拒绝、阻碍调查的可能性，所以当事人也可以是非经营者的某些个人或单位。

其二，行政复议或行政诉讼只能由当事人申请或提起。当当事人对监督检查部门的决定不服时，实际上就是对处罚决定的合法性正当性表示存疑，比如，当事人并没有实施不正当竞争行为，或者虽然实施不正当竞争行为但受到的处罚过重等，可以向相应的行政复议机关申请行政复议，亦可以向人民法院提起行政诉讼。在此过程中，行政复议或行政诉讼程序只能由当事人启动，监督检查部门是不能启动的。如果监督检查部门认为自己的处罚决定违法或不当，可以自我纠正或推翻。

其三，行政复议或行政诉讼的对象是监督检查部门的处罚决定。监督检查部门的处罚决定属于具体行政行为，可以成为行政复议或行政诉讼的对象。如果当事人对处罚决定没有异议，只是对其他事项有看法或不服，如行政程序存在瑕疵，则不能申请行政复议或提起行政诉讼，只能申诉或向上级反映，行使监督权。

其四，从"可以"二字可知行政复议或行政诉讼是选择性权利，并非一定要行使。这种选择性体现在：当事人可以选择行政复议，也可以选择行政诉讼；选择行政复议后，对行政复议决定不服的，还可以提起行政诉讼，除非法律规定行政复议决定为最终裁决；❶ 二者都不选择，而选择其他救济途径，如上访、行政调解等。值得注意的是，根据第二十九条规

---

❶ 《行政复议法》第十四条规定："对国务院部门或者省、自治区、直辖市人民政府的具体行政行为不服的，向作出该具体行政行为的国务院部门或者省、自治区、直辖市人民政府申请行政复议。对行政复议决定不服的，可以向人民法院提起行政诉讼；也可以向国务院申请裁决，国务院依照本法的规定作出最终裁决。"

定,当事人不能同时进行行政复议和行政诉讼。但是,当事人同时进行行政复议和行政诉讼时,该如何处理行政复议和行政诉讼的法律衔接问题?根据《行政复议法》第十六条的规定:"公民、法人或者其他组织申请行政复议,行政复议机关已经依法受理的,或者法律、法规规定应当先向行政复议机关申请行政复议、对行政复议决定不服再向人民法院提起行政诉讼的,在法定行政复议期限内不得向人民法院提起行政诉讼。公民、法人或者其他组织向人民法院提起行政诉讼,人民法院已经依法受理的,不得申请行政复议。"所以当事人如果直接选择行政诉讼,人民法院已经依法受理的,就不能再申请行政复议了。换句话说,如果人民法院还没有受理,仍然可以申请行政复议。同时《行政诉讼法》第四十四条规定:"对属于人民法院受案范围的行政案件,公民、法人或者其他组织可以先向行政机关申请复议,对复议决定不服的,再向人民法院提起诉讼;也可以直接向人民法院提起诉讼。法律、法规规定应当先向行政机关申请复议,对复议决定不服再向人民法院提起诉讼的,依照法律、法规的规定。"由以上规定可知,在行政复议与行政诉讼的关系方面,我国采取的是一种"原告选择为原则,复议前置为例外"的模式。也就是说,除非法律法规作出特别规定,行政复议并非提起行政诉讼之前的必经程序。而在原告选择方面,既可以选择先申请复议,再提起诉讼,也可以选择不申请复议,直接提起诉讼。如果同时选择了复议和诉讼,则应复议在先、诉讼在后,而不能在诉讼之后再申请复议,更不能复议和诉讼两种程序同时进行。在诉讼原理上,这也违背诉讼专属原则。所谓诉讼专属意味着,如果某一事件已专属某一法院,作为对外效果它将排斥事件的再度专属,无论它是再度专属于另一法院,还是专属于另一个复议机关。[1]

最后,当事人的行政救济权利应当"依法"行使。所谓"依法"主要是依据前已提到的《行政复议法》《行政诉讼法》和《反不正当竞争法》,当然也包括其他相关法律。

---

[1] 参见最高法院案例:(2016)最高法行申2671号行政裁定。

三、刑事责任

（一）1993 年《反不正当竞争法》的规定

该法有四个条文涉及到刑事责任的规定：

第二十一条　经营者假冒他人的注册商标，擅自使用他人的企业名称或者姓名，伪造或者冒用认证标志、名优标志等质量标志，伪造产地，对商品质量作引人误解的虚假表示的，依照《中华人民共和国商标法》《中华人民共和国产品质量法》的规定处罚。

经营者擅自使用知名商品特有的名称、包装、装潢，或者使用与知名商品近似的名称、包装、装潢，造成和他人的知名商品相混淆，使购买者误认为是该知名商品的，监督检查部门应当责令停止违法行为，没收违法所得，可以根据情节处以违法所得一倍以上三倍以下的罚款；情节严重的，可以吊销营业执照；销售伪劣商品，构成犯罪的，依法追究刑事责任。

第二十二条　经营者采用财物或者其他手段进行贿赂以销售或者购买商品，构成犯罪的，依法追究刑事责任；不构成犯罪的，监督检查部门可以根据情节处以一万元以上二十万元以下的罚款，有违法所得的，予以没收。

第三十一条　监督检查不正当竞争行为的国家机关工作人员滥用职权、玩忽职守，构成犯罪的，依法追究刑事责任；不构成犯罪的，给予行政处分。

第三十二条　监督检查不正当竞争行为的国家机关工作人员徇私舞弊，对明知有违反本法规定构成犯罪的经营者包庇不使他受追诉的，依法追究刑事责任。

（二）2017 年《反不正当竞争法》的规定

该法只有一条对刑事责任作出了规定：

第三十一条　违反本法规定，构成犯罪的，依法追究刑事责任。

（三）变化及解析

关于本法刑事责任规定的变化并没有在全国人大委员会的三次修订报告中予以说明，但其变化还是比较大的，也具有重要意义。

其一，立法条文数量的变化，这是显而易见的，原来是四条，现在只有一条。

其二，立法方式的变化，由原来针对某一种具体行为的刑事违法性进行分别规定变为统一抽象规定。这也是本次修订关于刑事责任最大的变化，也是法律实践发展的产物。因为1993年制定实施《反不正当竞争法》后，我国《刑法》随着社会主义市场经济的不断发展进行了多次修改，尤其是1997年《刑法》新设置了扰乱社会主义市场经济秩序的诸多罪名，原来不是犯罪行为的不正当竞争行为被列入了刑法规制的范畴，如虚假广告罪、假冒注册商标罪、侵犯商业秘密罪、损害商业信誉、商品声誉罪、串通投标罪等。根据罪刑法定原则，追究刑事责任的法律一定是《刑法》，为了准确、及时适应《刑法》的调整变化，《反不正当竞争法》在这次修订时干脆做了一个笼统的规定，为未来违反本法需要追究刑事责任时留下了余地，这样做既符合现实，又具有一定的前瞻性，值得肯定。

（四）适用

1. 构成要件

根据《反不正当竞争法》三十一条的规定，追究刑事责任应该满足三个条件，这三个条件是相辅相成的，缺一不可，每一个都是必要条件。

第一，违反本法规定。所谓"本法"，当然是指修订后的《反不正当竞争法》；但是，"违反本法规定"并非指违反《反不正当竞争法》所有条文，而是指部分条文，否则，《反不正当竞争法》岂不是归属于刑法部门法了。在"违反本法规定"前没有主语，说明可以是任何主体或普通主体，既可以是自然人，也可以是单位；可能是经营者，也可能是政府工作人员或监督检查人员。

第二，构成犯罪。主体不仅违反《反不正当竞争法》的规定，而且违反《刑法》相关规定。换句话说，只有《刑法》把违反《反不正当竞争法》的某些违法行为规定为犯罪行为时才能追究刑事责任，这是罪刑法定原则的要求。否则，追究违法主体的刑事责任不仅违反《刑法》，还涉嫌违宪。

第三，依据法律。此处的法律自然首先指我国《刑法》，其次指与《刑法》相关的法律法规、司法解释等，如刑法修正案、两高的司法解释，不仅包括目前已有的法律文件，还包括以后可能新制定的法律文件。

2. 与《反不正当竞争法》违法行为衔接的犯罪行为

具体而言，违反《反不正当竞争法》规定可能构成犯罪的有以下几种行为：

（1）商业贿赂可能构成的犯罪行为。

经营者实施商业贿赂行为不仅违法，而且可能构成犯罪；由该行为导致犯罪的有关主体不仅仅指作为行贿者的经营者，还可能涉及受贿者。由于我国《刑法》在规定贿赂犯罪行为时对是否国家工作人员进行了区分。因此，商业贿赂行为根据经营者行贿的对象大体也分为两部分：第一部分是关于非国家工作人员贿赂罪，第二部分是与国家工作人员相关的贿赂罪。具体涉及的《刑法》条文如下：

第一部分：关于非国家工作人员贿赂罪。

如果经营者为了谋取不正当商业利益向非国家工作人员行贿，则经营者构成对非国家工作人员行贿罪，受贿人构成非国家工作人员受贿罪，分别依据《刑法》第一百六十四条和第一百六十三条处罚。

"第一百六十三条　【非国家工作人员受贿罪】公司、企业的工作人员利用职务上的便利，索取他人财物或者非法收受他人财物，为他人谋取利益，数额较大的，处五年以下有期徒刑或者拘役；数额巨大的，处五年以上有期徒刑，可以并处没收财产。

公司、企业的工作人员在经济往来中，违反国家规定，收受各种名义的回扣、手续费，归个人所有的，依照前款的规定处罚。

国有公司、企业中从事公务的人员和国有公司、企业委派到非国有公司、企业从事公务的人员有前两款行为的，依照本法第三百八十五条、第三百八十六条的规定定罪处罚。

第一百六十四条　【对非国家工作人员行贿罪；对外国公职人员或者国际公共组织官员行贿罪】为谋取不正当利益，给予公司、企业的工作人员以财物，数额较大的，处三年以下有期徒刑或者拘役；数额巨大的，处三年以上十年以下有期徒刑，并处罚金。

为谋取不正当商业利益，给予外国公职人员或者国际公共组织官员以财物的，依照前款的规定处罚。

单位犯前款罪的，对单位判处罚金，并对其直接负责的主管人员和其他直接责任人员，依照前款的规定处罚。

行贿人在被追诉前主动交待行贿行为的，可以减轻处罚或者免除处罚。"

在此值得注意的是第一百六十四条第二款的规定，虽然对外国公职人员或者国际公共组织官员行贿归属于对非国家工作人员行贿，然而，在经营者对这两类人进行行贿时的处理还是有所区别的。经营者在对公司、企业或者其他单位的工作人员行贿时一般定为对非国家工作人员行贿罪，同时追究受贿人的刑事责任；对外国公职人员或者国际公共组织官员行贿时就定为对外国公职人员或者国际公共组织官员行贿罪，这些外国公职人员或者国际公共组织官员一般不会受到我国《刑法》的追究，除非数额巨大。

第二部分：与国家工作人员相关的贿赂罪。

经营者为获取不正当商业利益，利用国家工作人员的地位、职权或其他便利对国家工作人员行贿，则可能构成行贿罪，受贿人构成受贿罪。根据受贿对象的不同，具体又分为几种情形：对现职的国家工作人员行贿、对离职的国家工作人员行贿和对与国家工作人员关系密切的人行贿，最后一种情况其实就相当于有影响力的人，这与《反不正当竞争法》关于商业贿赂的有关规定是一致的。

"第三百八十五条　国家工作人员利用职务上的便利，索取他人财物的，或者非法收受他人财物，为他人谋取利益的，是受贿罪。

国家工作人员在经济往来中，违反国家规定，收受各种名义的回扣、手续费，归个人所有的，以受贿论处。

第三百八十六条　对犯受贿罪的，根据受贿所得数额及情节，依照本法第三百八十三条的规定处罚。索贿的从重处罚。

第三百八十七条　国家机关、国有公司、企业、事业单位、人民团体，索取、非法收受他人财物，为他人谋取利益，情节严重的，对单位判处罚金，并对其直接负责的主管人员和其他直接责任人员，处五年以下有期徒刑或者拘役。

前款所列单位，在经济往来中，在帐外暗中收受各种名义的回扣、手续费的，以受贿论，依照前款的规定处罚。

第三百八十八条　国家工作人员利用本人职权或者地位形成的便利条件，通过其他国家工作人员职务上的行为，为请托人谋取不正当利益，索取请托人财物或者收受请托人财物的，以受贿论处。

第三百八十九条　为谋取不正当利益，给予国家工作人员以财物的，是行贿罪。

在经济往来中，违反国家规定，给予国家工作人员以财物，数额较大的，或者违反国家规定，给予国家工作人员以各种名义的回扣、手续费的，以行贿论处。

因被勒索给予国家工作人员以财物，没有获得不正当利益的，不是行贿。

第三百九十条　对犯行贿罪的，处五年以下有期徒刑或者拘役；因行贿谋取不正当利益，情节严重的，或者使国家利益遭受重大损失的，处五年以上十年以下有期徒刑；情节特别严重的，处十年以上有期徒刑或者无期徒刑，可以并处没收财产。

行贿人在被追诉前主动交待行贿行为的，可以减轻处罚或者免除处罚。

第三百九十条之一　为谋取不正当利益，向国家工作人员的近亲属或者其他与该国家工作人员关系密切的人，或者向离职的国家工作人员或者其近亲属以及其他与其关系密切的人行贿的，处三年以下有期徒刑或者拘役，并处罚金；情节严重的，或者使国家利益遭受重大损失的，处三年以上七年以下有期徒刑，并处罚金；情节特别严重的，或者使国家利益遭受特别重大损失的，处七年以上十年以下有期徒刑，并处罚金。

单位犯前款罪的，对单位判处罚金，并对其直接负责的主管人员和其他直接责任人员，处三年以下有期徒刑或者拘役，并处罚金。

第三百九十一条　为谋取不正当利益，给予国家机关、国有公司、企业、事业单位、人民团体以财物的，或者在经济往来中，违反国家规定，给予各种名义的回扣、手续费的，处三年以下有期徒刑或者拘役。

单位犯前款罪的，对单位判处罚金，并对其直接负责的主管人员和其他直接责任人员，依照前款的规定处罚。

第三百九十三条　单位为谋取不正当利益而行贿，或者违反国家规定，给予国家工作人员以回扣、手续费，情节严重的，对单位判处罚金，并对其直接负责的主管人员和其他直接责任人员，处五年以下有期徒刑或者拘役。因行贿取得的违法所得归个人所有的，依照本法第三百八十九条、第三百九十条的规定定罪处罚。

与非国家工作人员贿赂罪不同的是，在与国家工作人员相关的贿赂罪中还有一个特殊的罪名，那就是介绍贿赂罪，即

第三百九十二条　向国家工作人员介绍贿赂，情节严重的，处三年以下有期徒刑或者拘役。

介绍贿赂人在被追诉前主动交待介绍贿赂行为的，可以减轻处罚或者免除处罚。"

介绍贿赂罪的主体是一般主体，当经营者通过他人介绍（俗称"掮客"）进行商业贿赂时有可能牵涉到该罪名。

由以上法律规定可知，商业贿赂行为并非必然是犯罪行为，必须达到一定的条件才能构成犯罪。这些条件就是商业贿赂行为罪与非罪的区别，很重要。不过，在以上规定中这些条件规定的都比较笼统，如"数额较大""数额巨大""情节严重""情节特别严重""对国家利益造成重大损失""对国家利益造成特别重大损失"等，不具有可操作性。因此，最高人民法院和最高人民检察院于 2016 年公布并施行《最高人民法院、最高人民检察院关于办理贪污贿赂刑事案件适用法律若干问题的解释》（以下简称《关于办理贪污贿赂刑事案件适用法律若干问题的解释》）[1]。该司法

---

[1] 2016 年 3 月 28 日由最高人民法院审判委员会第 1680 次会议、2016 年 3 月 25 日由最高人民检察院第十二届检察委员会第 50 次会议通过，自 2016 年 4 月 18 日起施行。

解释对上述有关概念或法律语词进行了具体规定,如关于何谓"数额较大",该解释第一条作出了规定。

"第一条 贪污或者受贿数额在三万元以上不满二十万元的,应当认定为刑法第三百八十三条第一款规定的"数额较大",依法判处三年以下有期徒刑或者拘役,并处罚金。

贪污数额在一万元以上不满三万元,具有下列情形之一的,应当认定为刑法第三百八十三条第一款规定的"其他较重情节",依法判处三年以下有期徒刑或者拘役,并处罚金:

(一)贪污救灾、抢险、防汛、优抚、扶贫、移民、救济、防疫、社会捐助等特定款物的;

(二)曾因贪污、受贿、挪用公款受过党纪、行政处分的;

(三)曾因故意犯罪受过刑事追究的;

(四)赃款赃物用于非法活动的;

(五)拒不交待赃款赃物去向或者拒不配合追缴工作,致使无法追缴的;

(六)造成恶劣影响或者其他严重后果的。

受贿数额在一万元以上不满三万元,具有前款第二项至第六项规定的情形之一,或者具有下列情形之一的,应当认定为刑法第三百八十三条第一款规定的"其他较重情节",依法判处三年以下有期徒刑或者拘役,并处罚金:

(一)多次索贿的;

(二)为他人谋取不正当利益,致使公共财产、国家和人民利益遭受损失的;

(三)为他人谋取职务提拔、调整的。"

从以上规定可知,对国家工作人员而言,受贿额度三万元是一个最低数额,特殊情况下,一万元也是一个最低数额。相对应的,经营者向国家工作人员行贿的数额与上面规定也是一致的。

"第七条 为谋取不正当利益,向国家工作人员行贿,数额在三万元以上的,应当依照刑法第三百九十条的规定以行贿罪追究刑事责任。

行贿数额在一万元以上不满三万元，具有下列情形之一的，应当依照刑法第三百九十条的规定以行贿罪追究刑事责任：

（一）向三人以上行贿的；

（二）将违法所得用于行贿的；

（三）通过行贿谋取职务提拔、调整的；

（四）向负有食品、药品、安全生产、环境保护等监督管理职责的国家工作人员行贿，实施非法活动的；

（五）向司法工作人员行贿，影响司法公正的；

（六）造成经济损失数额在五十万元以上不满一百万元的。"

那么，就经营者而言，除了向国家工作人员行贿外，还可能向非国家工作人员行贿，其要求的"数额较大"标准又有所不同，对此，该解释的第十一条第三款作出了规定。

第十一条第三款　刑法第一百六十四条第一款规定的对非国家工作人员行贿罪中的"数额较大""数额巨大"的数额起点，按照本解释第七条、第八条第一款关于行贿罪的数额标准规定的二倍执行。

所以，向非国家工作人员行贿的最低额度如果达到六万元，则构成犯罪；特殊情况，三万元也会是犯罪的最低行贿额度。依笔者之见，随着国家经济社会发展进步和人们生活水平的提高最低行贿数额将来还会作出适时调整。

至于其他概念的具体解释规定，本处将不再予以赘述，详见《关于办理贪污贿赂刑事案件适用法律若干问题的解释》。

（2）侵犯商业秘密行为可能构成侵犯商业秘密罪。

我国《刑法》用两个条文在第三章"破坏社会主义市场经济秩序罪"的第七节"侵犯知识产权罪"中对侵犯商业秘密罪进行了规定：

第二百一十九条　有下列侵犯商业秘密行为之一，给商业秘密的权利人造成重大损失的，处三年以下有期徒刑或者拘役，并处或者单处罚金；造成特别严重后果的，处三年以上七年以下有期徒刑，并处罚金：

（一）以盗窃、利诱、胁迫或者其他不正当手段获取权利人的商业秘密的；

（二）披露、使用或者允许他人使用以前项手段获取的权利人的商业秘密的；

（三）违反约定或者违反权利人有关保守商业秘密的要求，披露、使用或者允许他人使用其所掌握的商业秘密的。

明知或者应知前款所列行为，获取、使用或者披露他人的商业秘密的，以侵犯商业秘密论。

本条所称商业秘密，是指不为公众所知悉，能为权利人带来经济利益，具有实用性并经权利人采取保密措施的技术信息和经营信息。

本条所称权利人，是指商业秘密的所有人和经商业秘密所有人许可的商业秘密使用人。

第二百二十条　单位犯本节第二百一十三条至第二百一十九条规定之罪的，对单位判处罚金，并对其直接负责的主管人员和其他直接责任人员，依照本节各该条的规定处罚。

其中，第二百一十九条规定了罪与非罪的界限，以及轻重量刑的不同条件；第二百二十条是对单位犯本罪的处罚规定。下面重点探讨罪与非罪的界限。对修订后的《反不正当竞争法》第九条和《刑法》第二百一十九条规定进行比较后可知，构成侵犯商业秘密罪在满足侵犯商业秘密不正当竞争行为的基础上还需要一个关键的条件，那就是"给商业秘密的权利人造成重大损失"。这也意味着侵犯商业秘密罪是结果犯罪，是否给商业秘密权利人造成重大损失是罪与非罪的分水岭。但是，何谓"重大损失"，立法并没有给出明确规定。不过，随后司法机关作出了相应的司法解释。

最高人民检察院、公安部于2001年4月18日颁布并实施的《关于经济犯罪案件追诉标准的规定》（以下简称2001年追诉标准）中规定了对侵犯商业秘密案的追诉标准：即

六十五、侵犯商业秘密案（刑法第219条）

侵犯商业秘密，涉嫌下列情形之一的，应予追诉：

（1）给商业秘密权利人造成直接经济损失数额在五十万元以上的；

（2）致使权利人破产或者造成其他严重后果的。

由此可知，侵犯商业秘密不正当竞争行为入罪的标准有两个：一个是

可以量化的重大损失标准，即给商业秘密权利人造成直接经济损失数额在五十万元以上；另一个是没有量化的严重后果的重大损失标准，即致使权利人破产或者造成其他严重后果。这两个标准中，前一个标准存在着些许不足，因为假如商业秘密权利人的损失无法计算时，然而又不可否认的是确实给其造成了不可估量的损失，又该如何呢？后一个标准中的其他严重后果也需要司法者进一步明确。

2004年《最高人民法院、最高人民检察院关于办理侵犯知识产权刑事案件具体应用法律若干问题的解释》（以下简称2004年"两高"司法解释）（法释〔2004〕第19号）[1]第七条对"重大损失""特别严重后果"也作出了明确规定：

第七条 实施刑法第二百一十九条规定的行为之一，给商业秘密的权利人造成损失数额在五十万元以上的，属于"给商业秘密的权利人造成重大损失"，应当以侵犯商业秘密罪判处三年以下有期徒刑或者拘役，并处或者单处罚金。

给商业秘密的权利人造成损失数额在二百五十万元以上的，属于刑法第二百一十九条规定的"造成特别严重后果"，应当以侵犯商业秘密罪判处三年以上七年以下有期徒刑，并处罚金。

上述两个司法解释针对同一个事项的规定并不完全一致，但都体现了最高人民检察院的意志，为了保持司法上的统一性，也为了弥补前述不足，2010年5月7日最高人民检察院、公安部又制定了《最高人民检察院公安部关于公安机关管辖的刑事案件立案追诉标准的规定（二）》（以下简称"2010年追诉标准"），对侵犯商业秘密案的立案追诉标准再次进行了具体化的规定：

第七十三条【侵犯商业秘密案（刑法第二百一十九条）】侵犯商业秘密，涉嫌下列情形之一的，应予立案追诉：

---

[1] 《最高人民法院、最高人民检察院关于办理侵犯知识产权刑事案件具体应用法律若干问题的解释》已于2004年11月2日由最高人民法院审判委员会第1331次会议、2004年11月11日由最高人民检察院第十届检察委员会第28次会议通过，现予公布，自2004年12月22日起施行。

（一）给商业秘密权利人造成损失数额在五十万元以上的；

（二）因侵犯商业秘密违法所得数额在五十万元以上的；

（三）致使商业秘密权利人破产的；

（四）其他给商业秘密权利人造成重大损失的情形。

根据新法优于旧法的法学原理，现在应该适用新的规定。当商业秘密权利人因侵权人的侵权行为遭受的损失无法计算时，转而可以依据侵权人的侵权所得来代替计算。然而新的规定在计算商业秘密权利人损失50万元时在"损失数额"前面取消了"直接经济"几个字，这点与两高的司法解释倒是一致的，但问题是：50万元的计算范围究竟包括哪些损失？是否包括所有相关损失？除了直接经济损失以外，比如是否还包括非经济损失或精神损失以及间接损失？这确实值得探讨，因为其直接涉及罪与非罪的定性问题，对行为主体的影响很大。依笔者之见，既然《刑法》规定只有给商业秘密权利人造成"重大损失"才能入罪，而相应的司法解释又试图将"重大损失"进行量化，其实目的只有一个，那就是尽量能够划定犯罪的明确界限，使人们对自己的行为有一个法律上的预期判断，也使执法者和司法者有法可依，保障裁判尺度的统一，从而在罪与非罪的问题上保证法律面前人人平等。由于每个人的精神损害不可能有一个同一的标准去衡量，而且面对同样的变故，每个人的承受能力也不一样，所受到的损失可能因人而异。同样的被侵权，有的人会因此失去理智，有的人则能熬过艰难时期，法律不能因被侵权人的承受能力强弱而判定侵权者有罪，但同时却因为被侵权者精神没有受到损害而判定侵权者无罪，这是不能想象的事情，也不符合法理。因此，"重大损失"自然不能包括非经济损失或精神损失在内，只能是物质损失或经济损失。❶在经济损失中间，直接的损失自然应该计算在内。关于间接的损失是否也应该包括进来，笔者认为，既然新的司法解释去掉了"直接"二字，就意味着在司法实践中可以考虑"间接"损失，而且把这样的

---

❶ 也有学者认为应该将精神损害包括在内，参见李晓明，辛军．对侵犯商业秘密罪的再研究［J］．法学．2002（6）．

权利赋予给了司法者。❶至于哪些"间接"损失能够包括在重大损失之内,哪些不包括在内,这也是将来司法解释需要在司法实践的基础上进一步明确的问题。

在此,笔者还想探讨"致使商业秘密权利人破产"与"重大损失"之间的关系问题。无论是在"2001年追诉标准"还是"2010年追诉标准"中,"致使商业秘密权利人破产"都是追诉情形之一,换句话说,这是检察院和公安部门认为侵犯商业秘密罪的一个要件,也可以看作是没有量化的"重大损失"标准。但笔者认为这样的规定其实与"2004年'两高'司法解释"是有出入的,因为后者已经将"重大损失"进行了量化,并分为了两个档次,一个是50万元以上至250万元之间,这属于一个量刑较轻的档次,另一个是250万元以上,这属于量刑较重的一个档次。尽管实践中企业破产的损失会常常高于50万元,然而不可忽视的是,现实中也有可能出现这样的情形:如果一家企业的商业秘密被侵犯后破产,但损失不足50万元时,很显然不符合"重大损失"的标准,则侵权者不能被认定为实施了犯罪行为。所以,笔者认为,为了目前执法的统一性,"2010年追诉标准"可以考虑做一下修改。当然,检察机关起诉并不见得法院最后一定会判决侵权者有罪,但司法机关认识上的不一致总是给普通的经营者造成法律捉摸不定的印象,还是尽量避免为好。不过,回过头来再对"2004年'两高'司法解释"中的规定进行考量,就会发现其也有不周全的地方:只规定了50万元作为认定犯罪的最低线,却没有考虑到非量化因素。如当一家企业因为商业秘密被侵犯而遭到破产,虽然这可能是一个小企业,损失没有超过50万元,但却永久失去了市场主体的地位,没有了竞争的机会和上升的空间,相比较大企业损失50万元还能留在市场继续竞争而言是不公平的,对维护市场竞争秩序也是不利的。换言之,侵犯大企业的商业秘密获罪的几率要比侵犯小企业的商业秘密获罪的几率要高,如此一来,如果是同行,又同样具有性质相同的商业秘密,从各个方面来看大企业本来

---

❶ 关于"重大损失"的确定,司法实践中的做法并不统一,相关内容可参见沈玉忠.侵犯商业秘密罪中"重大损失"的司法判定[J].知识产权.2016(1).

占据竞争上的天然优势,而根据"2004年'两高'司法解释"对小企业的商业秘密侵犯后违法成本相对较低,破产后侵权者可能不受刑事责任的追究,于是小企业遭受侵犯的可能性就较大,从而使得市场的竞争性会受到影响,不能妄说必然走向垄断,至少会使竞争不足。这有违法律的精神。因此,从根本上来说,"2004年'两高'司法解释"应该作出修改。

(3) 商业诋毁行为可能构成损害商业信誉、商品声誉罪。

我国《刑法》用两个条文在第三章破坏社会主义市场经济秩序罪的第八节"扰乱市场秩序罪"中对损害商业信誉、商品声誉罪进行了规定:

第二百二十一条 【损害商业信誉、商品声誉罪】捏造并散布虚伪事实,损害他人的商业信誉、商品声誉,给他人造成重大损失或者有其他严重情节的,处二年以下有期徒刑或者拘役,并处或者单处罚金。

第二百三十一条 【单位犯扰乱市场秩序罪的处罚规定】单位犯本节第二百二十一条至第二百三十条规定之罪的,对单位判处罚金,并对其直接负责的主管人员和其他直接责任人员,依照本节各该条的规定处罚。

其中,第二百三十一条是专门针对单位犯本罪的处罚规定,是否构成损害商业信誉、商品声誉罪需要根据第二百二十一条的规定进行判断。其构成要件包括:(1) 客体要件,客体是他人的商业信誉、商品声誉以及扰乱市场秩序;(2) 客观要件,本罪在客观上表现为捏造并散布虚伪事实,损害他人的商业信誉、商品声誉,给他人造成重大损失或者有其他严重情节的行为;(3) 主体要件,本罪主体为一般主体,凡达到刑事责任年龄且具备刑事责任能力的自然人均可成为主体,根据第二百三十一条的规定单位也可以成为本罪的主体;(4) 主观要件,本罪在主观方面表现为直接故意,且有损害他人商业信誉和商品声誉的目的,过失和间接故意不构成本罪。

由于本文重点考察商业诋毁行为构成犯罪的可能性,所以下面主要从与修订后的《反不正当竞争法》第十一条即"经营者不得编造、传播虚假信息或者误导性信息,损害竞争对手的商业信誉、商品声誉"。对比进行分析。

首先,从主体上来看,尽管构成损害商业信誉、商品声誉罪的主体未必是经营者,如有的员工离开原企业后,为了报复在社会上散布谣言损害原单位的商业信誉，当构成犯罪时就成为本罪的主体，但经营者毫无疑问可以成为本罪的主体。也就是说，损害商业信誉、商品声誉罪的主体范围比商业诋毁行为的主体范围要宽泛，后者只能是经营者。

其次，从传播的信息性质上来看，经营者传播虚假信息或者误导性信息，都可能涉嫌实施商业诋毁的不正当竞争行为；但经营者只有在传播虚假信息时才可能构成犯罪，仅仅传播误导性信息不会构成犯罪。就整个误导性信息而言，也许传播事实中真假掺杂，即便如此，部分虚假信息也构成传播虚假事实。

最后，从目的和结果上来看，虽然都是以损害他人的商业信誉、商品声誉为目的，但损害商业信誉、商品声誉罪必须是给他人造成重大损失或者有其他严重情节。然而《刑法》并没有对"重大损失或者有其他严重情节"进行明确规定。根据"2010年追诉标准"第七十四条规定："【损害商业信誉、商品声誉案（刑法第二百二十一条）】捏造并散布虚伪事实，损害他人的商业信誉、商品声誉，涉嫌下列情形之一的，应予立案追诉：（一）给他人造成直接经济损失数额在五十万元以上的；（二）虽未达到上述数额标准，但具有下列情形之一的：1. 利用互联网或者其他媒体公开损害他人商业信誉、商品声誉的；2. 造成公司、企业等单位停业、停产六个月以上，或者破产的。（三）其他给他人造成重大损失或者有其他严重情节的情形。"由于此种犯罪行为主要存在于商业活动、商业竞争中，其损失的认定比较复杂，有的可以直接计算，有的则只能通过评估的方法加以估算，有的属于直接经济损失，有的属于间接经济损失。需要注意的是，这里的"重大损失"应为直接经济损失，如商品严重滞销、产品被大量退回、合同被停止履行、企业商洽显著下降、驰名产品声誉受到严重侵损、销售额和利润严重减少、应得收入大量减少、上市公司股票价格大幅度下跌、商誉以及其他无形资产的价值降低等。❶ 当然，直接经济损失既包括

---

❶ 刘树德. 王宗达损害商业信誉、商品声誉案—损害商业信誉商品声誉罪中的"重大损失"如何认定［EB/OL］.（2017 - 07 - 23）［2019 - 06 - 01］. http://www.gzzdxals.cn/art/view.asp? id = 888573510694.

有形的、可以直接计算的经济损失，如因产品被退回所造成的收入减少，也包括无形的、需要评估才能得出的财产损失，如企业商誉价值的降低。

由以上可知，信息的性质和损害的后果是决定罪与非罪的根本因素。

（4）互联网不正当竞争行为可能构成非法获取计算机信息系统数据、非法控制计算机信息系统罪。

我国《刑法》第二百八十五条涉及四条与计算机信息系统相关的罪名，分别为：非法侵入计算机信息系统罪、非法获取计算机信息系统数据罪、非法控制计算机信息系统罪、提供侵入、非法控制计算机信息系统程序、工具罪。

第二百八十五条　【非法侵入计算机信息系统罪；非法获取计算机信息系统数据、非法控制计算机信息系统罪；提供侵入、非法控制计算机信息系统程序、工具罪】违反国家规定，侵入国家事务、国防建设、尖端科学技术领域的计算机信息系统的，处三年以下有期徒刑或者拘役。

违反国家规定，侵入前款规定以外的计算机信息系统或者采用其他技术手段，获取该计算机信息系统中存储、处理或者传输的数据，或者对该计算机信息系统实施非法控制，情节严重的，处三年以下有期徒刑或者拘役，并处或者单处罚金；情节特别严重的，处三年以上七年以下有期徒刑，并处罚金。

提供专门用于侵入、非法控制计算机信息系统的程序、工具，或者明知他人实施侵入、非法控制计算机信息系统的违法犯罪行为而为其提供程序、工具，情节严重的，依照前款的规定处罚。

单位犯前三款罪的，对单位判处罚金，并对其直接负责的主管人员和其他直接责任人员，依照各该款的规定处罚。

经营者作为普通刑事主体，为了达到各种目的可能"违反国家规定，侵入国家事务、国防建设、尖端科学技术领域的计算机信息系统"，但这种行为不是不正当竞争行为，因为其侵害的不是其他经营者的权利，而是国家利益，属于纯粹的犯罪行为，构成非法侵入计算机信息系统罪。若经营者"提供专门用于侵入、非法控制计算机信息系统的程序、工具，或者明知他人实施侵入、非法控制计算机信息系统的违法犯罪行为而为其提供程序、工具,情节严重的",构成提供侵入、非法控制计算机信息系统程序、工具罪,同样不是不正当竞争行为,充其量是实施不正当竞争行为者的"帮凶"。由于互联网不正当竞争行为实施者要求是损害其他经营者合法提供的网络产品或服务,对象很明确,侵权者与被侵权者均为经营者,而且双方之间具有一定的竞争关系,所以经营者在进行互联网不正当竞争行为时可能触及上述条文中的第二和四款规定的犯罪,即非法获取计算机信息系统数据罪、非法控制计算机信息系统罪。

互联网不正当竞争行为何种情况下构成犯罪,根据上述条文的规定有几个要件:

第一,主体要件:该罪的犯罪主体是一般主体,达到刑事责任年龄、具有刑事责任能力的自然人和单位都可能成为该类犯罪的主体,经营者符合主体要求。

第二,主观要件:本罪在犯罪主观方面表现为故意,即行为人明知是侵入计算机信息系统或以其他技术手段获取数据的行为,仍故意为之。

第三,客体要件:本罪的犯罪客体是计算机信息系统的安全,犯罪对象仅限于使用中的计算机信息系统中存储、处理、传输的数据,脱离计算机信息系统存放的计算机数据,如光盘、U盘中的计算机数据不是本罪的保护对象。作为经营者当侵入他人计算机系统获取的数据,一定是对其有利的数据,或能带来经济利益,或能带来竞争优势。本罪的危害行为是非法获取前述计算机信息系统中计算机数据的行为,这里的非法获取是指未经权利人或者国家有权机构授权而取得他人的数据的行为。

第四,客观要件:本罪在客观方面表现为行为人违反国家规定,实施侵入国家事务、国防建设、尖端科学技术领域以外的普通计算机信息系统,或者采用其他技术手段,从而获取这些计算机信息系统中存储、处理或者传输的数据的行为,并且情节严重。其中,"违反国家规定"是指全国人大常委会关于《维护互联网安全的决定》、国务院制定的《计算机信息系统安全保护条例》和公安部发布的《计算机信息网络国际联网安全保护管理办法》等;"侵入"是指行为人采用破解密码、盗取密码、强行突破安全工具或其他技术手段等方法,在未经权利人许可或者国家有权机构授权时违背计算机信息系统控制人或所有人意愿进入其权利人的计算机信息系统中；侵入的对象是国家事务、国防建设、尖端科学技术领域以外的普通经营者的计算机信息系统；"获取"指占有或拥有特定数据，表现为将数据进行复制，存于个人电脑、移动硬盘和私人电子邮箱中。"获取"的具体行为方式可以是秘密的，也可以是公开的，即数据的控制人和所有人或正在传输信息系统数据的人不知数据被人获取，或明知他人在窃取计算机信息系统数据却无法阻拦；"情节严重"是指违法所得5000元以上或者造成经济损失1万元以上的或非法控制计算机信息系统20台以上的。❶

需要注意的是，当被侵权人将计算机系统数据作为商业机密加以保护时，侵权者的非法窃取数据行为可能发生与侵犯商业秘密竞合的情况。

（5）其他可能构成犯罪的不正当竞争行为。

经营者还有两种不正当竞争行为也可能构成犯罪，即虚假广告行为和假冒注册商标行为。我国《刑法》规定有虚假广告罪和假冒注册商标罪：

"第二百二十二条　【虚假广告罪】广告主、广告经营者、广告发布者违反国家规定，利用广告对商品或者服务作虚假宣传，情节严重的，处二年以下有期徒刑或者拘役，并处或者单处罚金。

第二百一十三条　【假冒注册商标罪】未经注册商标所有人许可，在同一种商品上使用与其注册商标相同的商标，情节严重的，处三年以下有期徒刑或者拘役，并处或者单处罚金；情节特别严重的，处三年以上七年以下有期徒刑，并处罚金。"

---

❶ 参见最高人民法院、最高人民检察院《关于办理危害计算机信息系统安全刑事案件应用法律若干问题的解释》（法释〔2011〕19号）第一条规定："非法获取计算机信息系统数据或者非法控制计算机信息系统，具有下列情形之一的，应当认定为刑法第二百八十五条第二款规定的"情节严重"：（一）获取支付结算、证券交易、期货交易等网络金融服务的身份认证信息十组以上的；（二）获取第（一）项以外的身份认证信息五百组以上的；（三）非法控制计算机信息系统二十台以上的；（四）违法所得五千元以上或者造成经济损失一万元以上的；（五）其他情节严重的情形。实施前款规定行为，具有下列情形之一的，应当认定为刑法第二百八十五条第二款规定的"情节特别严重"：（一）数量或者数额达到前款第（一）项至第（四）项规定标准五倍以上的；（二）其他情节特别严重的情形。明知是他人非法控制的计算机信息系统，而对该计算机信息系统的控制权加以利用的，依照前两款的规定定罪处罚。"

虚假广告行为属于虚假宣传行为的一种特殊形式，我国《广告法》对虚假广告作出了详细的规定；同样的，假冒注册商标也是市场混淆行为的一种特殊形式，与此同时，我国《商标法》亦对何为假冒注册商标作出了规定，所以，在对这两种不正当竞争行为规制时，根据特别法优于普通法的法学原理，应当首先适用《广告法》和《商标法》。在此就不做进一步的展开论述。

监督检查部门的工作人员在履行监督检查过程中也可能构成犯罪行为，尽管《反不正当竞争法》第三十条规定了四种违法行为，即滥用职权、玩忽职守、徇私舞弊或者泄露调查过程中知悉的商业秘密，但根据我国《刑法》相关规定，应该只可能触及三种犯罪行为，即滥用职权罪、玩忽职守罪[1]和侵犯商业秘密罪。侵犯商业秘密罪可以按照一般主体去对待，和经营者犯此罪没有什么区别，应该符合该罪的所有构成要件。

我国《刑法》第三百九十七条规定了滥用职权罪和玩忽职守罪。

"第三百九十七条　国家机关工作人员滥用职权或者玩忽职守，致使公共财产、国家和人民利益遭受重大损失的，处三年以下有期徒刑或者拘役；情节特别严重的，处三年以上七年以下有期徒刑。本法另有规定的，依照规定。

国家机关工作人员徇私舞弊，犯前款罪的，处五年以下有期徒刑或者拘役；情节特别严重的，处五年以上十年以下有期徒刑。本法另有规定的，依照规定。"

滥用职权罪和玩忽职守罪和相应的违法行为相比，均要求一个结果要件，即滥用职权或玩忽职守致使公共财产、国家和人民利益遭受重大损失。

四、案例分析：谷米公司与元光公司不正当竞争纠纷案

（一）案情及司法过程[2]

原告深圳市谷米科技有限公司（以下简称谷米公司）认为，自2013

---

[1] 关于我国《刑法》第397条是否规定了徇私舞弊罪的观点可参见袁永新．马献钊．对刑法397条中"徇私舞弊"罪的理解 [J]．法律适用，2000（2）．

[2] 以下内容参见广东省深圳市中级人民法院民事判决书（2017）粤03民初822号。

年6月起，原告发布并运营一款名称为"酷米客"的实时公交APP。该实时公交APP的运行需要后台大量汽车实时公交位置数据的支持。为此，原告通过与公交公司合作在公交车上安装定位器以获得海量数据。由于原告的"酷米客"APP后台拥有强大的数据服务支持，因而具有定位精度高、实时误差小等明显优势，使得原告的"酷米客"APP在短时间内即在实时公交领域异军突起。"酷米客"APP现拥有超过5000万用户，每日活跃用户超过400万，被用户及媒体誉为"公交神器"和"上班族必备神器"。2015年11月左右，被告武汉元光科技有限公司（以下简称元光公司）为了提高其开发的智能公交"车来了"APP在中国市场的用户量和信息查询的准确度，公司法定代表人被告邵某某授意被告陈某指使被告刘某红、刘某朋、张某等人利用网络爬虫软件获取原告公司服务器内的公交车行驶信息、到站时间等实时数据。其中，张某负责编写爬虫软件程序；刘某朋负责不断更换爬虫软件程序内的IP地址，使用变化的IP地址获取数据以防原告察觉；刘某红负责编写程序，利用刘某朋设置的不同IP地址及张某编写的爬虫程序向原告发出数据请求，大量获取原告开发的智能公交APP"酷米客"的实时数据，日均300~400万条。在被告开始非法获取原告数据之际，张某破解"酷米客"客户端的加密算法没有成功，陈某便出面聘请其他公司的技术人员帮忙将原告APP的加密系统攻破，使刘某红、刘某朋、张某得以顺利非法获取原告服务器中的大量公交车行驶实时数据。原告认为，原告的"酷米客"APP与被告的"车来了"APP都是为客户提供实时公交信息服务的实时公交数据系统，因此双方存在直接竞争关系。原告后台的汽车实时位置数据是其花费巨大的人力、时间和经济成本获得的信息，具有巨大的商业价值，能给原告带来明显的竞争优势。现被告通过技术手段非法获取原告的海量数据，势必削减原告的竞争优势及交易机会，攫取其相应市场份额，并给其造成了巨大经济损失。被告的行为违背了公认的商业道德和诚实信用原则，构成不正当竞争。故原告向广东省深圳市中级人民法院提出诉讼请求，请求判令六被告立即停止获取、使用原告实时公交位置数据的不正当竞争行为、连带赔偿原告经济损失及因制止不正当竞争行为所支付的合理费用人民币3100万元，并向原告赔礼道歉，以消除影响、恢复名誉等。

被告元光公司、邵某某、陈某、刘某红、刘某朋、张某则认为：

首先，五自然人被告非该案适格被告。理由是"车来了"APP是由被告元光公司开发，软件著作权人也是该公司；邵某某等五人均供职于元光公司，五自然人利用网络爬虫二次获取公交车辆实时信息的行为均系执行工作任务、履行工作职责，五人均为公司利益实施上述行为，未谋取个人私利。而且深圳市南山区人民法院（2017）粤0305刑初153号（以下简称南山区人民法院153号）刑事判决也已认定邵某某等五人的行为为单位犯罪，该刑事判决认定五自然人被告构成犯罪，并不必然导致该五人构成民事侵权。

其次，被告元光公司的行为不构成不正当竞争。原因有三个，一是主体不适格，就该案涉及的行为来看，原告的"酷米客"APP和被告元光公司的"车来了"APP均为公益性质的软件，均面向社会公众，用户只需注册、登录即可实现免费在线查询，并不存在任何市场交易。而反不正当竞争法第2条明确规定经营者从事的商品或者服务必须具备营利性，且同时其行为必须是在市场交易中实施。因此元光公司不属于我国《反不正当竞争法》中的经营者。二是原、被告之间不存在直接的竞争关系。双方客户群并不相同，主营业务也不同。原告主要从事GPS定位仪的销售与开发，被告主要从事软件的开发。三是被告并未实施原告诉称的违反公认的商业道德和诚实信用原则的行为。原告在深圳东、西部公交公司的公交车上安装了GPS定位，能够收集公交数据，原告将上述数据提交给深圳市交通运输委员会（以下简称深圳市交委），深圳市交委再将上述数据开放给被告等多个公司。因此，被告对上述数据本身有合法的使用权。当发现原告提供给深圳交委的数据存在滞后性，为了更好的查明原因，元光公司利用网络爬虫软件二次获取公交数据，其目的主要用于数据对比。且该案涉公交车辆行驶信息属于社会信息，由政府统一向社会开放，故原告对案涉公交数据没有所有权。

根据双方当事人的诉、辩主张，深圳市中级人民法院将该案争议焦点总结为：（1）原告谷米公司及被告元光公司是否系反不正当竞争法中的经营者及两公司之间是否存在竞争关系；（2）被告元光公司利用网络爬虫技术获取原告谷米公司"酷米客"软件的实时公交信息数据的行为，是否构成对原告的不正当竞争；（3）五自然人被告在本案中有关其被诉行为系履行职务行为的抗辩能否成立；（4）如果被告元光公司构成对原告谷米公司的不正当竞争，其应当承担的法律责任。

关于争议焦点一，法院认为判断某相关市场主体是否系经营者，并不以其所提供的某项商品或者服务是否具有营利性为标准。经查，谷米公司和元光公司均系经过企业登记部门合法核准成立的商品或服务的提供者，属于我国反不正当竞争法中规定的"经营者"。谷米公司和元光公司各自开发的"酷米客"APP 软件和"车来了"APP 软件，均系为用户提供定位、公交路线查询、路线规划、实时公交信息地理位置等服务，二者用途相同，故谷米公司和元光公司在提供实时公交信息查询服务软件的服务领域存在竞争关系。

关于争议焦点二，法院认为基于谷米公司指控的侵权事实发生于现行反不正当竞争法施行之前，故该案应当适用修订前的《反不正当竞争法》。由于该案被诉行为不属于原《反不正当竞争法》第五条至第十五条所规定的各类不正当竞争行为的法定情形，故应援引原《反不正当竞争法》第二条的规定对本案被诉行为进行认定："经营者在市场交易中，应当遵循自愿、平等、公平、诚实信用的原则，遵守公认的商业道德。本法所称的不正当竞争，是指经营者违反本法规定，损害其他经营者的合法权益，扰乱社会经济秩序的行为。"该案中，认定被诉行为是否构成不正当竞争，关键在于该行为是否违反了诚实信用原则和公认的商业道德，并损害了原告的合法权益。第一，该案查明的事实表明，安装有谷米公司自行研发的GPS 设备的公交车在行驶过程中，定时上传公交车实时运行时间、地点等信息至谷米公司服务器，当"酷米客"APP 使用者向谷米公司服务器发送查询需求时，"酷米客"APP 从后台服务器调取相应数据并反馈给用户。公交车作为公共交通工具，其实时运行路线、运行时间等信息仅系客观事实，但当此类信息经过人工收集、分析、编辑、整合并配合 GPS 精确定位，作为公交信息查询软件的后台数据后，其凭借预报的准确度和精确性就可以使"酷米客"APP软件相较于其他提供实时公交信息查询服务同类软件取得竞争上的优势。而且，随着查询数据越准确及时，使用该款查询软件的用户也就越多，软件的市场占有份额也就越大，这也正是元光公司爬取谷米公司数据的动机所在。鉴于"酷米客"APP后台服务器存储的公交实时类信息数据具有实用性并能够为权利人带来现实或潜在、当下或将来的经济利益，其已经具备无形财产的属性。谷米公司系"酷米客"软件著作权人，相应的，也就对该软件所包含的信息数据的占有、使用、收益及处分享有合法权益。未经谷米公司许可，任何人不得非法获取该软件的后台数据并用于经营行为。第二，被告元光公司还主张其经过深圳市交委许可，享有"酷米客"软件数据的使用权，但被告未提交与深圳市交委签订的协议或由深圳市交委出台的文件等证据予以证明。第三，谷米公司"酷米客"软件实时公交信息数据虽然系免费提供公众查询，但获取数据的方式须以不违背该软件著作权人即谷米公司意志的合法方式获取，即应当通过下载"酷米客"手机APP或者登录谷米公司网站等方式来查询，而非未经谷米公司许可，利用网络爬虫技术进入谷米公司的服务器后台的方式非法获取。第四，谷米公司的"酷米客"软件实时公交运行信息数据可为公众制定公共交通工具出行计划提供参考和帮助。在同类查询软件中，查询结果越准确，用户对该款软件的使用满意度就越高，相应的，用户对软件的依赖度也就越高。在市场竞争环境中，用户粘性强弱是衡量产品或服务竞争力的重要评价指标。某项产品或服务即便推出之时是免费的，但随着用户对产品依赖度稳步提升，经营者往往后续会推出相应增值服务或衍生产品，这在市场实践中并不鲜见。该案中，被告元光公司利用网络爬虫技术大量获取并且无偿使用原告谷米公司"酷米客"软件的实时公交信息数据的行为，实为一种"不劳而获""食人而肥"的行为，具有非法占用他人无形财产权益，破坏他人市场竞争优势，并为自己谋取竞争优势的主观故意，违反了诚实信用原则，扰乱了竞争秩序，构成不正当竞争行为。

关于争议焦点三，该案五自然人被告邵某某、陈某、刘某红、刘某朋、张某在被诉行为发生时均系被告元光公司员工。为了提高元光公司

"车来了"APP信息查询的准确度,保证公司更好的经营,由时任元光公司法定代表人并任职总裁的邵某某授意技术总监陈某,指使公司员工刘某红、刘某朋、张某利用网络爬虫技术获取了谷米公司服务器中的实时数据并用于元光公司"车来了"APP,由此增加了"车来了"APP的用户量,提高了公司的经营业绩。邵某某作为元光公司的法定代表人,其指示其他人获取谷米公司数据的目的,是为公司利益而非其个人利益,其前述行为亦是以公司名义为之,故邵某某的行为应认定属于公司行为。陈某、刘某红、刘某朋、张某的案涉行为均系由元光公司指派,属执行其任职单位的工作任务,其行为利益归属于被告元光公司,故该四人的案涉行为应认定为职务行为。故法院认定邵某某、陈某、刘某红、刘某朋、张某的案涉被诉行为,均不构成针对谷米公司的不正当竞争行为,作为不正当竞争行为的主体不适格。

关于争议焦点四,鉴于被告元光公司的侵权行为已经停止,原告谷米公司在该案中没有提交证据证明元光公司的案涉行为对其造成负面影响或对其声誉造成损害,亦未能提供证据证明其自身损失的具体数额,同时也未提供证据证明元光公司的侵权获利,所以法院综合考虑谷米公司存在直接损失 24.43 万元、元光公司获取数据的范围、侵权行为的持续时间具有明显的不正当竞争的主观恶意等因素,酌情确定被告元光公司赔偿原告谷米公司经济损失及合理维权费用共计 50 万元,并驳回原告的其他诉讼请求。

另外,和该案相关的另一个案子是邵某某、陈某、刘某红、刘某朋、张某犯非法获取计算机信息系统数据罪【案号为(2017)0305 刑初 153 号】一案。

南山区人民法院 153 号刑事判决书查明的事实是:2015 年 11 月左右,邵某某、陈某为了提高元光公司开发的智能公交 APP"车来了"在中国市场的用户量及信息查询的准确度,保证公司更好的经营,邵某某授意陈某某,指使公司员工刘某红、刘某朋、张某等人利用网络爬虫软件获取包括谷米公司在内的竞争对手公司服务器里的公交车行驶信息、到站时间等实时数据。张某负责编写爬虫软件程序;刘某朋负责不断更换爬虫程序内的

IP 地址，使用变化的 IP 地址获取数据，以防元光公司察觉；刘某红负责编写程序，利用刘某朋设置的不同 IP 地址及张某编写的爬虫程序向谷米公司发出数据请求，大量爬取谷米公司开发的智能公交 APP"酷米客"的实时数据，日均 300 万~400 万条。起初，张某破解"酷米客"客户端的加密算法没有成功，陈某便出面聘请其他公司技术人员帮忙将谷米公司 APP 的加密系统攻破，使刘某红、刘某朋、张某顺利爬取到谷米公司服务器里的大量公交车行驶实时数据。爬取的数据直接为元光公司所用，使该公司的智能公交 APP"车来了"准确度提高。经评估：谷米公司因被非法侵入计算机信息系统所造成的直接经济损失为 24.43 万元人民币。

南山区人民法院 153 号刑事判决书认定：邵某某、陈某、刘某红、刘某朋、张某违反国家规定，采用其他技术手段，获取计算机信息系统中储存的数据，情节特别严重，其行为已构成非法获取计算机信息系统数据罪。在共同犯罪中，邵某某系"车来了"APP 的主要负责人，起组织、领导作用，系主犯。陈某、刘某红、刘某朋、张某作为具体实施者，分工配合，共同完成犯罪行为，其等在犯罪活动中起次要作用，系从犯，依法对从犯予以从轻处罚。邵某某、陈某、刘某红、刘某朋、张某非法获取数据的目的主要系用于数据比对，其犯罪动机尚不属恶劣，且均当庭表示认罪，对其宣告缓刑。综上，综合涉案金额、手段、性质及认罪态度等情节，依照《中华人民共和国刑法》第二百八十五条第二款、第四款、第三十条、第三十一条、第二十五条第一款、第二十六条第一款、第四款、第二十七条、第七十二条第一款、第三款、第七十三条第二款、第三款之规定，判决："一、邵某某犯非法获取计算机信息系统数据罪，判处有期徒刑三年，缓刑四年，并处罚金人民币十万元。二、陈某犯非法获取计算机信息系统数据罪，判处有期徒刑二年，缓刑三年，并处罚金人民币五万元。三、刘某红犯非法获取计算机信息系统数据罪，判处有期徒刑一年六个月，缓刑二年，并处罚金人民币 4 万元。四、刘某朋犯非法获取计算机信息系统数据罪，判处有期徒刑一年四个月，缓刑二年，并处罚金人民币 3 万元。五、张某犯非法获取计算机信息系统数据罪，判处有期徒刑一年四个月，缓刑二年，并处罚金人民币 3 万元。"

南山区人民法院 153 号刑事判决书已经发生法律效力。

(二) 评析

该案的特点是同一个行为既违反了我国《反不正当竞争法》，又触犯了《刑法》，同时引发承担民事责任和刑事责任。不过，该案中，由于"酷米客"遭受巨大经济损失，因此公司先行启动刑事诉讼程序，然后又选择适当时机启动民事诉讼程序。❶ 以下就该案所涉及的几个问题进行分析。

其一，关于新旧法的适用。

该案正好发生在新旧法交替阶段，涉及适用新法还是旧法的问题。广东省深圳市中级人民法院于 2017 年 4 月 12 日立案后，经过一年多的时间，于 2018 年 5 月 23 日审结，此时修订后的《反不正当竞争法》业已颁布实施。尽管新法对互联网不正当竞争行为有具体的规定，不过，该案中所涉行为发生在 2015 年前后，旧的《反不正当竞争法》仍处于有效期，法院当然是依据旧法审理判决。

其二，反不正当竞争法中规定的"经营者"及竞争关系的认定。

实施不正当竞争行为的主体必须是经营者，若行为主体并非经营者，则行为主体就不可能实施不正当竞争行为。该案中，元光公司虽然承认自己为私营企业或经营者，但不认为自己属于《反不正当竞争法》规定的经营者，理由是，《反不正当竞争法》第二条明确规定经营者从事的商品或者服务必须具备营利性，且同时其行为必须是在市场交易中实施。另外，元光公司还认为原国家工商总局出具多份文件确认反不正当竞争法中对经营者的认定，采用的不是资格认定法，而是行为认定法。综合来看，元光公司的观点可总结为一句话：作为经营者不见得就是《反不正当竞争法》规定的经营者，根据《反不正当竞争法》第二条和原国家工商总局的有关规定，其认为《反不正当竞争法》规定的经营者应该同时满足两个条件：一是必须具有营利性，二是这种营利必须是在市场交易行为中实现。换句

---

❶ 王巍. 涉嫌偷数据 "车来了" 被警方立案侦查 [EB/OL]. (2016 - 07 - 06) [2019 - 4 - 30] http：//www.bjnews.com.cn/news/2016/07/06/409048.html.

话说，如果一个经营者没有从事营利行为或没有从一个行为中获利，即使其登记为企业，也不是《反不正当竞争法》规定的经营者。

元光公司提出原国家工商总局出具多份文件确认反不正当竞争法中对经营者的认定条件，然而该案案情中未能看到元光公司所述及的多份文件的详细清单，依笔者之见，不管是什么认定标准，目的都是为了更好地执行《反不正当竞争法》，从精神上不会与《反不正当竞争法》相违背。由于案中所涉行为发生在 2015 年，所以在此笔者依据旧的《反不正当竞争法》第二条规定对其观点进行分析和说明。第二条的规定："经营者在市场交易中，应当遵循自愿、平等、公平、诚实信用的原则，遵守公认的商业道德。本法所称的不正当竞争，是指经营者违反本法规定，损害其他经营者的合法权益，扰乱社会经济秩序的行为。本法所称的经营者，是指从事商品经营或者营利性服务（以下所称商品包括服务）的法人、其他经济组织和个人。"

从上述第三款可知，《反不正当竞争法》规定的经营者应该包括两个要件，一是形式要件，即法人、其他经济组织和个人。元光公司作为私营企业，属于其他经济组织范畴；二是实质要件，即从事商品经营或者营利性服务。对第二个要件该如何理解？如果一个主体从事商品经营当然是经营者，从事营利性服务自然也是经营者，或者二者都做毫无疑问也是经营者。问题就在于，当一个经营者一方面从事商品经营，另一方面却从事非营利性服务，该经营者是否能够以不满足营利性条件为由否定自己的经营者身份？当然不能。在这种情况下，假如否定其经营者的身份，等于赋予其以非营利性服务或公益服务为幌子实施不正当竞争的口实。要知道，经营者的根本目的是营利，否则其没有生存之道还谈何竞争？再者，非营利性服务不一定是做公益，更何况做公益也可能是为了竞争，说到底也可能是竞争手段之一，通过担负社会责任可以提高其在社会公众中的知名度。元光公司作为软件开发商，自然是经营者，虽然为社会公众免费提供公交车行驶实时信息，客观上有利于消费者，符合公众利益，但根本上还是希望借此维持生存，提高竞争优势。当然，法律并不排斥经营者做公益，甚至鼓励做公益，但经营者一定是以不侵犯其他经营者尤其是竞争者的合法权益为前提，否则有利于消费者或公益不能成为违法的理由。从经济活动的本质来看，在对经营者进行定义时，"营利性"三个字显属多余，所以，修订后的《反不正当竞争法》已经将其去掉了。

元光公司在对"营利性"行为进行解释时认为还必须是在"市场交易"中，严格来说，根据第三款规定，没有对此作出要求。但如果根据体系解释，从第二条第一款的规定来理解也顺理成章。不过，"市场交易"并不能够理解为不折不扣的对价行为，因为经济活动中有好多属于单方赠与行为，如经营者的有奖销售中对消费者的无偿赠与行为、新产品的免费试用、小吃店搞的一些免费试吃活动等等，这些经营者的行为都不需要消费者付出对价，但没有人怀疑经营者行为的"市场交易"性。"东边日出西边雨"，"羊毛出在羊身上"，虽然在某次市场交易行为中消费者是免费获取一些利益，但在其他市场交易中消费者肯定要付出代价，否则经营者一直进行施舍是不可能在市场中立足的，更别提竞争力了。

综上，依据《反不正当竞争法》第二条元光公司是该法规定的经营者。

另外，元光公司提到了对经营者认定时的行为标准和资格标准。依笔者之见，对经营者的认定的确应该根据其行为而不是资格来进行认定，但是有一个前提，那就是有些主体从法律规定上来看本不具有经营者的资格，比如学校，按照相关的法律规定学校是事业单位，不能从事营利性的活动，当然不具有经营者的资格。然而在某种情况下和在法律允许的范围内，学校也可能从事一些营利性的活动，此时根据其行为性质可以认定其为经营者。如果一个主体本就是经营者，比如该案中的元光公司登记时其身份就是私营企业，从根子上就不存在资格问题。依据目前我国相关法律法规和司法解释，非经营者的身份可以因其营利性的行为而获得经营者的临时身份，但经营者的身份不会因为其从事非营利性活动而有所改变，元光公司主张其不是《反不正当竞争法》规定的经营者没有法律依据，不能成立。

在不正当竞争行为的主体方面元光公司还提出一个因素就是其与原告谷米公司之间不存在竞争关系。其实，无论新法还是旧法，在根据第二条规定对不正当竞争行为进行界定时都不要求经营者之间有竞争关系。退一步讲，即使要求有竞争关系，也不是如元光公司所言根据其主要业务来判断，而是根据其具体所涉行为来确定。因为市场经济条件下，经营者有较大的自主权，只要不超出法律规定的范围，哪些作为主要业务完全是由经营者自己来决定，随着市场变化由经营者自主调整。而且，不管主要业务还是次要业务都是经营者的商业行为，都应该遵守法律法规，因此，在免费向消费者提供公交车实时行驶信息方面，元光公司和谷米公司的商业行为是相同的，都是针对有这方面信息需求的消费者，争夺同样的客户群，显然具有竞争关系，而且是直接的竞争关系。

其三，"不正当"的认定。

由于该案被诉行为不属于原《反不正当竞争法》第五条至第十五条所规定的各类不正当竞争行为的法定情形，故应援引原《反不正当竞争法》第二条前两款的规定对该案被诉行为进行认定："经营者在市场交易中，应当遵循自愿、平等、公平、诚实信用的原则，遵守公认的商业道德。本法所称的不正当竞争，是指经营者违反本法规定，损害其他经营者的合法权益，扰乱社会经济秩序的行为。"正如法院所指出的，认定被诉行为是否构成不正当竞争，关键在于该行为是否违反了诚实信用原则和公认的商业道德，并损害了原告的合法权益。

关于原告谷米公司的合法权益问题，被告元光公司认为案涉公交车辆行驶信息属于社会信息，由政府统一向社会开放，故原告对案涉公交数据没有所有权，当然也就无所谓合法权益的损害了。这其中的焦点问题就是，谷米公司对其所提供的公交数据是否享有所有权？法院在判决书中对此作出了详尽的分析："安装有谷米公司自行研发的GPS设备的公交车在行驶过程中，定时上传公交车实时运行时间、地点等信息至谷米公司服务器，当'酷米客'APP使用者向谷米公司服务器发送查询需求时，'酷米客'APP从后台服务器调取相应数据并反馈给用户。公交车作为公共交通工具，其实时运行路线、运行时间等信息仅系客观事实，但当此类信息经过人工收集、分析、编辑、整合并配合GPS精确定位，作为公交信息查询软件的后台数据后，其凭借预报的准确度和精确性就可以使'酷米客'

APP软件相较于其他提供实时公交信息查询服务同类软件取得竞争上的优势。而且，随着查询数据越准确及时，使用该款查询软件的用户也就越多，软件的市场占有份额也就越大，这也正是元光公司爬取谷米公司数据的动机所在。鉴于'酷米客'APP后台服务器存储的公交实时类信息数据具有实用性并能够为权利人带来现实或潜在、当下或将来的经济利益，其已经具备无形财产的属性。谷米公司系'酷米客'软件著作权人，相应的，也就对该软件所包含的信息数据的占有、使用、收益及处分享有合法权益。未经谷米公司许可，任何人不得非法获取该软件的后台数据并用于经营行为。"可见，法院肯定了谷米公司对公交行驶实时数据的所有权。其实，谷米公司向公众免费提供信息本身就说明谷米公司对信息有掌控权或所有权，因为假如谷米公司定价出售信息时，估计所有人都不得不承认其对数据信息的所有权了。

关于是否违反诚实信用原则和公认的商业道德问题，元光公司认为其有合法使用权，且作为公众信息其可自由访问，同时说明其爬取的目的是进行数据对比，以此来否认自己行为的不正当性。元光公司提供的合法使用权的证据是第三人而并非谷米公司的授权，暂且不谈第三人有无合法使用权的问题，无论如何谷米公司并没有授权第三人转授权，因此，法院并没有支持元光公司的主张。如前所述，谷米公司免费向公众提供公交查询信息，然而并非随意开放，其设置了获得信息的渠道，即通过下载"酷米客"手机APP或者登录谷米公司网站等方式来查询，谷米公司作为信息所有权人向使用者开了两道门，使得客户能够有序进出。而元光公司未经谷米公司许可，利用网络爬虫技术进入谷米公司的服务器后台获取数据显属非法，因为这样的行为等于是在谷米公司的服务器后台悄悄开了一扇窗盗取数据信息，走的并不是谷米公司为客户开的光明大道。这种"不劳而获"的行为当然违反基本的诚实信用原则和"取之有道"的公认的商业道德。不过，即便如此，元光公司认为其爬取的目的是进行数据对比，并没有损害到谷米公司的合法权益，没有影响和破坏谷米公司系统的正常运行。诚然，元光公司的爬取行为的确没有影响到消费者的正常使用，而消费者需要的是信息，是相对准确的信息，在同类查询软件中，查询结果越准确，用户对该款软件的使用满意度就越高，相应的，用户对软件的依赖度也就越高，在市场竞争环境中，用户粘性强弱是衡量产品或服务竞争力的重要评价指标。某项产品或服务即便推出之时是免费的，但随着用户对产品依赖度稳步提升，经营者往往后续会推出相应增值服务或衍生产品，以此来获得利益维持生存和进一步的提升。元光公司如果如其所说仅仅是为了进行数据对比，没有将其爬取到的数据运用到自己的软件中、供消费者使用，那么也许不构成不正当竞争。❶ 然而事实恰恰相反，元光公司在获取原告"酷米客"软件的实时公交信息数据之后，将数据用于自己开发的智能公交 APP 软件"车来了"并对外提供给公众进行查询。相对于此前"车来了"数据经常迟滞于"酷米客"数据的劣势，被告元光公司使用了更为精准的"酷米客"实时公交数据后，使"车来了"软件产品的信息准确度得到提高，用户的使用满意度随之提升，亦促进元光公司的整体经营。由此看来，元光公司破坏了谷米公司的竞争优势，不当抢占了市场份额，损害了谷米公司的合法权益。

值得注意的是，新法第十二条规定的互联网不正当竞争行为是"经营者利用技术手段，通过影响用户选择或者其他方式，实施妨碍、破坏其他经营者合法提供的网络产品或者服务正常运行的行为"，元光公司利用技术手段不假，但其并没有妨碍、破坏谷米公司合法提供的网络产品或者服务正常运行，目的或结果要件不符合。所以即使依照新法，仍须依据第二条的原则规定来判定元光公司行为的不正当性。

还有一点也需要提及，那就是如果谷米公司的数据进行了加密，作为商业秘密来看待，那么元光公司的行为就不是笼统的不正当竞争了，而是涉嫌具体的侵犯商业秘密行为了。

其四，不正当竞争行为的民事责任主体和犯罪行为的刑事责任主体的认定。

元光公司实施的行为违反了《反不正当竞争法》，同时也触犯了《刑法》第二百八十五条相关规定，然而民事责任主体和刑事责任主体并不完

---

❶ 这种情况下，可能构成偷盗行为，也可能构成相应的犯罪行为。

全一致。民事责任的承担者或不正当竞争违法行为的承担者是元光公司，而刑事责任的承担者是元光公司及其员工。原因就在于《反不正当竞争法》和《刑法》对该行为规定的主体不一样。

《反不正当竞争法》要求不正当竞争行为的实施者必须是经营者，若非经营者不承担责任。该案中，元光公司作为经营者组织本单位工作人员实施了不正当竞争行为，自然要承担法律责任；五个具体的工作人员由于实施的是职务行为，因此属于非经营者，不承担责任。如果没有经营者，只有具体的个人实施了同样的行为，则不构成不正当竞争行为，但可能构成其他侵权行为，当然须承担侵权责任。

如前所述，《刑法》第二百八十五条规定了非法获取计算机信息系统数据罪，该罪的主体是自然人和单位。本案中，元光公司及其员工的行为符合该罪的构成要件，即未经谷米公司的许可，五名元光公司的员工利用爬取技术手段非法侵入普通经营者的计算机系统获取数据，给谷米公司造成24.43万元损失，远高于一万元的"情节严重"标准，属于单位犯罪。因此，根据第二百八十五条第四款规定，对单位判处罚金，并对其直接负责的主管人员和其他直接责任人员，依照各该款的规定处罚。元光公司的五名员工承担了刑罚不等的刑事责任。因此，经营者的员工在执行职务时还是要谨慎判断，否则会有法律风险，甚至可能承担刑事责任。